高等院校跨境电子
浙江省普通高校"十

跨境电子商务创业

汪占熬 / 主　编

苏晨青　钱翀　黄晓芯　陈秀秀　姜鹤明　/ 副主编

CROSS-BORDER
E-COMMERCE ENTREPRENEURSHIP

ZHEJIANG UNIVERSITY PRESS
浙江大学出版社

图书在版编目(CIP)数据

跨境电子商务创业/ 汪占熬主编.—杭州：浙江大学
出版社，2019.8
ISBN 978-7-308-19331-3

Ⅰ.①跨… Ⅱ.①汪… Ⅲ.①电子商务—高等学校—
教材 Ⅳ.①F713.36

中国版本图书馆 CIP 数据核字（2019）第 148457 号

跨境电子商务创业

汪占熬　主编

责任编辑	曾　熙	
责任校对	高士吟	
封面设计	春天书装	
出版发行	浙江大学出版社	
	（杭州市天目山路 148 号　邮政编码 310007）	
	（网址：http://www.zjupress.com）	
排　版	杭州林智广告有限公司	
印　刷	杭州高腾印务有限公司	
开　本	787mm×1092mm　1/16	
印　张	13.25	
字　数	300 千	
版印次	2019 年 8 月第 1 版　2019 年 8 月第 1 次印刷	
书　号	ISBN 978-7-308-19331-3	
定　价	46.00 元	

当前,我国正步入增速换挡、方式转变、结构优化、动力转换的经济发展"新常态"。新的经济发展方式的快速形成,需要更多地依靠现代服务业和战略性新兴产业带动。电子商务作为战略性新兴产业,在转变经济增长方式、推动产业转型升级、促进信息经济发展等方面发挥着重要作用,也是提振内需、扩大消费、促进就业、实现"大众创业,万众创新"的重要途径之一。

近年来,电子商务呈现井喷式发展,商业模式持续创新,产业分工体系逐步细化完善,产业规模迅速扩大,直接或间接地创造了大量就业机会,在国民经济和社会生活中的影响力日益增强。作为电子商务重要的组成部分,跨境电子商务异军突起,成为推动经济一体化、贸易全球化的技术基础,具有非常重要的战略意义。跨境电子商务不仅冲破了国家(地区)间的障碍,使国际(地区间)贸易走向无国(地区)界贸易,同时它也正在引起世界经济贸易的巨大变革。目前,国务院印发《关于大力发展电子商务加快培育经济新动力的实施意见》,旨在进一步促进电子商务创新发展,鼓励电子商务领域的就业创业,加强人才培养培训;近期又印发《关于深化高等学校创新创业教育改革的实施意见》,明确从 2015 年起全面深化高校创新创业教育改革,2017 年普及创新创业教育,2020 年建立健全高校创新创业教育体系等。在此背景下,《跨境电子商务创业》出版可谓恰逢其时。

2014 年 10 月,教育部电子商务类专业教学指导委员会完成了《电子商务类专业教学质量国家标准》的制定工作,确定了"电子商务创业"作为电子商务类专业的主要课程。鉴于此,我们在电子商务系列图书中立项了《跨境电子商务创业》一书。经过一年时间的共同努力,我们终于完成了《跨境电子商务创业》的编写工作。通过本课程的学习,读者能系统地掌握跨境电子商务创业的基本理论知识和方法技能,大量的实践案例能够训练我们跨境电子商务创业的思维,培养跨境电子商务创业的初步能力,为进行跨境电子商务创业打下坚实的基础。

《跨境电子商务创业》共分为八章。第一章是跨境电子商务创业概论,分别是跨境电子商务创业相关概念及特征、我国跨境电子商务的分类、发展现状及趋势,以及跨境电子商务创业政策环境、流程及素质要求等。第二章是跨境电子商务创业项目策划与设计,包含创业项目的选择、融资、可行性分析及总体规划等。第三章是跨境电子商务创业商业模式设计,包括商业模式简介、常见跨境电子商务模式及其盈利模式,以及电子商务盈利模式选择等内容。第四章是跨境电子商务平台介绍,该章介绍了速卖通、eBay、亚马逊、Wish 等平台的运营基础与实战策略等内容。第五章是跨境电子商务物流与运费模板设计,包括跨境物流的主要方式、跨境电子商务不同物流方式的比较及选

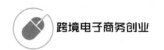

择、物流模板设置等内容。第六章是跨境电子商务支付，该章包含两方面内容，分别是跨境电子商务第三方支付和收款账户设置。第七章是跨境电子商务营销，介绍了电子邮件营销、SNS 营销、SEM 营销、SEO 营销等内容。第八章是创业企业的经营管理，包含创业企业的组织结构和设计、团队管理、经营管理、财务管理、风险管理，以及阿里巴巴的战略及财务分析等内容。

《跨境电子商务创业》由温州商学院副教授汪占熬主编，苏晨青、钱翀、黄晓芯、陈秀秀、姜鹤明等教师参与了本书的资料收集和部分编写工作。具体分工为：第一章由汪占熬编写；第二章由苏晨青编写；第三章、第八章由钱翀编写；第四章由姜鹤明编写；第五章、第六章由黄晓芯编写；第七章由陈秀秀编写。全书由苏晨青、黄晓芯进行统稿。

《跨境电子商务创业》的出版得到了"温州商学院教材立项""温州市高校创新创业教育精品课程"和"'十三五'特色专业建设"等项目的资金支持。同时，本教材也获得了"浙江省普通高校'十三五'新形态教材"立项。

由于作者水平有限，书中不足在所难免，恳请各位同行和读者们不吝指正。

编者

2019 年 3 月

第一章

跨境电子商务创业概论

科学技术的发展一直是国际(地区间)经济与贸易的重要推动力量,随着信息技术的完善,电子商务在供给端和需求端都深刻地影响了人们的生产模式和消费习惯。在此背景下,我国跨境电子商务得以迅速发展,2011—2016 年,保持了每年 30％以上的增长速度,这深刻地影响了国际经济与贸易专业的学习内容和方式。创新创业教育是我国自 2014 年"大众创新、万众创业"政策提出以来兴起的另一项重要的高校教育改革方向,本质是提升在校生为实现特定价值而抓住机遇、整合资源的能力。这种综合能力的提升属于人的全面发展的教育范畴,是未来智能化时代每个人不可或缺的一种重要的创新整合能力。鉴于此,本教材尝试将跨境电子商务及创新创业教育相融合,既能够让跨境电子商务学习更具目的性和系统性,同时也能够让创新创业教育与专业教育深度结合,让学生创新创业实践具备扎实的专业基础。

◎ 学习目标

通过本章学习,学生应了解跨境电子商务创业的相关概念及特征,清楚跨境电子商务发展现状、未来趋势及政策背景,为跨境电子商务创新创业实践活动的开展打下良好的基础。

◌ 重点难点

把握跨境电子商务活动本质,预判其未来发展趋势,并通过各种渠道实地体验和参与跨境电子商务活动。

◉ 关键术语

跨境电子商务、跨境电子商务创业、跨境电子商务试点、海关监管模式、创业流程。

第一节　跨境电子商务创业相关概念及特征

一、跨境电子商务概念及特征

(一)跨境电子商务概念

跨境电子商务(cross-border e-commerce),简称"跨境电商",是电子商务活动在国际(地区间)商务事务中的应用,即利用电子商务手段部分或全部地完成国际(地区间)贸易流程,可以分为广义和狭义两种。广义的跨境电子商务,主要是指分属不同关境的交易主体,通过电子商务的方式完成部分或者全部进出口贸易中的展示、磋商、交易及

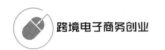

履行各环节的国际(地区间)商业活动。狭义的跨境电子商务,主要指跨境网络零售,即分属不同关境的交易主体,借助计算机网络达成交易、完成结算,并采用国际(地区间)商业快件、邮政小包等跨境物流方式将产品送达消费者手中的交易过程。本书后面章节中,如果没有特殊说明,提到的跨境电子商务均指广义概念。

(二) 跨境电子商务的参与主体

目前,我国跨境电子商务的主要参与主体包括外贸企业、现代物流企业、金融企业及平台型电子商务企业等。

其中,外贸企业包括进出口两类,出口电商企业往往来自传统电商的转型或业务拓展,以及生产型企业自营贸易业务的开展;现代物流企业包括提供邮政、快递、专线运输及传统国际(地区间)贸易运输等服务的企业,有进一步扩展到仓储、报关等业务并整合为一体服务的趋势;参与跨境电子商务的金融企业主要是平台型支付企业,如提供国际支付宝、PayPal、Visa 等工具的相关企业,另外相关保险、抵押及承兑业务也开始兴起;平台型电子商务企业是指为跨境电子商务活动提供平台的大型企业,如阿里巴巴、亚马逊等,其发展状况对未来跨境电子商务走势影响极大。

(三) 跨境电子商务的特征

跨境电子商务融合了国际(地区间)贸易和电子商务两方面的特征,更为复杂,主要表现在:一是信息流、资金流和物流等多种要素流动的整合化和专业化表现突出,任何一个环节衔接不够都会阻碍跨境电子商务活动的完成,但同时很少有企业将整个跨境电子商务产业链都纳入自身经营范围,势必会将一些链条外包出去,从而形成了各式各样专业化的跨境电子商务服务商;二是流程复杂,规则体系尚不完善,严格意义上跨境电子商务仍然需要完成传统贸易所需经历的海关、检验检疫、外汇、税收、货运等环节,但电子商务可以通过一些"灰色手段"来完成这些环节,且相关法规还在进一步完善中;三是面临更大的风险因素,既容易受到国际政治、经济宏观环境和各国政策的影响,同时也受到跨境电子商务交易平台规则的制约,经营的不可控因素较多。具体而言,跨境电子商务具有如下特征。

1. 多边化,呈网状结构

传统的国际(地区间)贸易主要表现为两国(地区)之间的双边贸易,即使有多边贸易,也是通过多个双边贸易实现的,呈线状结构。跨境电子商务可以通过一国(地区)的交易平台,实现与其他国家(地区)的直接贸易,与贸易过程相关的信息流、商流、物流、资金流由传统的双边关系逐步向多边关系的方向演进,呈现出网状结构,并重构世界经济新秩序。

2. 直接化,效率高

传统的国际(地区间)贸易主要由一国(地区)的进/出口商通过另一国(地区)的出/进口商集中进/出口大批量货物,然后通过境内流通企业的多级分销,最后到达有进/出口需求的企业或者消费者那里,通常进出口环节多、时间长、成本高。而跨境电子商务可以通过电子商务交易与服务平台,实现多国(地区)企业之间、企业与最终消费者之间的直接交易,进出口环节少、时间短、成本低、效率高。

3. 批量小，频度高

跨境电子商务通过电子商务交易与服务平台，实现多国（地区）企业之间、企业与最终消费者之间的直接交易，由于是单个企业之间或单个企业与单个消费者之间的交易，因此多是小批量，甚至是单件的贸易。而且这类贸易一般都是即时按需采购、销售和消费，相对于传统贸易而言，交易的次数和频率高。

4. 数字化，监管难

随着信息网络技术的深化应用，数字化产品（如游戏、软件、影视作品等）的品类和贸易量快速增长，且通过跨境电子商务进行销售或消费的趋势日趋明显，而应用于传统实物产品或服务的国际（地区间）贸易监管模式已经不适用于新型的跨境电子商务交易，尤其是数字化产品的跨境贸易更是没有被纳入海关等政府有关部门的有效监管、统计和关税收缴范围之中。

（四）跨境电子商务对传统国际（地区间）贸易的影响

相比传统国际（地区间）贸易而言，跨境电子商务虽然没有改变以产品交易为核心的本质，但随着沟通、交易及分析工具的较大改变，尤其是大数据分析等方法的介入，跨境电子商务对传统国际（地区间）贸易的冲击和影响仍可被认为是根本性和革命性的，主要表现如下。

首先，跨境电子商务改变了国际（地区间）贸易的运行环境。跨境电子商务开辟了一个新的网上"虚拟"交易市场，突破了传统国际（地区间）贸易地域等条件的限制，加速了全球"网络经济"市场形成，促进了资本、产品、技术等生产要素的国际（地区间）流动，提升了生产效率，并带来了新的利润增长空间。国际（地区间）虚拟市场的形成，表现出较以往更公开、完整和实时的信息沟通等特征，减少了信息不对称带来的市场扭曲，但也加速了同类产品的竞争，因此带来不同于以往的贸易规则体系。另外，鉴于跨境电子商务市场"虚拟化"的特点，加上网络技术存在漏洞，在一定程度上也带来了新的贸易风险。

其次，跨境电子商务完善了传统的市场交易模式。随着经济全球化趋势的深入和跨境电子商务的引入，国际（地区间）市场的交易模式发生了改变，交易模式越来越现代化，交易方式也越来越多样化。"地球村"的建立使得各个企业之间的竞争越来越激烈，市场交易过程中也会面临更多的竞争对手，企业要想获得消费者的认可，就必须不断完善自己的机制，改进自己的产品，创造出消费者满意的高质量产品。企业在跨境电子商务平台上，不断地研究合适的网络营销模式，钻研一种可以被消费者认可的营销模式；为了提高企业的销售量，加快企业的现代化销售，提升企业的交易效率，就必须改善市场交易模式。网络营销就是一种既简便又高效的交易模式，一方面可以使企业和消费者之间建立坚固的业务关系；另一方面也可以实现企业的高效率发展，同时企业还要不断地从消费者那里得到反馈，并做出相应的改善。

最后，跨境电子商务实现了贸易方式的创新。一些规模不大、人才匮乏的中小企业经常在传统国际（地区间）贸易中面临各种各样的困难，传统的交易模式只会使中小企业备受打击，却不能帮助中小企业快速发展进步。但是跨境电子商务的引入，就会加大中小企业的贸易规模,帮助中小企业在国际(地区间)贸易中占有一席之地。跨境电子商务对每一个企业来说,都是非常有利的,跨境电子商务促使所有的企业共处一个交易平台,各个企业之间也会互相欣赏,找寻企业合适的货源和机遇,最终会实现企业之间的共同进步,整体的企业效率会逐步上升。跨境电子商务是新时代下的一种交易平台,通过运用先进的网络技术,买家可以高效获取准确信息,卖家则可以提供全方位的信息基础服务,烦琐的交易模式得到了简化,大多数中小企业也能够有机会加入国际(地区间)贸易的行列中,跨境电子商务改变了以往的传统交易模式,创新并完善了国际(地区间)交易方式。

虽然,跨境电子商务有着传统国际(地区间)贸易所不能比拟的各种优势。但仍然需要注意的是,相比起传统国际(地区间)贸易完善的规则体系和配套服务,跨境电子商务仍然还在不断完善和发展之中,建立更具保障力的商业征信体系,实施更有效的货物品质控制措施尚需时日,形成全球统一的规则体系并建立各国认同的组织机构更是需要各界共同努力,例如,马云在2015年提出的eWTP(electronic world trade platform,电子世界贸易平台)概念。虽然目前跨境电子商务给传统国际(地区间)贸易带来了巨大的冲击,但近期仍难以替代传统国际(地区间)贸易;不过随着跨境电子商务未来在物流、信息流及资金流等方面技术的持续进步,尤其是对交易双方实行更完善和安全的信用体系保障等,可能会完全颠覆传统贸易模式。

二、跨境电子商务创业的概念及特征

(一)跨境电子商务创业相关概念

跨境电子商务
创业的概念及特征

一般而言,创业(entrepreneurship)是创业者对自己拥有的资源或通过努力对能够拥有的资源进行优化整合,从而创造出更大经济或社会价值的过程。根据这个定义,积极主动、富有创新性、乐于承担风险并且能够创造价值才是创业活动的本质特征。因此,创业不仅仅适用于商业领域,也同样适用于政治和社会决策等领域。特别需要提出的是,创业不仅仅指创造一个新的企业,而且还包括企业家在组织内部进行的创新整合,即"内部创业"(intrapreneurship)。因为独立新企业的企业家需要承担较大的风险,必须具备独有的"企业家特质"或者"企业家精神",对其成功经验的总结并不具备一定的普适性,也并不能完全适用于指导大众化的创新创业活动。2005年《全球创业观察报告》(*Global Entrepreneurship Monitor*)数据显示,我国内部创业率显著高于其他国家和地区,这被认为是推动我国企业不断创新及提升其国际竞争力的重要因素之一。内部创业活动会让参与的员工从企业整体高度来考虑企业综合运营情况,尤其是参与企业目标、战略及规划制定过程能够激发员工的责任感和使命感,激发其更多的主动性和创造性行为,从而让各类计划更容易得到赞同和实施。

跨境电子商务创业即在跨境电子商务相关领域进行的创业活动,同样包括外部跨境电子商务创业及内部跨境电子商务创业两种形式。从跨境电子商务创业角度来学习和提升跨境电子商务技能,能有效弥补仅仅接受技能锻炼而整体性运营能力不足的缺陷,在一定程度上将同学们从电子商务行业过于细致的分工思维提升至整合思维。甚至可以说,不对整体创业活动进行思考,我们将陷入对各个零散的跨境电子商务技能的提升中而忽略了对企业本身盈利目标的追求,这就可能会导致我们的行为和目标相冲突而陷入困顿。

（二）跨境电子商务创业的特征

与一般创业活动相比较而言,跨境电子商务创业是基于跨境电子商务具体领域及流程的内外部创业行为,具备一定的特殊性,体现如下。

1. 创业内容具体,方向明确

跨境电子商务创业活动有很明确的领域,主要有但不仅限于如下几个方面：第一,基于跨境电子商务流程优化的内外部创业,例如,使用网络整体营销手段提升运营效率、进行搜索引擎优化的技术处理等,适用于在竞争性产品领域的跨境电子商务创业；第二,从销售产品、贸易方向及交易平台等领域进行新方向拓展,例如,婚纱一度在跨境电子商务平台上热销、通过电子商务平台实现了中俄贸易的迅猛增长等；第三,在物流等辅助环节实现创新突破甚至创造新业态,例如,大数据技术和海外仓极大降低了物流成本,从而实现大件产品的跨境零售。

2. 创业环境变化较快,威胁和机遇并存

跨境电子商务创业面临较为复杂多变的市场环境,无论是跨境电子商务的政策和制度环境,还是交易平台、结算手段等市场环境都面临较大的不确定性,还处在不断的变革之中。政策环境方面,随着各国税收制度的不断完善,一方面,进口电子商务的创业空间有被压缩的趋势；另一方面,优质的进口电商平台将得到更公平的竞争机会从而实现飞跃式发展。另外,随着信息及数据分析技术的不断进步,跨境电子商务交易平台及结算手段等方面也处在调整和完善过程中。目前,我国主要跨境电子商务平台中兰亭集势等开始衰落,而敦煌网在与速卖通的竞争中不断巩固了自身优势,逐步挤占了国际大型平台的市场空间,未来是否会出现跟境内电子商务平台一样的高度集聚态势还有待观察。国际支付宝的持续发展、中央监管结算仓的出现等事实表明跨境电子商务结算手段还在试验探索和逐步发展的过程中,同时也预示着跨境支付在电子化、便利化和标准化等方面取得了重大进步。交易平台和结算手段的变化势必极大地影响跨境电子商务实际业务的开展,属于跨境电子商务创业活动中必须关注的重点因素,因此也导致该领域创业者需要不断学习和创新以把握市场成长期的良好发展机会,否则极易由于营业方向有悖于市场发展趋势而遭遇重大挫折。

需要特别提醒的是,即便跨境电子商务创业具备上述特殊性,但仍不能过于武断地把跨境电子商务创业与一般创业行为完全割裂开来,例如创业成功的关键因素仍然是领导人才能及意志、团队整体能力、产品及服务的创新性及竞争力、财务支撑状况、营销及运营计划的周密性等。基础创业理论对跨境电子商务创业仍具有普遍意义上的指导性。

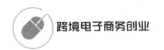

相关链接 1-1：关于跨境电子商务创业的三大误区

误区 1：跨境电子商务创业是短期投机行为，而非长期思考的结果

一般认为，跨境电子商务创业者倾向于行动，而且喜欢在快速变化的电子商务环境中赚取"快钱"，是典型的短期投机行为。但不可否认的是，即便跨境电子商务面临一个多变的营业环境，投身其中的创业者仍需要具备扎实的电子商务技能，并在谙熟市场环境及其发展趋势的情况下制订周密的行动计划，这些都需要长时间的训练和思考，这也就意味着跨境电子商务投资者与仅靠猜度价格变化而期待获利的金融市场投机者有着本质不同。

误区 2：跨境电子商务创业完全是基于商业模式的优化，并非有实际技术支撑

大部分情况下，跨境电子商务创业确实是基于商业模式的优化，因为本质上电子商务只是将线下交易变成了线上交易而已，并没有改变该产品交易的本质，价格仍然由供求关系决定。但我们仍然需要看到，跨境电子商务在由线下贸易向线上贸易转变的同时，不仅带来了交易的便利化，更带来了保障买卖双方信用关系的技术，例如，PayPal 及国际支付宝等手段实现了跨境结算的新突破，而大数据及人工智能，则带来了整个国际（地区间）贸易业态的转变。我们甚至可以想象，未来会出现一个没有任何交易障碍的完全 F2C(factory to customer，从厂商到消费者)交易世界，人们的消费习惯将远不同于现在。

误区 3：跨境电子商务创业比一般创业活动风险小，所以可以随便尝试

跨境电子商务创业兴起的一个重要原因就是创业成本较低，在一些平台不收取开店费用的情况下，创业成本甚至低到只用暂时担负少量的零售货物进货款即可。另外，跨境电子商务创业者还可以通过平台提供的预先收款机制及交易担保机构提前取得销售货款，连进货款也不需要动用自己资金来支付。在此情况下，确实有部分跨境电子商务创业者敢于冒更大风险来拓展业务。但尤其需要注意的是，为了维护平台可信度、保证平台能够在激烈的竞争中存活下去，各类跨境电子商务平台均非常注重参与者有良好的信用记录并加大了对知识产权的保护力度，跨境电子商务创业者不要轻易试探突破这些"红线"，否则会付出惨痛代价，甚至终身不能再进入相关市场。

第二节　我国跨境电子商务的分类、发展现状及趋势

一、跨境电子商务的分类

跨境电子商务包含了较多的要素，主要有交易对象、交易渠道、货物流通、监管方式、资金交付、信息和单据往来等多个方面，按照这些要素的不同，可以将跨境电子商务分为不同的类型。

按照交易对象的不同，可以分为 B2B、B2C、C2C、B2G 几类。B2B（business to

business),即企业与企业之间的跨境电子商务,主要指企业之间的采购与进出口贸易等;B2C(business to customer),即企业与消费者个人之间的跨境电子商务,主要应指企业直接向终端消费者销售或消费者参与全球购活动等;C2C(customer to customer),即消费者之间的跨境电子商务,主要指消费者之间的个人拍卖等行为;B2G(business to government)即企业与政府之间的跨境电子商务,主要用于政府采购,但目前进行跨境政府采购要受到各国(地区)诸多法规的限制。

按照交易渠道的不同,当前主要有 EDI 和互联网两种方式。EDI(electromic data interchange)是以电子数据交换的方式进行跨境电子商务的运营,自 20 世纪 70 年代以来,国际组织一直在推动有关数据传输标准和安全等技术的发展,目前已经较为成熟,主要应用于企业与企业之间的电子商务活动,但 EDI 对企业数据的标准化程度及软硬件的要求较高,必须租用专线才能实现。互联网的普及,利用互联网进行跨境交易越来越普遍,尤其是中小企业。但在大型企业中,EDI 还广泛存在;欧盟统计局数据显示,2012 年欧盟 28 个成员的企业中有 33%的企业采用 EDI 方式,80%的企业采用互联网方式。

此外,还可以按照货物流通方向的不同,分为进口跨境电子商务和出口跨境电子商务;按照海关监管方式的不同,又可分为一般跨境电子商务和保税跨境电子商务。一般跨境电子商务主要针对一般进出口货物,大多是小额进出口货物;而保税跨境电子商务主要针对保税进出口货物。二者在通关手续等方面有明显不同。

二、我国跨境电子商务的发展历程及现状

(一)总体发展历程

从狭义跨境电子商务的概念出发,中国跨境电子商务最初源于深圳及广州等地,一些企业基于本地加工及生产优势,在 eBay(易贝)的中国香港站、美国站及德国站等开设店铺售卖电子类消费产品(3C 产品),主要包括 MP3、MP4、车载导航、耳机及数据线等。对比境外同类产品,境内 3C 产品售价较低、极富竞争力,且易于运输,企业获利较为丰厚。因此,在 2005—2008 年,我国跨境电子商务市场交易额几乎增长了近百倍。2008 年之后,由于国际金融危机导致外需疲弱,我国出口跨境电子商务进入了短暂的低迷阶段。2010 年之后,世界经济环境趋于缓慢复苏,加上我国跨境电子商务扶持政策密集出台,我国跨境电子商务发展迅速,尤其是出口跨境电子商务方面。2013 年甚至被业界及媒体称为"跨境电子商务元年",这一年我国跨境电子商务市场交易份额已增长至 3.1 万亿元,占我国进出口总额的 12.1%。之后,2013—2016 年,我国跨境电子商务交易规模一直保持着 25%以上的增速。

(二)具体情况

1. 跨境电子商务交易规模及结构

《2016 年度中国电子商务市场数据监测报告》显示,2016 年,中国跨境电子商务交易规模 6.7 万亿元,同比增长 24%。其中,出口跨境电子商务交易规模 5.5 万亿元,进口跨境电子商务交易规模 1.2 万亿元。2016 年中国跨境电子商务的进出口结

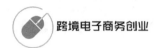

构中,出口占比达到82.08％,进口占比达17.92％。从结构上看,出口跨境电子商务依然占据超8成的比例,行业进入黄金时代。与此同时,受国际经济下滑影响,我国传统贸易持续萎靡。另外,进口跨境电子商务领域的竞争愈发激烈,行业高速发展带来资本的竞相追捧,具备境内电子商务运营经验的传统电商巨头和具有资本、渠道和供应链优势的上市公司亦纷纷布局进口跨境电商业务。目前平台型进口跨境电商日趋成熟,自主型B2C进口跨境电商也已粗具雏形,如图1-1、图1-2所示。

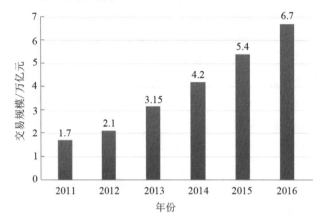

图1-1 2011—2016年我国跨境电子商务交易规模

资料来源:电子商务研究中心(http://www.100ec.cn)

图1-2 2011—2016年我国跨境电子商务交易规模进出口结构

资料来源:电子商务研究中心(http://www.100ec.cn)

2.跨境电子商务交易类型及结构

2016年,我国跨境电子商务B2B交易跨境电子商务进出口交易总额的88.7％,B2B交易占据绝对优势,跨境电子商务B2C交易占跨境电子商务进出口交易总额的

11.3%。从模式结构上看,跨境电子商务发展还是 B2B 占主体,但跨境电子商务模式从供给侧开始了深度变革,境内上游制造商正由传统代工模式逐步向创立自己的品牌转变,从"中国制造"到"中国创造"的转变初现端倪。同时,跨境电子商务产业链也正逐步由粗放式 B2B 信息服务型,提升至供应链完备的 B2C 平台型及自营型。随着订单日益碎片化及中后端供应链的建立,境内跨境电子商务 F2C 模式开始兴起。如图 1-3 所示。

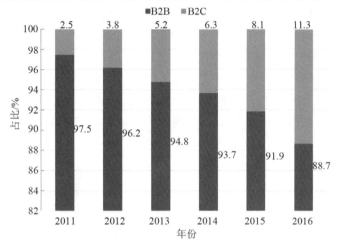

图 1-3　2011—2016 年中国跨境电子商务 B2B 与 B2C 交易规模
资料来源:电子商务研究中心(http://www.100ec.cn)

另外,虽然 B2C 市场交易额较小,但增速较快,B2B 和 B2C 协同发展的新业态成为趋势。出口跨境电子商务主要企业类型有 B2B 信息服务类,如阿里巴巴国际站、环球资源、中国制造网、聚贸等;B2B 交易服务类,如大龙网、敦煌网、易唐网等;B2C 平台服务类,如全球速卖通、亚马逊、eBay、Wish 等;B2C 自营服务类,如兰亭集势、环球易购、米兰网、DX、浙江执御、百事泰等。其中,eBay、速卖通、亚马逊、Wish 及敦煌网五家跨境电子商务企业的市场份额占中国跨境电子商务市场总额的 80% 以上。

3. 出口跨境电子商务产品的地域分布及其发展趋势

《2015—2016 年中国出口跨境电子商务发展报告》数据显示,出口跨境电子商务产品集中在服饰、3C 电子、计算机及其配件、家居园艺、珠宝、汽车配件、食品药品等便捷运输产品方面,但有向家居、汽车等大型产品扩展的趋势。其中,3C 电子产品占比较大,占出口跨境电子商务交易额的 4 成以上,而服装鞋帽及户外用品、家居园艺、汽配等毛利率相对较高的品类需求量和交易量占比不断提升。

2015 年,中国出口跨境电子商务卖家主要集中在广东、浙江、江苏、福建、上海、北京、湖北、山东等地,其中,广东、浙江、江苏占据前三位;同时,中西部地区正在快速发展,出口跨境电子商务向中西部扩散是未来趋势。出口跨境电子商务的主要目的地为美国、欧盟、东盟、日本、俄罗斯、韩国、巴西及印度等地。出口跨境电子商务主要面向美国、欧盟、东盟、日本等发达市场的中低端客户群,而俄罗斯、巴西、印度等新兴市场呈高速增长趋势。"中国制造"性价比优势在未来仍将保持,同时境外消

费市场为境内过剩产能提供了输出通道。未来,随着新兴市场地区的网购习惯逐步养成及当地政策的不断放开,互联网技术的普及和基础设施的完善,以及跨境支付、物流、海外仓等环节的不断优化,来自新兴市场的需求定会加速增长。

4. 跨境网购用户规模及发展趋势

2016 年我国经常进行跨境网购的用户达 0.42 亿人,同比增长 82.6%,人数大幅度增长;2017 年我国跨境网购用户数量达到 0.59 亿人,如图 1-4 所示。出口跨境电子商务与进口跨境电子商务协同发展、相互促进的局面开始形成。跨境网购用户的急剧增长,不仅说明我国居民总体消费水平有所提高,同时也意味着消费需求往高端化和多样化方向稳步提升,这在跨境电子商务交易结果中已经明显体现出来。另外,跨境网购用户的增长可能会导致跨境电子商务与境内电商平台形成良性竞争局面,两者的融合和提升将进一步改变境内居民的消费习惯,改善消费品质,并提升消费者福利。

图 1-4 2013—2017 年我国跨境网购用户规模

资料来源:电子商务研究中心(http://www.100ec.cn)

三、我国跨境电子商务未来发展趋势

(一)平台竞争加剧,两极分化凸显

自 2013 年我国跨境电子商务快速增长以来,利用各类跨境电子商务平台达成的交易数量远远超过企业的自营业务。随着平台的日趋成熟,各类平台之间的竞争日益加剧,市场地位争夺激烈,未来极有可能与境内电商平台一样,综合性优势平台地位将逐渐确立,前三至五家平台将占据绝

我国跨境电子商务未来发展趋势

大部分市场份额。除综合性平台以外,在垂直跨境电子商务领域,自"贝店""开心购""蜜芽"等抢占母婴领域后,相继产生了"蜜惠""小笨鸟"等针对成熟男女消费群体的进口跨境电子商务平台,未来这种特殊领域平台类型还存在一定市场空间。不仅平台型跨境电子商务企业开始进入两极分化状态,而且平台型企业的迅速发展也极大影响了各类跨境电子商务企业,导致"强者越强,弱者越弱"情况出现。大卖家能够对跨境电子商务有更加深刻的理解,能够有效地利用各种电商营销工具,采用多种电商营销方案,在供应链和团队管理上能够更加精细和高效,因而能够充分享受跨境电子商

务发展所带来的红利。例如,大卖家都有比价功能,能够及时跟踪市场价格变动并快速做出调整,在采用同样的网络营销方式的时候,大卖家的效率是一般中小电商的5～10倍,大卖家对网络营销工具(Facebook、Twitter等)的利用也比较成熟。另外,还有资金等其他的原因,小卖家很多只是开个店、卖卖货而已,很容易陷于价格战和同质化竞争当中,发展不尽如人意,表现在中小企业的销售额和利润额等指标增长乏力。如无特殊因素冲击,例如政策监管等,跨境电子商务领域很可能会与境内电商一样出现天猫强而淘宝弱且越来越有利于大卖家的情况。这种趋势已经开始成形。

(二)免税激励退市,监管日趋成熟

在我国跨境电子商务发展初期阶段,政府出台了较多的优惠政策来激励相关企业开展跨境电子商务业务,例如降低进口关税、提升通关效率、提供一站式产业园区等方式。2016年4月,《关于跨境电子商务零售进口税收政策的通知》和《跨境电子商务零售进口产品清单》两大政策的落地实施,标志着中国进口电子商务免税时代终结,随即进口跨境电子商务新政进入过渡期,后延长至2018年年底。财政部、国家税务总局《关于跨境电子商务零售出口税收政策的通知》规定,自2014年1月1日起对符合条件的跨境电子商务零售出口企业执行增值税、消费税退(免)税和免税政策(以下简称退免税)。虽然一直属于政策鼓励范围,但由于跨境电子商务流程的特殊性,较多的中小企业无法得到出口退税抵免。随着国际社会越来越重视电商发展,在跨境电子商务领域实施类似于WTO的非歧视原则已是大势所趋,未来相关部门在税收、清关、支付等方面将进一步规范化。我国跨境电子商务企业需提升用户体验、创新盈利模式、增强政策适应能力及自身抗风险能力。

(三)海外仓发展迅速,大数据改变业态

一直以来,跨境电子商务最大的障碍因素之一就是物流,相对耗时较长而且昂贵,而传统邮政小包、专线等物流模式难以从根本上解决这些问题。而加强境内外保税仓建设,利用大数据分析,提升跨境物流水平,为用户提供更为快捷的物流服务及更为方便的物流追踪服务,是提升消费者满意度的重要方式。在此背景下。珠三角及长三角地区大型跨境电子商务企业都纷纷在海外建仓,各种物流公司、海外实体公司也纷纷转向海外仓项目,最早做海外仓的企业——出口易和递四方,也都陆续扩大其海外仓规模,甚至eBay、速卖通等主要平台也开始加大布局海外仓的力度。在大数据支持下,大卖家能够基本清楚消费者境外分布的信息,集中将货物整批发往海外仓,并通过海外仓直接发货给当地顾客,不仅有效降低了成本、缩短了发货时间,还扩展了跨境电子商务品类,让原来过重、易碎的产品也可以进行跨境交易。同时,海外仓离消费者很近,可以实施退换货,能够极大地提高客户体验,进而提高销售额。另外,由于海外仓需要巨大的前期投入和利用大数据等进行精细化管理,加之境外人工成本较高,小企业一般也只能委托大公司或者专门的服务商来获得海外仓服务。也有部分学者认为,目前海外仓建设过于同质化,已经有过度发展的趋势,例如,仅在德国法兰克福,就有六七家做海外仓的公司,也有部分早期做海外仓的公司开始收缩调整布局。因此,海外仓的成熟化发展已经极大地改变了我国跨境电子商务业态,未来随着大数据和人工智能等技术的进

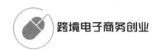

步,海外仓发展也将面临深度变革。

(四)知识产权保护严格,品牌建设方兴未艾

跨境电子商务与境内电子商务最大的不同之一就是面临境外市场较为严格的知识产权保护,因此,自2015年以来,较为成熟的跨境电子商务企业都选择了品牌建设之路。不仅各大电子商务平台开始盯上有限的品牌资源,中小企业也在激烈的价格战中意识到品牌建设的重要性。亚马逊由于重视品牌建设而表现出的优异业绩,直接带动了速卖通、京东和敦煌网等其他平台对品牌建设的重视,例如,敦煌网提倡的OBM(original brand manufacture,代工厂经营自有品牌)、寻找全球梦想合伙人等提议,本质上就是鼓励跨境创牌。当然,面对历史悠久的欧美同类品牌,中国跨境电子商务品牌建设遭遇了极大的困难,但在新兴市场国家进行品牌建设和维护相对容易一些,有巨大的发展空间;特别是在电子产品、智能产品等行业,由于技术革新比较快,推出合适的品牌相对较为容易,例如Anker(安克)移动电源品牌等就是成功案例。中国跨境电子商务的发展已臻于成熟,通过品牌建设将"中国制造"变成"中国创造",是我国跨境电子商务发展中不可忽视的重要趋势。

(五)整合分销发展迅速,跨境门槛下降

相比传统国际(地区间)贸易的高门槛,跨境电子商务利用网络技术极大降低了入行门槛,尤其是整合分销模式的出现,更是成为新的增长亮点。跨境电子商务整合分销模式是指整合跨境电子商务供应链,提供产品库、分销平台、物流服务乃至金融服务、电商培训等综合型服务,将零散小卖家聚合到一起进行特定领域的跨境电子商务运营。从2015年开始,整合分销成为中国跨境电子商务发展中的新亮点,值得跨境电子商务领域创业者关注。各种整合分销项目陆续登台亮相,例如,中国好东西网上线,为深圳卖家提供分销和融资服务;俄优选平台以俄语为突破口,开拓俄罗斯和北欧市场;慈溪家电馆则以小家电为主线,进行全球海外仓铺货;ERP服务商赛兔推出云仓分销;中国好服饰网则专注于外贸服装分销;而速通云库则是利用仓储和物流优势为跨境卖家服务等。当然,也要看到整合分销这种将零售商整合起来进行集中运作的模式也存在较多问题,如同质化竞争较多、销售无计划性会导致库存积压、热销产品供应商容易被仿冒等,但整合分销能够让小卖家在其他渠道对抗综合第三方平台,加速了市场竞争,有其积极作用。

(六)小语种市场及移动端发展迅速

虽然目前我国跨境电子商务主要贸易方向仍集中在发达国家和地区,但我国跨境电子商务早期发展的一个重要推动因素是来自俄罗斯、巴西等小语种国家高速增长的消费需求,未来小语种市场仍存在巨大潜力。在小语种地区提供本地化服务的平台近些年增长迅速,比如速卖通专门针对巴西市场推出葡萄牙语网站,在物流和支付上也加强与巴西本土服务商的合作;兰亭集势允许使用27种语言,利用留学生、海归、兼职翻译人员等人力资本优势实现了小语种市场的突破。另外,移动端业务增长势头迅猛,近些年Wish整体交易额不断攀升,使得其他平台也开始关注移动端的发展,竞争日趋激烈。

（七）结算方式改革明显

不同于传统电商结算使用较多的信用证及汇款等方式，目前在我国跨境电子商务结算市场占有率排在前三的支付方式分别是 PayPal、Payoneer 与 Worldfirst，尤其是 PayPal 的地位难以撼动。同时，也有不少新的支付工具由于费率较低、结算方便等优势也被卖家经常使用，例如 Wish 官方收款渠道 PingPong 的结算费率仅为 1%，国际支付宝与境内支付宝对接方便并且提供了提前到款服务。另外，在这些结算工具不断完善和发展的基础上，我国出现了中央监管结算仓模式，将物流和资金流融汇到一起，也是值得关注的一个新特征。

第三节　跨境电子商务创业政策环境、流程及素质要求

一、我国跨境电子商务创业政策环境

（一）跨境电子商务行业监管体系

跨境电子商务行业行政管理部门主要包括工业和信息化部、商务部、市场监督管理总局、海关总署及相应的地方各级管理机构。其中，工业和信息化部负责统筹推进国家信息化工作，制定相关政策，统筹规划共用通信网、互联网和专用通信网，依法监管电信与电信服务市场等；商务部负责推进流通产业结构调整，推动流通标准化和连锁经营、电子商务等现代流通方式的发展，维护市场规范运行、制定相关政策并实施监管；市场监督管理总局负责指导广告业发展，监督管理广告活动、市场交易行为和网络产品交易及有关服务的行为；海关总署负责监管进出境运输工具、货物、物品，征收关税和其他税费，稽查走私，编制海关统计和办理其他海关业务，同时负责出入境产品检验、卫生检疫、动植物检疫、进出口食品安全和认证认可、标准化等工作。

另外，根据 2000 年 9 月颁布实施的《互联网信息服务管理办法》及 2014 年 1 月 26 日颁布实施的《网络交易管理办法》等规定，国务院信息产业主管部门和省、市、自治区、直辖市电信管理机构依法对互联网信息实施监督管理；新闻、出版、教育、卫生、药品监督管理、市场监督、公安、国家安全、海关总署等有关主管部门，在各自职责范围内依法对互联网信息内容、交易产品实施监督管理。例如，从严格意义上来说，没有中文标识的产品是未经市场监督部门监察的产品，不能进入境内流通；这一点在跨境进口方面经常被忽略，但需要我们注意。

（二）跨境电子商务行业政策法规

我国跨境电子商务政策发展大致可以分为以下三个阶段。

第一阶段（2004—2007 年），政策起步期：共发布 3 项政策，初步规范电子商务行业发展，侧重于规模行业。

第二阶段（2008—2012 年），政策发展期：陆续发布 10 项政策，涉及监管、支付结算及试点等方面，侧重支持引导。

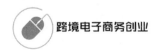

第三阶段（2013年至今），政策爆发期：集中发布10多项政策，全面铺开，主要集中在出口电商支持和进口电商规范化方面，注重实施效果。

其中，2013年颁布实施的《关于实施支持跨境电子商务零售出口税收政策的通知》明确将跨境电子商务提升到国家政策扶持的高度，2014年颁布实施的《关于支持外贸稳定增长的若干意见》首次明确出台跨境电子商务贸易便利化措施，2015年颁布实施的《关于促进跨境电子商务健康快速发展的指导意见》明确提出跨境电子商务对于国际经济发展升级和打造经济新的增长点具备积极推动作用，2016年颁布的《关于跨境电子商务零售进口税收政策的通知》和两批《跨境电子商务零售进口产品清单》，标志着中国进口电商免税时代终结。

（三）跨境电子商务试点及海关监管

跨境电子商务的高速发展引发了一系列监管和通关问题，带来了较强的政策关注。2012年海关总署牵头启动了跨境电子商务服务试点工作，上海、重庆、杭州、宁波及郑州等5个城市被列为首批试点城市。2013年9月，广州成为跨境电子商务服务试点城市。2013年10月，试点城市在全国有条件的地方全面展开，广州、郑州、苏州、青岛、长沙、平潭、银川、牡丹江、哈尔滨、烟台、西安及长春等城市被列入。2013年12月，深圳成为跨境电子商务服务试点城市。2015年3月国家设立中国（杭州）跨境电子商务综合试验区。

海关监管制度方面，2014年1月，海关总署发布《关于增列海关监管方式代码的公告》，增列海关监管方式代码"9610"，全称为"跨境贸易电子商务"，适用于境内个人或电子商务企业通过电子交易平台实现贸易，并采用"清单核放、汇总申报"模式办理通关手续的电子商务零售进出口产品（通过海关特殊监管区域或保税监管场所一线的电子商务零售进出口企业产品除外）。2014年7月，海关总署发布《关于跨境贸易电子商务进出境货物、物品有关监管事宜的公告》，就电子商务进出境货物、物品海关监管事宜做出了全面而具体的政策规定。2014年8月，《关于增列海关监管方式代码的公告》增列海关监管方式代码"1210"，全称为"保税跨境贸易电子商务"，适用于境内个人或电子商务企业在海关认可的电子商务平台实现跨境交易，并通过海关特殊监管区域或保税监管场所进出的电子商务零售进出境产品；海关特殊监管区域、保税监管场所与境内区外（场所外）之间通过电子商务平台交易的零售进出口产品不适用该监管方式。"1210"监管方式用于进出口时仅限经批准开展跨境贸易电子商务进口试点的海关特殊监管区域和保税物流中心（B型）。

海关监管模式方面，目前在试点城市一共归纳出网购保税进口、直购进口、一般出口及特殊区域出口四种监管模式，以适应跨境电子商务新业态发展需求。其中，网购保税进口和直购进口为跨境电子商务进口模式。网购保税进口模式下，企业采购货物后在海关特殊监管区域进行仓储，消费者下单后在电子商务企业从仓库发货。直购进口模式是企业将货物在境外仓储，消费者下单后电子商务企业在境外将货物打包，把订单、支付单、运单数据向海关申报后再将包裹入境清关。相比网购保税进口模式，直购进口企业无须提前在境内备货，可省去境内仓储费用，从而降低经营成本。相比直购进口模式,网购保税进口模式能够通过集中进口解决贸易碎片化问题。"一般出口"及"特殊区域出口"为跨境电子商务出口模式。"一般出口"模式,采用"清单核放、汇总申报"方式,出口电子商务企业将产品以邮件、快件方式分批运送,海关凭清单核放出境,定期为出口企业把核放清单数据汇总形成出口报关单,企业凭此办理结汇及退税手续,并纳入海关统计。特殊区域出口模式,指出口电子商务企业将整批产品按一般贸易报关进入海关特殊监管区域,企业实现退税;对已入区退税的产品,境外网购后,海关凭清单核放出区离境,定期将已放行清单归总形成出口报关单,电子商务企业凭此办理结汇手续,纳入海关统计。两者主要不同点在于退税的先后顺序有区别。

二、跨境电子商务创业的路径与形式

根据创业的实际路径和形式来看,跨境电子商务创业可以分为直接运营型和间接服务型两类。直接运营型跨境电子商务创业是指直接运营自身跨境电子商务项目以达到盈利的目的,包括借助第三方平台开店,建设自营性平台,甚至开发新的第三方平台等。间接服务型跨境电子商务创业是为他人提供服务收取佣金来实现盈利,例如,提供搜索引擎优化、数据

跨境电子商务
创业路径与形式

分析、美工、小语种翻译等技术支持,通过海外仓建设提供物流服务,以及提供协助报关退税等服务。一般来说,相对于直接运营型跨境电子商务创业,间接服务型跨境电子商务创业需要更为专业和细致的技术支撑,但风险相对较小,更适合具有电子商务技术的专业人士开展;直接运营型跨境电子商务创业风险相对较大,但如果经营得当,获利空间相对较大,成长性较快,特别适用那些具有积极开拓精神的企业家创业。另外,由于前文提及的内部跨境电子商务创业内容与外部创业有较大的相似性,在本教材实际创业技巧的阐述中将不再区分这两种形式,在学习过程中可以将这些电商创业及运营技巧运用到公司内部创业,这更有利于自身在跨境电子商务领域的职业规划及升迁。

直接运营型跨境电子商务创业的三种路径中,由于竞争已经白热化、大平台已经纷纷站稳市场,平台型创业的风险最高,成功率相对是最低的,但鉴于跨境电子商务平台在未来经济领域的重要性,平台型跨境电子商务创业在初期阶段即有可能吸引大批风险投资,从而快速实现个人商业成功。平台型跨境电子商务创业可以集中在小语种平台、针对特定人群的专业型平台及跨境团购平台等方面,从市场竞争相对较小的领域入手会有效提升创业成功率。自营性平台创业主要是通过独立网站等形式来构建自己公司独立的电商平台以实现跨境电子商务创业,目前成功率较低,往往是国际(地区间)贸易公司的一个线上补充;因此,形成跨境 O2O(online to offline,线上到线下)模式可能是未来自营性平台跨境电子商务创业的发展趋势,但这势必需要一定的境外资源支持才能拓展相关业务。借助第三方平台开店来进行跨境电子商务创业,是目前最主要的直接运营型跨境电子商务创业选择,亚马逊、速卖通、Wish、eBay 及敦煌网都各有特色,也是我们在接下来课程中将会讲述的重点,同时多平台甚至全平台运营也成为当前较多的跨境电子商务的创业选择,因为它能够有效降低创业风险。特别提醒同学们在进行第三方平台跨境电子商务创业时,应该注意规避知识产权问题,逐步树立品牌意识,

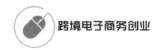

并且有效实施本土化战略。

间接服务型跨境电子商务创业相对风险较小,对于受过专门跨境电子商务训练的创业者尤为合适,创业者可以在精通多个跨境电子商务操作技巧的基础上(例如搜索引擎优化、大数据分析、图像处理及营销活动等)逐步过渡到全店代运营等业务。另外,跨境电子商务创业者还可以从间接服务型跨境电子商务创业过渡到直接运营型跨境电子商务创业,这或许是一条更为稳健的道路。

三、跨境电子商务创业流程

跨境电子商
务创业流程

跨境电子商务创业的流程应该包括跨境电子商务创业设想、相关资料搜集、环境及政策分析、可行性研究、可达成目标设定及组建团队并实施几个部分,具体流程如图 1-5 所示。

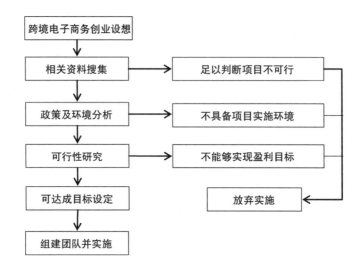

图 1-5 跨境电子商务创业流程

特别需要注意的是,一般而言,跨境电子商务创业活动应该根据科学可靠的计划书来逐步实施,虽然社会上有不少人反对这种观点,因为他们认为"创业是做出来的,而并非想出来的"。但事实上,创业者既是行动者,也是思考者,甚至可以说创业活动必需依赖于行动和思考的良性互动和统一。没有经过详细调研和论证的项目难以形成正确的战略方向,缺乏对资金使用及来源的规划,甚至都无法确立自身的竞争优势。同样的,过于细致和烦琐地纠结于前期计划和设想,而不能积极投身于创新、创业活动实际,也会导致项目久拖不决,难以实施。跨境电子商务创业计划书是相关创业活动的指导和宣传手册,主要由执行总结、公司介绍、项目及产品分析、调研及市场分析、营销计划、公司架构、财务分析及风险与防范措施等部分构成,根据不同的创业内容来突出其关键部分。

四、跨境电子商务创业者的素质要求及其团队构建

（一）跨境电子商务创业者的基本素质要求

跨境电子商务创业者的基本素质要求包括知识、能力及素养三个方面。其中，知识是表层，是能力与素质的基础与载体；能力属于里层，是在掌握一定知识的基础上经过培养、训练和实践锻炼而形成的技能；素质属于内核，是把人从外界获取的知识、技能内化于人的身心，升华形成人们稳定的品质和素养。具体来说，跨境电子商务创业者的知识要求是指跨境电子商务创业者应该具备相应的技术和行业知识，尤其是国际贸易、计算机和互联网等方面知识；能力要求是指跨境电子商务创业者应该具备项目组织和实施的能力，包括语言沟通能力、经济分析与判断能力、营销能力、组织管理能力、执行能力及不断学习和创新能力等；素养要求是指跨境电子商务创业者应该具备该行业要求的职业素养，包括交易诚信、积极进取、坚忍不拔、开拓创新等。

跨境电子商务创业者的基本素质要求及团队建设

当然，我们并不是说跨境电子商务创业者需要满足上述所有素质要求，成为一个面面俱到的完人，而且现实中很多创业成功者其实也并不完全具备上述特征。创业成功到底取决于哪些因素，还存在较大争议，例如，马云和王健林的个人特质几乎完全不同，马云对电商技术也并不擅长，但并不妨碍他取得了巨大的商业成就。从这一角度来看，我国传统文化中对"术、法、势、道"成体系的描述可能更符合东方创业思维，即跨境电子商务创业者应做好自身准备，关注大势发展，并在适当的时机选择合适的方法进入市场。"适逢其时"是一个恰如其分的描述，并不仅仅指运气而已。

（二）跨境电子商务创业的团队构建

1.跨境电子商务团队概述

跨境电子商务创业团队是指在跨境电子商务创业初期（包括企业成立前和成立早期），由一群才能互补（分工）、责任共担、愿为共同的创业目标而奋斗，并能做到利益让渡的人所组成特殊群体。风险投资管理之父乔治·多里特表示，"我更喜欢拥有二流创意的一流创业者和团队，而不是拥有一流创意的二流创业团队"。20世纪60年代和70年代，美国奥斯汀和帕洛阿托的955家不同地理区位的高科技企业中，分别有61%和59%是由2～3人的团队创建的；在波士顿、旧金山等地区的33家成功的高科技公司中，有23家公司是由创业团队创建的；美国237家个人计算机软件企业中，2/3以上的企业由两个或更多的合伙人创建。可以看出，创业团队的合理构建对跨境电子商务创业成功至关重要，优秀的团队构成能够提升公司实力、减轻创业压力并增加项目价值。

2.跨境电子商务团队构建原则

第一，跨境电子商务创业团队的成员挑选要兼顾相似性和互补性。相似性有助于团队交流沟通，形成良好的人际关系和企业文化，成员间价值取向的一致也能够保证个人对公司有较高的认同感和责任感，有助于公司的稳定发展。互补性能够让成员相互学习和借鉴，有利于团队之间的分工，提升公司运营效率，保证每个人发挥其比较优势

从而实现个人提升与公司发展的良性互动。

第二,跨境电子商务创业团队需要形成制度保障。创业活动是正式的企业经营活动,必然要求合法、合规且能够运行良好的管理制度保障,从决策制定、责任分工、激励保障等各方面形成一整套规范的管理体系。跨境电子商务创业团队在初期往往没有能力来制定相关制度,可以借助风险投资人或者借鉴成熟企业制度等来逐步完善。

本章小结

自 2011 年以来,我国跨境电子商务发展十分迅猛,已经成为国际经济与贸易相关专业同学及从业者所必备的实务技能,而从创业角度对跨境电子商务进行思考更能够形成整体认知,有助于提升学习效率。因此,本章界定了跨境电子商务创业相关概念及特征,并阐述了我国跨境电子商务的分类、发展现状及趋势,在此基础上分析了跨境电子商务创业的政策环境、流程及素质要求,为各位同学进行跨境电子商务创业活动提供了一系列背景和准备资料。特别提醒各位同学,跨境电子商务创业者不仅仅是行动者,同时也是卓越的思考者,必须在把握大势的前提下选择适合自身发展基础的项目稳步实施。

思考与实训

1. 试阐述我国跨境电子商务的发展现状及趋势。

2. 跨境电子商务创业的形式和流程是怎样的?什么样的人更适合跨境电子商务创业?

3. 以小组为单位对本地区跨境电子商务代表性企业及园区进行调研并撰写调研报告,报告内容应包括发展现状、问题及解决方案等方面,并附带调研访谈记录及照片。

4. 请大家以小组为单位,利用其他国家(地区)语言查询当地主要产品及其销售商资料,并结合中国(或自己所在省、自治区、直辖市)实际情况,尝试与当地销售商进行邮件联系,从而发掘新客户。小组应进行有效规划和分工,并从这一活动开始正式进入跨境电子商务创业角色。特别提醒各团队思考并讨论如下问题:在不懂其他国家(地区)语言、尤其是小语种国家(地区)语言的时候,如何用小语种进行语言查询?怎么能够确保你使用的搜索引擎是最适合当地的?

第二章

跨境电子商务创业项目策划与设计

在"互联网＋"和"大众创业,万众创新"的时代,面对电子商务领域众多细分市场,创业机会何在? 借用马化腾的观点:创业把目标放到最低,解决一个痛点就能成功。目前针对电子商务创业,国家政策频出,互联网技术的积累及互联网的高度渗透等都为电子商务创业奠定了良好的环境基础。如何发现痛点、解决痛点并变痛点为兴奋点实现创业梦,本章将解惑答疑。

◎ **学习目标**

本章的设置是为了能够让学生明确创业项目的选择原则及方法,掌握创业初期融资的渠道与方式,精通创业项目的可行性分析,能够准确验证创业项目是否可行,清晰市场机会和体量,并且可以做出详细的创业项目实施计划,熟练进行创业项目的总体规划。

💡 **重点难点**

运用创业项目选择方法及自身实际情况选择跨境电子商务创业项目并对项目可行性做出分析,根据具体的项目选择便捷、低成本的融资方式。

✅ **关键术语**

项目选择方法、融资风险、创业项目可行性分析、创业规划。

第一节　创业项目选择

一、项目选择方法

好的创业项目不少,创业项目选取的技巧也很多,需要用心去学习、总结并创新。以下从不同角度,简单介绍几种常见的创业项目的来源路径或创业项目选取的方法。

🎥 跨境电子商务创业项目选择方法

(一)问题选择法

改变观念,正视问题,善于发现问题、思考问题,把问题看作创新的机会点,某个项目或产品的缺陷其实就是一个创业的好项目。只要专心、专注,就能从已经存在的项目中发现问题,从而挖掘出新的项目。

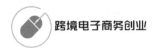

📍 相关链接 2 - 1：wavebetter 洗脸神器

2012 年 7 月，林泽代理的洗脸机品牌 wavebetter 正式登录天猫，一上线便销售火热，至今仍保持在淘宝同类产品销量第一的位置。wavebetter 引人注目的一点是，店铺内只主打出售一款洗脸机，再零星销售周边配件。新颖的打法，让 wavebetter 被市场称为"洗脸神器"。相比众多大牌动辄几千元的洗脸机，wavebetter 显得更为亲民，活动价格在三四百元左右，再加上优惠券折扣，对于初试洗脸机产品的消费者来说，这样的定价方式很奏效。wavebetter 仅靠一款拳头产品就占据了同类产品销量第一的位置，在天猫的体系里创造了一个单店单品的成功案例。

总结：wavebetter 发现已有洗脸机价格昂贵的痛点问题，专注解决痛点获得了创业的成功。

（二）整合选择法

把两个已有项目合理放到一起，就是一个新项目。要善于发现各种资源的优势点、关联性，并加以整合，如果根据市场需求变化，直接把两个或者两个以上的项目或产品整合在一起，就会产生一个全新的项目；挖掘多个项目或产品的优势点，并把它们各自的优势点有机地结合在一起，也会产生一个好项目。

📍 相关链接 2 - 2：下厨房

互联网广告的模式对于"下厨房"这类 APP 来说，似乎有点遥远，但境内电商的大环境，却为"下厨房"的商业化提供了另一种可能性。2013 年 8 月 14 日，"下厨房"上线"有点田"频道，引入北京 5 家农场入驻，为"下厨房"的用户提供了一个买菜的平台，这是"下厨房"将菜谱、内容分享、社交平台进行整合后试水电子商务的第一步。对于电子商务品类的选择，创始人王旭升的标准是品质好、议价空间高。"有点田"事实上是在帮生产和销售终端搭建一个平台，农场可以上线来宣传自己的种植理念，传递给消费者一种生活理念，使这款由吃衍生出的 APP 在消费者的感知里拥有了社会价值。"下厨房"为电子商务提供了一个成功的 O2O 营销模式。

总结："互联网十农业"整合的不仅仅是产品，更是生活理念，所以创业成功。

（三）借势选择法

认真学习和研究时势，把握最新的政策，从各种政策当中发现机会点，从而产生出新的创业项目。或者，借助某种势力，获得可为己所用的力量，从而衍生出新的创业项目。有势不发挥，待大势已去就不可挽回，顺势而上才能成功。目前"大众创业、万众创新"、"互联网＋"、"一带一路"、跨境电子商务、O2O 等新热点都是大势。

（四）挖掘选择法

1. 概述

从自身资源优势出发，抓住当前市场需求的热点，用心去挖掘满足该市场需求的现有项目之外的其他路径，并对这种路径加以改进、提升，从而衍生成为一个新项目。或者，寻找现存的隐蔽资源，进而改进、提升、转化为新项目。

相关链接 2-3：挖财

作为一款工具类软件,挖财在用户体验上做足了功夫,简单至上。除基本的账目明细、报表和预算功能外,还充分考虑了用户记账时的各种场景,研发了批量的轻量应用,如商旅记账、拍照记账和语音记账等。2013 年 10 月份,在投资人李治国的推动下,信策 CEO 顾晨炜带领团队加入挖财,补充了团队的金融能力,开始了产品商业化的全面探索。货币基金交易服务是挖财选择的第一站,从 2014 年 2 月份开始,挖财开发了基金交易服务,基米正式上线,为有投资需求的客户推荐风险系数非常小的基金,并且收取基金公司一定的费用。挖财由单一记账功能向理财、基金、投资等功能转向,目标是将用户所有的资产及消费都纳入到挖财体系当中,这些数据才是真正的价值所在。

总结:从记账到理财,从而挖掘出财富,实现创业成功。

2. 创业项目选择的角度

此外,在创业项目的选择过程中,我们可以结合兴趣、自身项目的优势、创新能力来进行选择,也可以加入有潜力的产业链等来挖掘项目。选择的角度如下。

(1) 选择个人感兴趣的、擅长的或从事人员少的项目。

(2) 选择市场消耗比较频繁或购买频率比较高的项目。

(3) 选择投资成本较低的项目。

(4) 选择风险较小的项目。

(5) 选择客户认知度较高的项目。

(6) 可先选择网络创业(免费开店)后进入实体创业项目,也可结合线上电子商务和传统实体店面同步经营。

(7) 选择民生、社区等相关领域进行创业。

(8) 选择农业、教育等行业进行创业。

(9) 选择加盟项目。

(10) 选择新兴的蓝海项目,比如像移动互联网、游戏、文化创意、环保领域等项目。

(11) 选择可以在家里创业的项目。

(12) 选择商业机遇,如没有在市场上出现的商机,或者是在现有生活范围内没有大幅度覆盖的商业。

二、项目选择注意事项

项目选择时应注意以下事项。

第一,选择创业项目的过程中,要注意不能仅凭技术来选项目。新技术对创业项目的作用相当明显。每当有技术上的突破时,就会创造出新的市场需求,技术创新改变了市场格局。电视机改变了人们消磨时间的方式,也是个微型广告牌;汽车引了发人口从城市到郊区的转移。随着高新技术的应用,知识成了资本,也改变着营销。掌握了高新技术的创业企业往往能够迅速发展壮大,是值得投资的对象,但请注意,技术不能作为投资选择的唯一标准。

跨境电子商务
创业项目选择角
度及注意事项

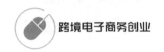

第二,对于一个企业而言,如果把技术要素凌驾于其他要素之上,是极其有害的。在企业经营上,商业模式比技术要素重要得多。企业应该更多地考虑如何把技术要素和人才、管理、营销等结合起来,形成一个有效的商业模式。

第三,人才(团队)、管理水平、市场能力、所有制及企业文化等对企业成功的贡献率一般可占到80%,而技术即使打满分,其贡献率也只有20%左右。硅谷的风险投资家,其投资对象不会是一项技术,他们看相中的,一定是一个有效的商业模式和一个优秀的管理团队。风险投资领域还有一句常说的话:"一流团队可把二流技术做成一流的,但二流团队却会使一流技术变成二流的。"因此在选择投资项目和对项目进行考察及拟定投资协议时,既要重视高新技术的作用,在同等条件下选择拥有高新技术的创业项目进行投资,又要防止"唯技术论"的观点,注重技术与其他企业经营要素的有机结合。

第二节　创业项目融资

大多数创业项目面临的最大困境是资金问题,融资成为创业者解决资金问题的首要任务。下面主要介绍打动投资者实现融资的方法,以及融资过程的注意事项。

一、实现融资

(一)从投资人的角度考虑问题

跨境电子商务
创业项目融资
方法

首先,要换位思考,学会从投资人角度考虑问题。通常投资人投资项目筛选有其基本原则:第一,项目确实拥有明确的客户,且客户真正认可即将推出的创新产品,认为新产品对他们有用、有价值,愿意以某种方式付钱。第二,除了现有的客户外,还有很多类似的客户,客户群是可以扩展的,将来可以取得规模效益。第三,企业的发展和逐步扩大的盈利过程是可以预期的,企业的商业计划具有可行性,创业企业发展前景可以逻辑清晰地预见,即战略定位、创新点明确,商业逻辑清晰,商业模式、竞争策略、产品组合、盈利方法和人力资源组合等规划到位。在企业今后的商业模式和盈利逻辑被认可后,适当的利率水平和收益分配比例就可以确定投资人进行股权投资的合理金额,引起投资人的投资欲望。第四,确定投资协议时投资人要求创业者能够承担责任,因为他是创业企业的实际控制者,对经营计划的实现负有第一责任。如果不能按计划完成销售和盈利目标,他就需要根据投资效益给投资人以补偿,具体的补救措施可能包括调整优先股转换比例,提高投资人的股份,减少创业者的股份、投票权,以及将更多的董事会席位转移到投资人手中,解雇管理层等。

总之一句话,这些投资协议条款和"对赌"措施就是迫使创业者将各种准备和计划尽可能落到实处。

(二)从创业者的角度考虑需求

了解了投资者角度,接下来需要认真准备商业计划书。

从创业者的角度来看,其创业项目是否能够融资成功,取决于两个因素:首先是项目传播的广度和深度,是否能够有效地通过某种特定的途径,将项目的介绍材料送到那个真正能够认识到项目价值的投资人手里;其次,是否拥有一个有效的途径和方法,能够与这个特定的投资者见面,当面阐述创业项目的价值和特点,从而让这个特定的投资人,能够真正认识创业项目的价值,并认可创业者。除认真准备商业计划书外,创业者可以尽量多地参与各种投资洽谈会、项目路演会等,以期能够遇到独具慧眼的投资者。有些固定场所专门为创业者和投资者设定,如北京的中关村创业大街,这是一条只有220米长的大街,却是草根创业者实现梦想的天堂。此外中关村的创新工场、车库咖啡、36氪、创客空间等也为创业者提供了机会和空间。据统计,2014年,中关村平均每天创业诞生科技型企业49家。

二、控制风险

(一) 创业风险与创业投资风险

创业是一个充满风险的活动,创业投资活动是为创业者提供支持和帮助的。创业投资的风险在很大程度上来自创业的风险,但创业投资风险和创业风险不是一回事。创业风险隐藏在创业过程的各个环节和阶段,是创业过程所固有的,如技术风险、市场风险和管理风险等。而创业投资的目的是促成创业成功,参与收益分配,因此可以说创业风险是投资风险的一个来源。

跨境电子商务
创业项目融资
风险

(二) 创业风险的主要类型

1. 技术风险

新产品和新技术尚未经过市场和大规模生产的检验,技术是否可行,预期和实践间的差距是否存在不得而知。

2. 财务风险

财务风险主要体现在财务报表是否能准确反映创业企业的经营状况,可否给投资者提供准确的参考数据不能保证。

3. 投入风险

投入风险主要体现在后续资金的投入不足可能导致项目中途流产。

4. 管理层变动的风险

管理层变动的风险体现在核心管理人员创业过程中的不稳定性会影响企业的发展与经营。

5. 外部环境风险

外部环境风险体现在行业经济的景气程度、政府的政策导向等加大了投资的外部环境风险。

(三) 风险控制的方法

投资风险是投资主体面临的风险,主要源于投资主体和创业者的信息不对称。创业投资的特征是"高风险、高收益",这些风险分布在融资、投资和退出的各个阶段,稍有不慎将导致创业投资失败。

融资阶段是绝大多数创业投资企业面临的难题,资金来源渠道的不通畅会使得企业在起步阶段始终处于"营养不良"的状态,自身发展受到严重束缚,突出表现在融资渠道的单一和信用问题上。融资渠道的风险规避主要可以借助于政府的资本和各项优惠

政策的支持及法律法规的约束。而信用风险的控制则可以借助于提高普通合伙人的出资比例,降低普通合伙人享有的公司投资利润率等手段来实现。具体可以从以下几方面来做好风险控制。

1. 做好项目的筛选

项目筛选是价值发现和风险过滤的必备过程,也是成功运作投资项目的基础和前提,需要创业者对创业项目进行详细透彻的分析。

2. 选择投资的方式

阶段性投资是规避投资风险的常用方法,依照项目的进度与所处的不同阶段,进行组合投资,灵活地分散创业投资风险。

3. 提供增值服务

规范完善公司治理,保持企业具备较强的竞争力,发掘投资过程中的价值源泉,在投资过程中不断提供增值服务,可以在一定程度上降低创业风险。

4. 通过合同约束来控制风险

通过契约明确持股比例和债权,随时控制创业企业的运营状况,将投资者和创业者间存在的利益冲突最小化。

5. 退出阶段的风险控制

投资的目的是为了使投资的资金安全性和效用最大化,选择合适的退出时机,将投入的资本以股权形态转化为资金形态,对双方而言有时是双赢的。

因此,从长期看,创业投资是新创业企业快速发展的"发动机",投资企业以资金、管理与服务的方式支持创业企业的发展,对区域和行业的经济发展有着巨大的推动作用。对创业者而言,切实了解并熟悉投资主体的思维后,如何将创业项目的核心理念与现实投资有效地结合并转化为社会价值和效益是非常关键的。有效规避创业自身的风险和创业投资风险对双方而言都有着重要的意义。

第三节　创业项目的可行性分析

创业项目的可行性分析

创业项目的可行性分析指的是确定商业创意是否可行的过程。它从创业机会的识别到创意的产生,对创业项目从产品/服务、行业/市场、组织及财务等角度进行评判,以确定项目是否适合投资的决策过程。一般而言,若以上环节的调查分析是可行的,下一步将进行商业计划书的撰写并吸引投资,而若其中一个或者多个环节不可行,则要放弃或重新审视原有的商业创意,查找其是否在某些方面存在不足,然后对其进行完善、修改甚至放弃。

一、产品/服务的可行性分析

产品/服务的可行性分析是指对拟推出的产品或服务的总体吸引力进行评估,包含概念测试和可用性测试两种测试方法。

（一）概念测试

概念测试是指向预期用户展示创意产品或服务思路,概念测试的目的是为达到以下目标。

第一,了解客户的态度,证实创业者有价值的产品或服务创意的潜在假设是否成立。

第二,有助于发展创意,如向消费者展示自己的产品创意,获取反馈意见并进行修改。

第三,估计产品或服务可能占有的市场份额,一般通过调查问卷的形式来完成。

（二）可用性测试

要求产品使用者执行某些任务,以便测试产品的易用性与用户的体验。可用性测试也称为用户测试、实地测试,有多种表现形式。对一些预算有限的创业者而言,可以考虑开发很基础的原型让用户试用并搜集相关资料在后续基础上进行开发;而对于一些具备条件的创业者而言,可以进行非常精细的可用性测试,如在实验室中进行测试后再推广。

二、行业/市场可行性分析

行业/市场可行性分析是对将要提供产品或服务的整体市场吸引力进行评估的过程,一般需要考虑三个主要问题:行业吸引力、市场的进入时机和利基市场的识别。

（一）行业吸引力

市场是用户需求反映最直接的源头,因此要尽可能地借助搜索引擎或网络购物平台等工具提供突破性的产品或服务,或者是对已有产品或服务加以改进。那么,最富吸引力的行业大体具备以下特征:发展空间广阔并呈现持续增长的态势(成长比规模更重要),对消费者具有重要意义,有较高而非较低的经营利润,没有太多的竞争对手。

（二）市场的进入时机

市场进入时机的选择可遵循以下原则:对当前市场时机的分析与把握,掌握哪些创业项目是适合的,哪些项目是风险太大或者目前不具备创业条件和环境的;对一些已被竞争者充斥的相对饱和的市场应关闭机会窗口,尽量回避;了解并掌握创业产品或服务的优势,是具备首先进入新市场获得难以赶超的先发优势,还是具备追随者汲取先行者的教训以推出更好的产品或服务,并灵活利用的后发优势。

（三）利基市场的识别

利基市场是指在较大的细分市场中具有相似兴趣的一小群顾客所占有的市场空间,它的重要性在于企业可以自己建立一个行业,从而避免与主要竞争对手进行正面竞争。利基市场战略有利于企业集中精力把某个特定市场做成功,而不是在一个大市场上为迎合每个人而无所不做。

三、组织可行性分析

组织可行性分析是指用来判断拟建企业是否具有足够的管理专业知识、组织能力和资源以成功创办新企业所进行的调研和分析。对组织的分析可从管理才能和资源丰度两个方面进行深化。管理才能指创业者或管理团队对商业创意所抱有的激情,创业者或团队对将要进入的市场的了解程度。资源丰度是指办公场所利用率、企业所处地

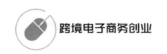

区的劳动力质量、获得知识产权保护的可能性等,多数地区反映资源丰度的指标是企业孵化器,类似企业的地理接近度,如美国加利福尼亚的硅谷,中国北京的中关村、武汉的光谷等。

四、财务可行性分析

(一)财务可行性分析概述

财务可行性分析涉及资本需求、财务收益率和投资总吸引力三个方面。资本需求是指企业筹集足够资金的过程,资本需求对企业的创业起步阶段影响巨大,财务数据虽然没有必要十分精确,但要相对准确。从财务收益率的角度判断企业预期收益是否足以保证企业的创建(合理性),如果收益率低,则没有意义。

(二)投资总吸引概述

投资总吸引力是投资方投资前评估的重要方面,投资总吸引力强可能吸纳多方的资金,促进项目的可持续进行。在清晰界定的利基市场中,企业销售额要在成立后5~7年内稳定快速地增长,才表明是具有投资总吸引力的。投资总吸引力主要有以下表现。

(1)比例很高的持续性收益,意味着企业一旦赢得某个客户,客户就会提供持续的收益来源。

(2)能够以合理的确定程度预估收入和费用。

(3)具有自主和支持企业成长的内生资金。

(4)投资者将权益变现的退出机会可得性(如收购或首次公开上市)。

五、创业项目可行性报告框架

(一)概况

创业项目可行性报告一般包含以下内容。

(1)申请企业的基本情况。

(2)企业负责人、项目合伙人及项目负责人简况。

(3)企业人员及开发能力论述。

①企业负责人的基本情况、技术专长、创新意识、开拓能力及主要工作业绩。

②项目主要合伙人的基本情况、技术专长、创新意识、开拓能力及主要工作业绩。

③企业管理层知识结构,企业人员平均年龄,管理、技术开发、生产、销售人员比例,新产品开发情况,技术开发投入额占企业销售收入的比例等。

(4)简述项目的社会经济意义、目前的进展情况、申请资金的必要性等。

(二)技术可行性分析

1. 项目技术创新性论述的主要内容

(1)项目产品的主要技术内容及基础原理。

(2)需描述技术路线框图或产品结构图。

(3)尽可能说明本项目的技术创新点、创新程度、创新难度,以及需进一步解决的问题,并附上权威机构出示的查新报告和其他相关证明材料,已有产品或样品须附照片或样本。

（4）产品的主要技术性能水平与国内外先进水平的比较。

2. 产品知识产权情况介绍

合作开发项目，需说明技术依托单位或合作单位的基本情况，并附上相关的合作开发协议书。

3. 技术成熟性和项目产品可靠性论述

（1）提供技术成熟阶段的论述或有关部门对项目技术成果的技术鉴定情况等。

（2）本项目产品的技术检测、分析化验情况等。

（3）本项目产品在实际使用条件下的可靠性、耐久性、安全性的考核情况等。

（三）产品市场调查和需求预测

1. 国内外市场调查和预测

（1）本产品的主要用途，目前主要使用行业的需求量，未来市场预测。

（2）产品的生命周期，目前所处的生命周期的阶段，开发新用途的可能性。

（3）本产品在国内及本地区的主要生产厂家、生产能力、开工率。

（4）在建项目和拟开工建设项目的生产能力、预计投产时间。

（5）从产品质量、技术、性能、价格、配件、维修等方面，预测产品替代进口量或出口量的可能性，分析本产品的国内外市场竞争能力。

（6）国家对本产品出口及进口国（地区）对本产品进口的政策或规定（限制或鼓励）。

2. 分析本产品市场风险的主要因素及防范的主要措施

（1）产品市场风险

产品风险是指产品在市场上处于不适销对路时的状态。产品风险包括产品设计风险、产品功能质量风险、产品入市时机选择风险和产品市场定位风险等。

①产品设计风险是指企业所设计的产品过时或者过于超前，不适应市场顾客的需要。

②产品功能质量风险主要是指企业所销售的产品功能质量不足或产品功能质量过剩，不能完全满足用户需求。

③产品入市时机选择风险是指产品进入市场的时间选择不当。

④产品市场定位风险是指产品的特色与市场、顾客要求不相符合。

（2）防范的主要措施

对产品所处生命周期的把握可以在一定程度上规避产品市场风险。准确把握产品生命周期可以把握机会，适时介入某一行业或企业，最大限度地创造利润；可以及时退出某一行业或企业，避免损失的发生；可以合理确定贷款期限，避免短贷长用的现象；可以把握企业产品的创新能否跟上生命周期的变化趋势，判断企业有无长远的发展潜力；对于有多种产品的企业，可以观察每种产品的生命周期及贡献率，判断产品系列是否有连续性，企业是否有长期、持续发展的能力等。

3. 产品方案、建设规模

（1）产品选择规格、标准及其选择依据。

（2）生产产品的主要设备装置、设备来源、年生产能力等。

（四）项目实施方案

1. 项目准备

（1）已具备的条件，需要增加的试制生产条件。

（2）目前已进行的技术、生产准备情况。

（3）特殊行业许可证报批情况，如国家专卖专控产品、通信网络产品、医药产品等许可证报批情况说明。

2. 项目总体发展论述

包括项目达到规模生产时所需的时间、投资总额、实现的生产能力、市场占有份额、产品生产成本和总成本估算、预计产品年销售收入、年净利润额、年交税总额、年创汇或替代进口等情况。

（五）新增投资估算、资金筹措

1. 项目新增固定资产投资估算

应逐项计算，包括新增设备、引进设备等。根据计算结果，编制固定资产投资估算表。

2. 资金筹措

按资金来源渠道，分别说明各项资金来源、使用条件。对孵化风险资金部分，需详细说明其用途和数量。用银行贷款的，要说明贷款落实情况。单位自有资金部分应说明筹集计划和可能。

3. 投资使用计划

根据项目实施进度和筹资方式，编制投资使用计划。对孵化风险资金部分，需单独开列明细表说明。

（六）经济、社会效益分析

1. 项目的风险性及不确定性分析

对项目的风险性及不确定因素进行识别，包括技术风险、人员风险、市场风险、政策风险等。

2. 社会效益分析

社会效益分析包括对提高地区经济发展水平的影响，对合理利用自然资源的影响，对保护环境和生态平衡，以及对节能的影响等。

（七）项目可行性研究报告编制说明

项目可行性研究报告编制说明主要包含以下内容。

（1）可行性研究报告编制单位名称、基本情况、负责人、联系电话。

（2）可行性研究报告编制者姓名、年龄、学历、所学专业、职称、工作单位、职务。

（八）附件内容（打＊号的项，未注册企业的自然人可以不填）

附件主要包含以下内容。

（1）企业法人代表身份证（复印件）份。

（2）企业营业执照（复印件）＊。

（3）上月末财务损益表和资产负债表（复印件）＊。

（4）大专以上人员学历证书（复印件）。

（5）项目负责人身份证复印件，原工作单位或居住地提供的身份证明。主要科技人员业绩简介。

（6）能说明项目知识产权归属及授权使用的证明文件（复印件）。

（7）有关权威机构出具的"项目查新报告"和科技成果证明（复印件）。

（8）主要产品（或服务）的优势和市场需求状况。

（9）与项目和企业有关的其他证明材料（复印件）。

第四节　创业项目总体规划

创业项目
总体规划

一、创业投资计划书

创意和创新是创业的原动力，但在此原动力下，创业要成功，还是要按部就班，按照一定的步骤稳扎稳打，才能提高创业成功的概率。创业之前需要撰写自己的投资计划书，创业投资计划书主要包括以下内容。

（一）创业项目内容

包括创办事业的名称、事业规模大小、营业项目或主要产品名称等，即所创事业为何。先订出所营事业的规模及营业内容，这是创业评估的基础。

创业计划书
写作方法

（二）信息分析

信息分析除了对所创事业相关环境分析外，还要了解相关法律法规，对于潜在客户在哪里、竞争对手是谁、切入的角度或竞争手法为何、一个行业提供的服务或产品的市场价格是多少、一般的毛利率为何等内容都需要进行调研。

（三）创业资金规划

创业的资金可能包括个人与他人按出资金额比例所筹的资金、银行贷款等，这会影响整个事业的股份与红利分配多寡。要对先前所设定事业规模下需要的启动资金（硬件与软件）、未来一年要准备的营运资金等做出估算。

（四）经营目标

社会环境变迁快速，设立营业目标大多不超过 1 年。新创项目应参考同等规模同业企业的月营业额，订出自己的经营目标。

（五）财务预估

预估第一年的营业收入与支出费用，这些预估数字的主要目的，是让创业者估算出所营事业的每月支出与未来可能利润，并明了何时能达到收支平衡。最后算出企业未来的利润。

（六）营销策略

营销策略需要了解服务市场或产品市场在哪里？同业一般使用的销售方式为何？自己的竞争优势在哪里？营销手法相当多，包括直接邮寄广告、电话拜访、现场拜访、商

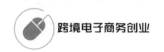

展、造势活动、网络营销等，创业者应搜集这些营销手法的相关资料。

（七）企业风险评估

企业在创业的过程中可能遭受挫折，如经济不景气、竞争对手强大、股东意见不合、产品或服务出现衰退、执行业务的危险性等，这些风险甚至会导致创业失败，因此应列出事业可能碰到的风险及相应的解决办法。

（八）其他

其他还包括事业愿景、股东名册、事业组织等或创业者所特别要向投资者说明之事项。

二、创业项目规划需考虑的因素

在完成创业计划书的同时，一般创业项目的规划还要考虑如下因素。

（一）创业资金筹措

万事开头难，如果资金不够，那么创业就更难。当创业者的创业资金不足时，筹集资金的方式，除了向亲友借贷，还可以设法寻求政府的相关贷款资源或获得风投基金，以解决创业资金不足的问题。

（二）如何选定行业和决定产品

在选定自己想要创业的行业之前，一定要先衡量自己的创业资金有多少。因为各行业的总投资有高有低，每一种行业都不一样，所以，先衡量自己所拥有的资金能够做哪些行业，再来做进一步的规划。然后依据行业发展的前景，结合自己本身的兴趣、专长、倾向、过去相关的工作资历、行业竞争性等因素，加以评估，看自己适合从事哪种行业及从事哪种行业最具有竞争优势。

（三）学习经营技术

选定行业之后，接下来的问题就是经营技术怎么来？当然，如果是选择连锁加盟店，总部会传授所有的技术。但是，如果是自行创业，就必须自己想办法学习。就学习途径而言，当地一般都有很多的技艺补习班，如各类餐饮、小吃、咖啡、泡沫红茶、插花、调酒等。另外，一些职业训练中心也开办了各类职业训练课程。在开店之前，最好自己要有该行业的实战经验。

本章小结

本章介绍了创业和创业管理的基础知识，从投资者和创业者两个角度分析了创业项目策划过程中应注意的事项和遵守的原则。在了解创业项目的基本特征和创业项目来源的基础上，对创业项目进行识别和选择，并进行了可行性分析和总体规划。

思考与实训

1. 简要列举创业项目的可能来源。

2. 总结创业项目可行性分析的内容和步骤。

3. 创业项目融资渠道有哪些？

第三章

跨境电子商务创业商业模式设计

商业模式是跨境电子商务创业者必须考虑的一个问题，它决定了企业的战略发展、盈利能力和核心竞争力，电子商务经过 web 1.0 到 web 2.0 的发展，使得电子商务企业和传统企业相比，具有虚拟性、网络性、灵活性等特点，跨境电子商务企业亦是如此，把握好电子商务的盈利模式，是跨境电子商务创业成功的重要因素。

◎ **学习目标**

通过本章学习，学生应了解跨境电子商务创业的商业模式设计原则、盈利模式的分析方法及盈利模式的选择依据。

💡 **重点难点**

把握跨境电子商务的商业模式设计原则，通过分析跨境电子商务的盈利模式做出创业项目选择。

✅ **关键术语**

跨境电子商务商业模式、盈利模式。

第一节　商业模式简介

一、商业模式概述

商业模式可以理解为利益者的交易结构。这里存在几个问题：一是要思考谁是你的利益相关者；二是要分析这些利益相关者有什么价值可以交换；三是设计一个共赢的交易结构。互联网浪潮的来临，使得电子商务企业的模式呈现出新的特点，模式设计、模式定位与模式创新是电子商务企业在竞争中必须思考的问题。

🎥 跨境电子商务
的商业模式

（一）商业模式的概念

互联网经济迅速崛起的同时，也出现了大量严重亏损的互联网企业，看不到赚钱的"前景"，这引起人们对新经济企业商业模式的思索和研究。实际上，不只是新经济需要研究和反思商业模式，即使是在拥有几百年历史的传统经济和传统产业中，每天也仍有大量企业因商业模式不完善而倒闭。因此，商业模式是每个企业都要去思考和研究的课题，没有商业模式或者商业模式不清晰，抑或者商业模式缺乏环境适应性，都将使企业面临巨大的生存危机。

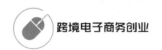

商业模式是一个比较新的名词。它第一次出现在20世纪50年代,但直到20世纪90年代才开始被广泛使用和传播。商业模式是一种包含了一系列要素及其关系的概念性工具,用于阐明企业为顾客创造价值并获取利润的内在逻辑。不同的机构与学者对商业模式有不同的解读。

哈佛商学院将商业模式定义为"企业盈利所需采用的核心业务决策与平衡"。例如,Google(谷歌)让普通用户免费试用其搜索引擎,而通过定向广告从企业那里获得利益。而根据Wikipedia(维基百科)的解释,商业模式是指一种企业创造营业收入与利润的手段与方法,其组成要素主要包括:员工与顾客的选择、产品与服务的提供、将产品与服务推到市场、为员工与顾客提供效用、吸收与留住员工与顾客、定义工作内容、响应环境与社会的持续发展、资源配置及获取利润等。

(二)商业模式的组成要素

商业模式有多种组成要素,我们可以通过问题的设置来分析各组成要素的主要内容。一般而言,商业模式的组成要素如表3-1所示。

表 3-1　商业模式的组成要素

商业模式的成分	关键问题
价值主张	为什么消费者要跟你购买?
盈利模式	你将如何赚钱?
市场机会	你要服务于哪一个市场,规模多大?
竞争环境	有谁已经在你欲加入的市场中?
竞争优势	你的公司会为此市场带来什么特殊利益?
市场策略	你计划如何促销你的产品或服务,来吸引你的目标客户?
组织发展	公司需要什么样的组织构架,才能实现商业计划?
管理团队	公司的领导人必须具备什么样的经验与背景?

1. 价值主张

价值主张(value proposition)是指一家公司的产品与服务如何满足消费者的需求。客户价值主张是商业模式的核心要素,也是其他几个要素的预设前提。这也符合最基本的商业逻辑:如果你想赚钱,请问你能给别人带来什么价值? 商业的本质是价值交换,要交换价值就得首先创造价值,因此有两个问题创业者一定要搞清楚:你的目标客户是谁? 你能为他提供什么价值?

在价值主张中需要思考的关键问题是:为什么消费者会选择你的公司,而不选择其他公司? 你公司提供了什么其他公司所没有或无法提供的服务或产品呢?

成功的电子商务价值主张包括:产品的个人化与个性化、产品搜寻成本的降低、价格发现成本的降低、控制产品运送且交易简化。这个问题并不复杂,但还是有很多创业公司对此并不十分明确。技术类创业的公司更容易走入一个认知误区:只要技术足够强,客户自然会乖乖地买单。其实,市场需求和技术领不领先是两回事,很多看上去很先进的技术,而实际上几乎是没有市场的。大多数科研成果也都极具创新性,但能够转化为市场需求的产品不到10%!这也是大多数技术创新类公司失败的一个重要原因。

脑白金在这个方面做得比较成功。你可能很不喜欢脑白金的广告,其产品技术含量也不高,但是它的客户价值主张定位却非常成功。它的目标客户并不是产品消费者,而是那些想要用不多的钱买一份体面礼物的年轻人。它定位为一种情感表达的载体。因此,很多人到超市给父母买礼物,第一反应就是"送礼要送脑白金"。

2. 盈利模式

一个公司的盈利模式(revenue model)反映了一个公司如何获取收益、产生利润,并创造高额的投资报酬。

盈利模式是指企业获得收入、分配成本、赚取利润的方式。盈利模式是在给定业务系统的各价值链所有权和价值链结构中,在企业利益相关者之间的利益分配格局中企业利益的表现。良好的盈利模式不仅能够为企业带来利益,更能为企业编制一张稳定共赢的价值网。各种客户怎样支付、支付多少,所创造的价值应当在企业、客户、供应商、合作伙伴之间如何分配,是企业收入结构所要回答的问题。一个企业可以使用多种收益和成本分配机制,而好的盈利模式往往可以产生多种收入来源。传统的盈利模式往往是企业提供什么样的产品和服务就针对这种产品和服务向客户收费;现代企业的盈利模式则变化极大,经常出现的盈利模式是企业提供的产品和服务不收费(甚至是永远不收费),吸引来的顾客产生的价值则由其他利益相关者支付。例如,客户使用互联网上的搜索引擎不需要支付费用,但被搜索到的产品和服务的提供商却需要支付费用。此外,同样的业务系统其盈利模式也可能不一样,如网络游戏就有收费、免费和向玩家付费三种方式。

盈利模式是商业模式的重心,一个好的商业模式必须有非常清晰的、可持续的盈利模式。传统企业的盈利模式主要有产品交易的差价、广告费用、中介费用、服务费用、技术转让等,互联网企业盈利模式有的与传统企业一样,有的出现了新的变化,这点在后面会进行具体的介绍。

3. 市场机会

市场机会(market opportunity)代表公司企图进入的交易市集(market space),以及这个交易市集中这家公司可取得的潜在财务机会。交易市集也就是一个具有真实或潜在商业价值的领域。

在发现市场机会的过程中,首先要了解总的市场规模,然后确定整个市场的细分情况,最好根据企业所提供的产品和服务预计在某个细分市场上的份额。如目前某企业需要进入手机行业,原来该市场是一个蓝海,但现在随着手机厂商之间的激烈竞争,再进入该市场就需要进行详细的市场调研和市场细分,甚至必要时还要切换视角,判断哪个细分领域还存在市场机会。

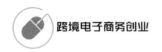

📍 **相关链接 3-1：换个角度看商机**

在当年美国西部的淘金热中，那些没日没夜找金矿的人没有几个暴富的，可是几个卖锹的商人却因为当时铁锹供不应求而获得了丰厚的利润。

美国西部淘金时代有许多故事广为人知，其中有一个是卖铁锹的故事，说的是一个叫布瑞南的人如何赚到了最多的钱。但他并不是靠挖金子发了财，而是靠卖铁锹发了财。他先为鲜有人知的金矿大做宣传，吸引了成千上万的淘金人蜂拥而至。而这些淘金人淘金前都要先从他这里买上一把铁锹。整个淘金潮中，布瑞南始终没挖过一锹的沙子，然而，他却比任何一个淘金者挣的钱都多。

这和以前曾听过的淘金时代卖水、卖牛仔裤的故事有所不同。布瑞南是因为要卖铁锹，所以他才去吆喝大家找金矿，最后，他的锹卖出去了，金矿也被开采出来了。卖水、卖牛仔裤的人是在淘金过程中发现了另一个赚钱的市场，而布瑞南是自己去开发了市场。

由此可见，为想要赚钱的人提供服务，多半不会是赔本的生意。我们要学会换个角度看商机。

4. 竞争环境

一家公司的竞争环境(competitive environment)是指一家企业必须面对的竞争者的数量和类型及竞争者参与竞争的方式。它同时也是代表替代产品、市场中可能出现的新竞争者，以及与其事业相关的客户及供货商的影响力。

企业的竞争环境受以下几个因素影响：有多少积极的竞争者？每个竞争者占有多少市场？这些公司获利程度如何？他们是如何为其所提供的产品定价的？

在竞争环境中有直接竞争者（直接竞争者是那些销售非常类似的产品给同一块市场的公司）和间接竞争者。如 http://www.priceline.com 和 http://www.travelocity.com 都在线销售折扣机票，它们就是直接竞争者，因为两者销售的产品可以说是彼此的替代品。间接竞争者也许是在不同产业，不直接参与竞争，但彼此仍存在竞争。如CNN(Cable News Network，美国有线电视新闻网)就是 ESPN(Entertainment and Sports Programming Network，娱乐与体育节目电视网)的间接竞争者，不是因为它们销售相同的产品，而是两个网站都要争取消费者上网的时间。

5. 竞争优势

当市场中任何一个参与者有比其他参与者更多的资源(如技术、财务支持、知识、信息、速度、成本等)，该公司就具有竞争优势(competitive advantage)。某公司如果可以提供更好地满足消费者需求的产品，并以低于大部分或全部竞争者的价格在市场销售，那就达成了竞争优势。同样，在规模方面，有的公司只能发展全国或区域性市场，那么开发全球性市场公司就更具竞争优势。

竞争优势的类型有以下几种。

(1)先入者优势

先入者优势(first mover advantage)是指首先为某交易市集提供产品或服务的公司所取得的市场竞争优势。

（2）不公平竞争优势

不公平竞争优势（unfair competitive advantage）是指当一家公司利用其他公司无法得到的资源发展其优势，就产生了不公平竞争优势。

其他还有政策优势、技术优势等。企业在现有市场竞争中，需要充分利用优势资源，凸显自己的竞争优势，特别是企业独有、不易模仿的核心竞争优势，这样才能使企业在激烈的竞争中处于不败之地。

6.市场策略

市场策略（market strategy），是指企业以顾客需要为出发点，根据经验获得顾客需求量及购买力信息、商业界的期望值，有计划地组织各项经营活动，通过互相一致的产品策略、价格策略、渠道策略和促销策略，为顾客提供满意的产品和服务而实现企业目标的过程。

市场策略的表现方式多种多样，如多样化的广告策略、大规模的人员推广、加强和其他企业的合作等，不同企业应该根据行业特征和企业自身特点有针对性地制定出相应的市场策略，有的放矢，最终使得该策略取得应有的效果。

7.组织发展

公司想要茁壮成长就需要有组织发展（organizational development）计划，它主要是描述公司如何整合安排其所需要完成的工作。

一般工作会由不同部门专业化地完成，包括生产、运送、营销、客户支持和财务等。随着公司成长，招募就需要更专业化。随着网络化、信息化的发展，组织发展也需要应时而变、因势而变，不断地对组织结构、组织管理方式进行适当调整，以适应内外部环境的变化。

8.管理团队

商业模式中非常重要的一个元素，是负责推动这个模式的管理团队。一个有力的、有特定的市场知识及实施商业计划经验的管理团队（management team），会迅速得到投资者的信赖。

有力的管理团队也许无法拯救一个不好的商业模式，但一个好的商业模式若缺乏适合的管理团队则必然会运作失败。

二、商业模式的类型

商业模式大致可分为以下两大类。

（一）运营性商业模式

重点解决企业与环境的互动关系，包括与产业价值链环节的互动关系。运营性商业模式创造企业的核心优势、能力、关系和知识等，主要包含以下几个方面的内容。

1.产业价值链定位

产业价值链定位是指企业根据所处的产业链条、在链条中所处的地位，结合自身的资源条件和发展战略所做出的定位。

2.盈利模式设计（收入来源和收入分配）

盈利模式设计是指企业对获得收入的渠道、获得收入的形式、收入在产业链中分配

的形式和比例、企业对这种分配的话语权的设计。

（二）策略性商业模式

1. 概述

策略性商业模式是对运营性商业模式加以扩展和利用。可以说策略性商业模式涉及企业生产经营的方方面面。

2. 主要策略性商业模式类别

①业务模式

业务模式是指企业向客户提供什么样的价值和利益，包括产品、服务等。

②渠道模式

渠道模式是指企业如何向客户传递业务和价值，包括渠道倍增、渠道集中压缩等。

③组织模式

组织模式是指企业如何建立先进的管理控制机制，比如建立面向客户的组织结构，通过企业信息系统构建数字化组织等。

每一种新的商业模式的出现，都意味着一种创新、一个新的商业机遇的出现，谁能率先把握住这种商业机遇，谁就能在商业竞争中拔得头筹。商业模式具有生命性，一个世纪前，吉列刀片通过赠送产品来赢得财富，创造了一种新的商业模式，而今天当各商家都用打折或买一送一的方式来促销时，这种模式就所能发挥作用就不如从前了；商业模式具有可移植性，模仿吉列赠送产品，当新型的网络企业通过各种免费方式赢得眼球时，我们就能称这种免费形式为网络企业的新商业模式；在企业的创办过程中，每一个环节上有多种创新形式，偶尔的一个创新也许就能改变企业的整个经营模式，也就是说企业的商业模式具有偶然性和延伸性。

三、商业模式的核心原则

商业模式的核心原则是指商业模式的内涵、特性，是对商业模式定义的延展和丰富，是成功商业模式必须具备的属性。企业能否持续盈利是判断其商业模式是否成功的唯一外在标准。持续盈利是对一个企业是否具有可持续发展能力的最有效的考量标准，盈利模式越隐蔽，越有出人意料的良好效果。

一个成功的商业模式不一定是在技术上的突破，可以是对某一个环节的改造，或者是对原有模式的重新创新，甚至是对整个游戏规则的颠覆。商业模式的原则包括：客户价值最大化原则、持续盈利原则、资源整合原则、创新原则、融资有效性原则、组织管理高效原则、风险控制原则等。

（一）客户价值最大化原则

一个商业模式能否盈利，与该模式能否使客户价值最大化有关。一个不能满足客户价值的商业模式，即使盈利也一定是暂时的、偶然的，是不具有持续性的。反之，一个能使客户价值最大化的商业模式，即使暂时不盈利，终究也会走向盈利。所以我们把对客户价值的实现再实现、满足再满足当作企业始终追求的主要目标。

（二）持续盈利原则

企业能否持续盈利是判断商业模式是否成功的唯一外在标准。因此,在设计商业模式时,盈利能力和盈利模式也自然成为重要的原则。当然,这里指的是在阳光下的持续盈利。持续盈利是指既要"盈利",又要有发展后劲,具有可持续性,而不是一时的偶然性盈利。

（三）资源整合原则

整合就是要优化资源配置,就是要有进有退、有取有舍,就是要获得整体的最优。在战略思维层面上,资源整合是系统论的思维方式,是通过组织协调,把企业内部彼此相关但却彼此分离的职能、把企业外部既参与共同的使命又拥有独立经济利益的合作伙伴整合成一个为客户服务的系统,取得 $1+1>2$ 的效果。在战术选择层面上,资源整合是优化配置的决策,是根据企业的发展策略和市场需求对有关的资源进行重新配置,以凸显企业的核心竞争力,并寻找资源配置与客户需求的最佳结合点,目的是要通过制度安排和管理运作协调来增强企业的竞争优势,提高客户服务水平。

（四）创新原则

时代华纳前首席执行官迈克尔·恩说:"在经营企业的过程中,商业模式比高级技术更重要,因为前者是企业能够立足的先决条件。"一个成功的商业模式不一定是在技术上的突破,其创新形式贯穿于企业经营的整个过程之中,贯穿于企业资源的开发研究模式、制造方式、营销体系、市场流通等各个环节,也就是说,在企业经营的每一个环节上的创新都可能变成一种成功的商业模式。

（五）融资有效性原则

融资模式的打造对企业有着特殊的意义,尤其是对中国广大的中小企业来说更是如此。我们知道,企业生存需要资金,企业发展需要资金,企业快速成长更需要资金。资金已成为所有企业发展中绕不开的障碍和很难突破的瓶颈。谁能解决资金问题,谁就赢得了企业发展的先机,也就掌握了市场的主动权。

从一些已成功的企业发展经历来看,无论其表面上对外阐述的成功理由是什么,但都不能回避和掩盖资金对其成功的重要作用,许多失败的企业就是没有建立有效的融资模式而失败。如巨人集团,仅仅因为近千万的资金缺口就轰然倒下;曾经与国美不相上下的国通电器,拥有过 30 多亿元的销售额,也仅因为几百万元的资金缺口而销声匿迹。所以说,商业模式设计很重要的一环就是要考虑融资模式。甚至可以说,能够融到资并善于利用融资的商业模式就已经成功了一半。

（六）组织管理高效原则

高效率,是每个企业管理者都梦寐以求的境界,也是企业管理模式追求的最高目标。用经济学衡量一个国家富裕或贫穷的砝码是效率,决定企业是否有盈利能力的也是效率。按现代管理学理论来看,一个企业要想高效率地运行,首先要确立企业的愿景、使命和核心价值观,这是企业生存、成长的动力,也是员工努力的理由。此外,就是需要一套科学实用的运营和管理系统来提高组织效率。

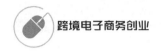
（七）风控控制原则

再好的商业模式，如果抵御风险能力差，也会面临失败。风险包括系统外的风险，如政策法律和国内国际市场变化，也包括系统内的风险，如产品的变化、人员变更、资金的不继等。

第二节　常见的跨境电子商务模式及其盈利模式

常见的跨境
电子商务模式

一、常见的跨境电子商务模式

从参与对象的角度来看，跨境电子商务主要可分为跨境企业间电子商务（B2B）和跨境零售电子商务（B2C 和 C2C）。以下将对这三种主要的跨境电子商务模式展开详细介绍。

（一）跨境企业间电子商务（B2B）

1. 概述

与境内电子商务类似，跨境企业间电子商务是以商家对商家或商业机构对商业机构为主体对象开展的，即 business to business。企业可以在网络上发布信息，寻找贸易机会，通过信息交流比较产品的价格和其他条件，详细了解对方的经营情况，选择交易对象。在交易过程中，可以迅速完成签约、支付、交货、纳税等一系列操作，加快货物和资金的流转。

2. 类型

在跨境电子商务企业实际运作当中，根据电子商务实施平台的不同，B2B 模式可以分为以下两种类型。

（1）企业自建的商务平台

此种模式是企业利用自身的信息资源建立网站或更大规模的跨境电子商务平台，在上面发布一些与企业及产品相关的信息，并进行产品或服务的交易活动。就其具体实施方式的不同，可以分为企业门户、企业网站、在线分销和在线采购等。目前我国中小企业居多，只有少部分企业能够拥有自营的交易平台，绝大部分企业还是需要第三方平台来实现网络营销。

（2）专用的第三方商务平台

在一个由第三方建立的行业跨境电子商务平台上，公司利用这个平台完成销售和采购工作，进行网上交易。这种网上交易市场是电子商务发展到一定阶段后出现的一种商业模式，以其立体化、智能化和开放性展现在公众面前，这是真正意义上的在线交易模式。它协调了整个供应链机制，实现了从客户到供应商的完全联通，也使企业的内部流程与外部交易完全一致化。网上交易市场聚集了大量的信息及商业机会，其价格具备可比性、合理性，从而使整个市场充满了竞争性，无形中推动了整个交易市场的发展。网上交易市场在为商家创造机会的同时理顺了商家的思路，商家可制定出较切合市场实际的商业目标,从而提高了效率,及时得到回报。

第三方跨境电子商务平台又可以分为两大类,即综合类平台和行业垂直类平台。综合类平台面向的是多个行业及领域,如阿里巴巴、慧聪网、环球资源等。综合类平台的服务范围较广,但相较于传统大宗交易企业而言品类过于繁多,并且服务也并不够深入。行业垂直类平台,它定位于特定行业,如中国化工网、中国纺织网等。这类平台通常以提供行业资讯和产品信息为主,具有行业针对性,但服务体系不够完善。目前常用的跨境电子商务平台以综合类平台为主。

(二)企业对消费者的跨境电子商务(B2C)

1. 概述

企业对个人的跨境电子商务,也称为商家对个人客户或商业机构对消费者的电子商务,即 business to customer。出口跨境电子商务 B2C 产业链包括上游供应商、中游渠道和下游客户。上游供应商即产品的制造商或者品牌商,他们将制造或采购出的产成品在跨境电子商务平台上进行销售,可按平台运营方式、供应商来源、产品类型进行划分。中游渠道主要分为跨境第三方交易平台和公司自建网站,以及围绕 B2C 平台的信息服务平台等。围绕 B2C 交易平台的出口电商服务业务单元包括 ERP(enterprise resource planning,企业资源计划)、CRM(customer relationship management,客户关系管理)等 IT(information technolgy,信息技术)化手段及流量推广运营、支付和结汇、物流仓储等渠道。下游客户主要为用户群,主体为个人消费者。跨境电子商务是基于电子商务平台的连接厂商与终端消费者结合第三方服务机构的商业生态系统。跨境出口 B2C 商业生态系统中的环节有产品、渠道、物流、支付和服务,涉及选品(跟卖/差异化)、货源(线上线下中间商/工厂品牌直采)、采购(买断/动态补货/C2B)、流量(直接/引荐/搜索/社交/邮件)、仓储物流(邮政小包/快递/专线/海外仓)、跨境支付(信用卡/PayPal/第三方支付)、其他服务(ERM 系统/流量推广/教育培训)等。

2. 企业主体的分类

但需要注意的是,在跨境电子商务行业中,"B"这个主体是有区别的,主要可分为以下三种。

①跨境电子商务平台本身

这种主体下的 B2C,指的就是"平台自营",有这样几种方式:一是跨境电子商务平台通过向境外品牌方的境内总代采购,二是境外订货直接采购,经过各口岸走一般贸易形式;三是从境外订货,走境内跨境电子商务试点;四是从境外订货,以直邮的模式报关入境等。通过这些方式方式将境外产品采购到境内进行自主销售,产品一般从保税仓发货。这种模式对平台方的资金要求很高,并且平台采购的产品种类通常都比较单一,可选择性比较少。

②境外品牌授权的境内代理商或经销商

这种主体下的 B2C,指的是"境内企业入驻平台,销售境外品牌产品",即境内企业获得境外品牌的授权,入驻某些跨境电子商务平台,面向境内消费者销售境外品牌产品。发货方式为保税仓发货。这种模式因为代理商、经销商层层加价,产品价格通常很

高,在境内变成了奢侈品。另外,由于境外品牌对于境内经销商或代理商疏于管理,或难以管理到位,"假洋品牌"问题层出不穷。

③境外商超或电商企业

这种主体下的 B2C,指的是"境外商家入驻直售直邮",即拥有境外零售资质的实体商超或电商企业通过入驻境内跨境电子商务平台,自主销售,自主发货,并通过 DHL(敦豪航空货运公司)、PostNL(荷兰邮政)等国际(地区间)物流公司,或电商平台自建的国际(地区间)物流路线将产品直邮到境内。这种模式下,产品品质有保障,品类也更丰富,并且省去中间商赚差价,产品价格相对更亲民。

(三)个人对个人的电子商务(C2C)

在跨境电子商务领域,C2C(customer to customer)是一种个人对个人的网上交易行为,其特点类似于现实商务世界中的跳蚤市场。其构成要素,除了买卖双方外,还包括电子交易平台供应商,也即类似于现实中的跳蚤市场场地提供者和管理员。目前采用 C2C 模式的主要以 eBay 等平台为代表,全球速卖通则是以 C2C 模式开启,但目前已转向 B2C。

境外 C2C 网站在发展初期,其主要作用是提供二手闲置产品的交易,一般采取竞价拍卖方式交易。随着 C2C 电子商务网站业务的发展,由商家提供的全新产品也被列入可交易物品,而且多以省略竞价过程的"一口价"交易方式进行。这种操作程序相对快捷,适合同款或多款产品的同时买卖,对扩大销售规模十分有利。目前我国 C2C 电子商务网站中的大多数产品也采取一口价的方式交易。C2C 电子商务模式,除具有交易虚拟化、交易成本低、收益高和透明化等电子商务的一般性特点外,还具有一些特有优势,如参与者众多、覆盖面广泛、产品种类和数量丰富、交易方式灵活等。

理论上来说,跨境 C2C 模式是最能够体现互联网的精神和优势的,数量巨大、地域不同、时间不一的买方和同样规模的卖方通过一个平台找到合适的对家进行交易,在传统领域要实现这样大工程几乎是不可想象的。同传统的二手市场相比,它不再受到时间和空间限制,节约了大量的市场沟通成本,其价值是显而易见的。那么,在跨境 C2C模式中,电子交易平台供应商所扮演的角色更是举足轻重,成为这一商务模式存在的前提和基础。首先,不同于还能以传统贸易形式完成交易的企业间跨境贸易,一个值得信赖的平台才有可能将更零散化的个人买卖双方聚集在一起,为其提供跨境交易商机。其次,跨境电子交易平台提供商往往还扮演监督和管理的职责,负责对买卖双方的诚信进行监督和管理,负责对交易行为进行监控,最大限度地避免欺诈等行为的发生,保障买卖双方的权益。再次,电子交易平台提供商还能够为买卖双方提供技术支持服务。包括帮助卖方发布产品信息,制定定价策略等。同时也帮助买方比较和选择产品并进行支付等。正是由于有了这样的技术支持,跨境 C2C 的模式才能够在短时间内迅速为广大用户所接受。最后,随着跨境 C2C 模式的不断成熟发展,电子交易平台供应商还能够为买卖双方提供保险、借贷等金融类服务,更好地为买卖双方服务。

二、主要跨境电子商务模式的盈利模式

（一）盈利模式概述

盈利模式是管理学的重要研究对象之一。盈利模式是指按照利益相关者划分的企业的收入结构、成本结构及相应的目标利润等一整套架构体系。盈利模式是对企业经营要素进行价值识别和管理，在经营要素中找到盈利机会，即探求企业利润来源、生产过程及产出方式的系统方法。还有观点认为，它是企业通过自身及相关利益者资源的整合并形成的一种实现价值创造、价值获取、利益分配的组织机制及商业架构。

主要跨境电子商务模式的盈利模式

（二）常见跨境电子商务模式的盈利模式分析

跨境电子商务的盈利模式往往需要从平台供应商和销售商两个角度进行分析。关于B2B跨境电子商务，如阿里巴巴等综合平台，其首先为批发商提供采购产品的渠道，主要盈利点是以收取广告费、会员费为主；慧聪网、环球资源等则是为客户提供相应的行业资讯或交易平台，收取佣金和服务费用；中国化工网、中国纺织网等行业垂直类平台，定位于特定行业，这类平台通常以提供行业资讯和产品信息为主，多以收取交易佣金、会员费、广告费来盈利。第三方经营的 B2B 平台之所以能够吸引客户，与其"连接"的核心不无关系。在行业产能分配不合理，供与求的关系不平衡时，上下游信息传达不到位的情况下，第三方平台的作用显而易见。无论盈利模式如何，平台为供需双方提供了交流的平台，增加了交易机会。综上所述，不难看出虽然运营模式各不相同，但是总体而言，B2B 平台的盈利模式包括但不限于收取平台交易佣金、广告费、会员费，以及数据、技术服务、物流服务等其他增值服务费用；对于销售企业，其盈利模式类似于传统国际贸易中的出口方，生产成本、采购成本及相关费用之外的销售价差是其主要盈利点。但整合的跨境电子商务 B2B 平台服务相对于传统贸易模式显然在很大程度上降低了销售企业的运营成本。

跨境电子商务 B2C 平台盈利来源主要是渠道端费用。以亚马逊平台为例，盈利来源主要是店铺租金与交易佣金，产品的销售佣金是按类目收取，不同类目收取的佣金比例不一样。另外还有合仓、多渠道配送、创建移除订单的费用。跨境出口企业 B2C 的收入来源与 B2B 类似，C 端销售收入取决于产品的销量与单价，营业成本是销售产品结转的成本，收入与成本结构依品类一致。毛利率反映了营业收入与营业成本的差值比，随着公司业务规模的扩大，毛利率上升。

目前，跨境电子商务 C2C 平台通常按比例收取交易费用，或者提供平台方便个人开店铺，以会员制的方式收费。C2C 网站的收费来源，主要包括交易服务费（包括产品登录费、成交手续费、底价设置费、预售设置费、额外交易费、安全支付费、在线店铺费）、特色服务费（包括字体功能费、图片功能费、推荐功能费）、增值服务费（包括信息发布费、辅助信息费）及网络广告收费等。对于 C2C 卖家，则主要通过满足顾客需求和节省顾客购买产品的时间来实现销售盈利。

总之，跨境电子商务模式是多样的，新的盈利模式也在不断出现。不同项目及其运营主体常见的盈利模式如表 3-2 所示。企业对跨境电子商务盈利模式的选择是专业化好，

还是多元化好,需要根据企业自身的特点来决定。无论是企业还是平台往往会随着自身的发展求大求全,但盈利的也只是其中的几个模式,故盈利模式的选择都可以归结到一点,即要培养自己的核心竞争能力,要做专做深,才能实现可持续发展。

表 3-2   常见跨境电子商务盈利模式

项目	价值取向	市场供给	资源体系	财务模式
平台提供商模式	联系供求双方的媒介	现实产品	高信誉度、强大的信息数据库和众多合作伙伴	租金、佣金、服务费等
批发零售商模式	满足顾客多样需求和节省顾客购买产品的时间	信息或服务	高信誉度、强大的信息数据库和众多合作伙伴	销售收入
网络直营制模式	满足顾客特殊需求,联系供求双方的媒介	定制生产丰富、实时全面的信息	先进的网上一体化购物系统,高信誉度、强大的信息数据库和众多合作伙伴	销售收入佣金收入
网络广告模式	廉价而有效地满足顾客需求	广告的高反馈率	强大消费群	广告收入
信息提供商	满足顾客对信息的需求	高质量、广范围的信息	信息数据库、优秀的信息收集	会员的信息服务费

第三节   电子商务盈利模式选择

一、盈利模式构成要素

在日益激烈的网络盈利模式竞争中,几乎所有的网络企业都想获得持续的盈利增长,一个好的盈利模式必须能够解决以下一系列问题:电子商务企业为客户提供的是什么样的价值;成本发生的方式是什么样的;收入如何取得;如何在提供价值的过程中保持竞争优势而且持久盈利,这样,即使有新的竞争者进入,也不会受到很大的威胁。几乎所有企业的盈利模式都是包含这四种要素的不同形式的组合。

(一)企业提供的价值

企业提供的价值是指企业可以获取利润的产品或服务,其一要明确客户清晰的需求偏好,二要为构成利润源的客户创造价值,三要为企业创造价值。它解决的是向用户提供什么样的价值的问题。

首先,最重要的是确定企业核心盈利的利润点究竟在哪里,要清晰地了解支撑网络核心盈利的驱动因素,研究是来自政策及外部环境,还是来自客户忠诚度,也就是要解决客户价值的问题。一个成功的企业必须为消费者创造价值,由此带来企业价值的增长。一般通过两种途径来达到这一目的：一是差异化战略，指为客户提供具有独特个性的产品或劳务，从而降低消费者对产品或劳务价格的敏感度；二是低成本、低价格战略，指面对众多的竞争对手，以较低的价格为客户创造同样的价值。企业是否为客户创造价值应该由最终的消费者来评判，而了解客户的需求往往要通过中间商，并且客户对价值的评判还会受到竞争对手的影响。企业经营收入减去全部的成本支出就是利润，称之为企业价值。这一价值的实现是通过企业的经营活动来完成的。

（二）成本发生的方式

成本发生的方式是企业生产产品或服务及吸引客户购买和使用企业产品或服务等一系列相关活动而付出资源的方式，它支撑了企业能够提供的关键活动。

（三）收入取得的方式

收入取得的方式，是指从哪些渠道获取利润，解决的是收入来源的问题。电子商务市场是一个庞大而复杂的市场，在这个市场上，存在着不同的爱好与需求。受到地理因素、人口因素、心理因素及行为因素的影响，消费者对产品或者服务的要求也各不相同。不管企业的实力有多强，要想满足用户的所有需求，几乎是不可能的。企业需要根据消费者在需求上的差异，把消费者划分为若干个范围，并决定向哪个范围提供价值服务。

（四）保持竞争优势

保持竞争优势是指企业为防止竞争者掠夺本企业的利润而采取的防范措施，它与成本的发生方式同样表现为企业投入。它解决的是如何保持持久盈利的方法问题。

互联网的广泛应用给新经济时代下的跨境电子商务企业盈利模式的四个构成要素赋予了新的内容，如果对上述问题都能做出完整正确的回答，我们就能够了解每一种模式是怎样创造和体现价值的，认识每一种模式的收入和收益来源渠道。这样一来，对于已经实施了跨境电子商务的企业来说，可以更加清晰地了解自身的模式和价值运作规律，找到不足和有待改进的地方，保持原有的优势，以便更好地创造和体现价值、获取利润。对于正处于酝酿阶段的跨境电子商务企业来说，规律的揭示可以使其更好地了解跨境电子商务的价值，帮助其做出是否实施跨境电子商务的决定。

二、盈利模式影响因素

通过前面的分析得出这样一个结论：通过跨境电子商务方式可以创造新的顾客价值来源，并在此基础上构建盈利模式，但是一种盈利模式是否成功有很多的影响因素。

（一）成本效益分析的正确性

互联网的流行使许多人都乐观地认为它将给小公司带来与大公司竞争的机会，因为它们与大公司一样可以面对全世界的客户。但实际上大公司仍然有着小公司无可比拟的优势，那就是大公司在电子商务运作方式上有足够的资金和技术能力，而电子商务运作方式常常带来新的成本，有时甚至是巨大的成本。如在线杂货店模式的失败，就是

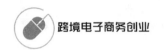

因为对成本效益分析的不正确导致的,因为杂货店的利润本来就很薄,而跨境在线零售又产生了新的技术、营销、服务等成本。因此,是否能进行正确的成本效益分析也是影响跨境电子商务盈利模式能否成功的重要因素。

（二）盈利模式的可复制性

严格地说,任何盈利模式都是可复制的,只是复制的难度不同,而复制难度大则可以使竞争者难以进入,为自己的发展赢得时间。优秀的盈利模式是难以模仿的。企业通过确立自己的与众不同,如对客户的悉心照顾、无与伦比的实施能力等,来建立利润屏障,提高行业的进入门槛,从而保证利润来源不受侵犯。比如,直销模式人人都知道其如何运作,也都知道戴尔公司是此中翘楚,而且每个商家只要它愿意,都可以模仿戴尔的做法,但能不能取得与戴尔相同的业绩,完全是另外一回事。这就说明了好的商业模式是很难被人模仿的。如果一种跨境电子商务盈利模式在盈利逻辑和成本效益分析上都是可行的,又能让竞争对手难以复制,那么取得成功的可能性会更大。

（三）提供价值的独特性

有时候独特的价值可能是新的思想,而更多的时候,它往往是产品和服务独特性的组合。这种组合要么可以向客户提供额外的价值,要么使客户能用更低的价格获得同样的利益,或者是用同样的价格获得更多的利益。例如,美国的大型连锁家用器具商场Home Depot（美国家得宝公司）就是将低价格、齐全的品种,以及只有在高价专营商店才能得到的专业咨询服务结合起来,作为企业的盈利模式。

（四）盈利模式的持久性

盈利模式设计的最终目的是为了能够长远获利,因此跨境电子商务盈利模式应该瞄准长期目标,而不是短期目标或一锤子买卖,也就是说跨境电子商务盈利模式应该具有一定的持久性。目前利用互联网赚钱的方式虽然不少,但是作为一种盈利模式必须是针对一种长期存在的市场所开发出来的。如果针对的只是一种临时的需求和市场,那不能算是一种成功的盈利模式。

（五）盈利模式的可发展性

在目前技术发展日新月异、竞争日趋激烈的时代,盈利模式要保持一定的持久性,与盈利模式的可扩展性是分不开的。这里所谓盈利模式的可扩展性,是指可利用现有盈利模式所拥有的顾客基础、相关活动、能力和技术开发性的收入来源,也指盈利模式的一些组成部分和连接环节是可以重新设计和改造的,以便向客户提供更好的价值。

总之,一种跨境电子商务盈利模式的成功取决于多个方面,除了以上所列举的因素外,还受时机、宏观和微观环境等诸多因素的影响。在构建和实施某种跨境电子商务盈利模式时,不仅需要找到顾客价值来源和构成形式来设计盈利模式,还要综合考虑各方面的影响,才能保证其更大的成功可能性。

本章小结

跨境电子商务企业和传统企业相比,具有虚拟性、网络性、灵活性等鲜明的时代特点,适当的商业模式设计与盈利模式选择对于跨境电子商务创业有着至关重要的影响。本章由商业模式和盈利模式的概念入手,分析了商业模式的类型与核心原则、不同跨境电子商务类型的盈利模式及盈利模式选择的主要依据,为跨境电子商务创业者提供了有益的参考。

思考与实训

1. 名词解释

(1)商业模式。

(2)盈利模式。

2. 简答题

(1)电子商务的盈利模式有哪些?

(2)作为跨境电子商务的创业者应如何确定企业的盈利模式?

第四章

跨境电子商务平台

2016 年中国进出口跨境电子商务交易规模达到 6.3 万亿元。至 2018 年,中国进出口跨境电子商务交易规模已达到 9.1 万亿元。近年来各大零售跨境电子商务平台相继成立,在激烈竞争中不断提升用户体验,推动中国跨境电子商务交易规模持续稳步增长。未来几年,跨境电子商务仍将保持高速增长的态势。跨境电子商务成了我国外贸增长的重要动力,同时,也成为我国出口外贸转型的重要途径。

◎ **学习目标**

通过本章学习,了解主流跨境电子商务平台特点、发展趋势,理解跨境电子商务运营流程,掌握速卖通注册开店流程、Wish 注册开店流程及其基本运营技巧等。

💡 **重点难点**

速卖通、eBay、亚马逊、Wish 四大平台的注册流程、运营规则及重要实践策略等。

✓ **关键术语**

海外仓、跨境物流、国际支付、物流规则、全球开店。

第一节 速卖通平台运营基础与实战策略

一、速卖通平台发展历程及特点

(一)速卖通平台发展历程

阿里巴巴旗下的速卖通于 2009 年 9 月正式开始运营,速卖通平台不但依托淘宝、天猫等平台提供的强大资源,成为全球品类最为齐全的跨境电子商务平台之一,更凭借着极高的用户流量在国际市场中取得了较高的话语权。

速卖通,阿里巴巴国际化的核心战略产品,从 2009 年推出、2010 年正式上线至今,在近 10 年的时间里,已成为全球最大的跨境交易平台之一和境内跨境零售电商四大平台之一,现有买家超过 1 亿,覆盖全球 220 多个国家和地区。尤其是在俄罗斯、西班牙、巴西等国家的拓展颇有成效。

1. 第一阶段:从零门槛发展,靠商家力量丰富产品池,平台同步强势攻占境外市场

2009 年 9 月,全球速卖通上线,单笔交易收取佣金,交纳 19800 元年费成为中国大陆供应商即可免费入驻,主攻美国市场。

2010 年 3 月,速卖通全面开放,所有用户均可免费注册运营,单笔收取交易总额

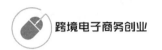

5%左右的佣金。

2012年9月,速卖通开通淘代销,速卖通卖家后台和淘宝卖家后台打通,引入海量产品,重点发力俄罗斯、巴西市场。

2.第二阶段:重视物流、系统、规则等服务体系建设与优化

2013年3月,速卖通陆续关闭淘代销工具,鼓励精细化运营。

2014年8月,个别类目逐步出台年费政策,部分行业类目实行了招商准入。

2015年年底,逐步梳理类目并且全面引入3万~10万元不等的年费制度。加强对商家服务指标考核,增加考核不达标关店机制。

3.第三阶段:逐步提高门槛,往品牌化、品质化的方向不断推进

2016年年底,启动全行业商标化,清理个人账户,仅接受企业身份新用户注册。

2017年,个别类目商家清理,引入品牌封闭管理机制。

2018年,速卖通平台关于知识产权保护意识逐步强化,2018年及以后,速卖通可能会在知识产权保护方面给存在侵权行为的卖家施加部分压力,对专利及品牌侵权者的打击力度也会持续加大。

(二)速卖通平台的特点

速卖通平台最大的特点便是平台用户对价格比较敏感,采取低价营销策略是速卖通平台卖家提升销量的重要方式之一。

速卖通平台卖家的主要目标用户集中在巴西、俄罗斯等新兴市场。速卖通平台在巴西、俄罗斯等新兴市场中销量比较高的产品,往往是那些在价格上具有优势的产品。据统计,速卖通在俄罗斯市场销量较高的产品品类主要为服装、鞋子、配饰及3C类产品。

速卖通平台
注册流程

二、速卖通平台注册流程

打开速卖通网站(http://seller.aliexpress.com),在界面右上方点击"立即入驻",按照提示填写信息。如图4-1所示。

图4-1 速卖通网站首页

（一）设置账户

进入注册流程后，就能设置自己的用户名了。平台会提示用户填写电子邮件地址，通过后台检验后就能继续操作。用户填写的邮箱就会成为速卖通显示的账号。

（二）用户验证

信息填写结束，需要登录邮箱根据提示完成账户的验证。

（1）填写完注册信息后点击"下一步"，用户会进入邮箱验证页面。先检查填写的邮箱地址，然后点击"请查收邮件"，便可在邮箱中查看。

（2）进入邮箱后，查看收件箱，若填写地址无误，就能收到速卖通发送的邮件，点击查看邮件内容，找到并点击"完成注册"按钮，完成用户注册，并设置用户名。

（3）用户名设置结束，接下来要做的便是账号信息的填写，需要填写详细的信息，在这个步骤中需要注意以下几点。

①用户要保证邮箱地址与手机号码准确无误。在运营过程中，平台会将多种信息内容（如订单）以邮件的形式通知卖家，若邮箱地址有误，可能会看不到平台的通知。用户要通过手机接收验证码信息，若手机号码有误，则不能及时接收平台发送的信息，没办法完成验证和注册。

②用户需要保证申请姓名信息真实有效。如若信息有误，可能会影响后续经营交易环节，导致卖家很可能收不到消费者的付款。

③用户应根据实际情况选择相应的经验选项。平台会根据卖家的行业背景及擅长的能力定制有针对性的培养方案，帮助卖家快速适应平台运营，掌握经营技巧。

（4）上述步骤完成后，平台方会通知用户注册成功。接下来用户还需要完成实名认证和绑定支付宝账号，就可以在速卖通经营和销售产品，成为跨境电子商务卖家了。如图4-2、图4-3所示。

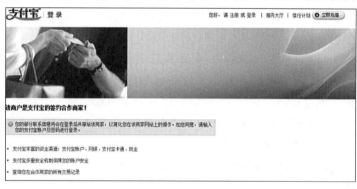

图4-2 支付宝界面

图4-3 支付宝实名认证及绑定个人信息界面

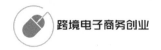

三、速卖通平台卖家规则

（一）注册规则

速卖通平台卖家注册规则如下。

（1）卖家在速卖通不能使用违反国家法律法规、侵犯他人权益或者会对全球速卖通运营秩序造成影响的邮箱和店铺名。

（2）在未获得全球速卖通许可的情况下，中国大陆以外的卖家不得在速卖通平台注册卖家账号；同时，中国大陆卖家也不能利用虚假信息在平台上注册境外买家账户，如若发现或有合理的怀疑根据，则速卖通平台有权关闭买家账户，并对相关卖家依规处罚。

（3）对于主动或被动退出速卖通平台不再运营的卖家账户，速卖通将对该账户进行释放；若卖家账户的未经营时间超过一年，平台也拥有关闭账号的权利；同时，对于未通过身份认证或者连续一年没有登录速卖通或 TradeManager 的账户，全球速卖通也有权终止或收回该账号。

（4）如用户在全球速卖通的账号因严重违规被关闭，不得再重新注册账号；如被发现重新注册了账号，速卖通将关闭该会员账号。

（5）用户在速卖通所注册使用的邮箱必须是本人的邮箱，速卖通有权对该邮箱进行验证。

（6）速卖通会员的 ID 是系统随机分配的，因此无法修改。

（7）卖家通过速卖通平台认证后（支付宝实名认证、身份证认证或其他形式的认证），不论账户是否处于开通状态，都不能再取消绑定过的个人身份信息。

（8）对于通过实名认证的个人会员，每个人只能有一个出售产品的速卖通账户（速卖通账户所指为主账户）。

（9）通过企业认证的会员仅能拥有 6 个可出售产品的速卖通账户（速卖通账户所指为主账户）。

（10）"个人实名认证"或"企业认证"将成为速卖通平台判定会员店铺性质的依据，并以此确定该账户的权责主体。除非获得速卖通平台许可，或者有明确的法律规定、司法裁定，否则不能以任何方式对会员账户进行转让、出租或出借。如若违反，由会员自行承担所产生的一切责任，且平台有权对该速卖通账户进行关闭。

（二）运营规则

1. 速卖通平台卖家运营规则

卖家需要通过支付宝、个人身份证或者其他第三方进行实名认证，提供包括姓名、地址、营业执照等内容的真实有效信息，才能在速卖通平台上出售产品。

速卖通平台
运营规则

2. 店铺创建

卖家通过实名认证并设置收款账户后，便可在速卖通账户上发布产品；当卖家账户中上架的产品不低于 10 个时，便可创建店铺，以速卖通店铺的形式出售产品；当产品少于 10 个时,速卖通平台有权关闭店铺而只保留产品。

3. 超时付款

买家下达订单后,若在 20 天内没有付款或者付款没有到账,则该订单将因付款超时被关闭。

4. 订单取消

买家付款成功但卖家尚未发货的这段时间,买家可以申请取消订单。

买家申请取消订单,若卖家与买家商议后卖家同意买家的申请,则订单会被关闭,已付货款也将全额退还给买家;若是卖家不同意取消且已经发货,则订单继续;若直到超过发货期限时卖家都没有进行任何操作,则订单关闭,货款全额退给买家;若卖家只发出了订单中的部分货品,且在超过发货时间后仍没能将全部产品发货完成,则订单关闭,货款全额退还买家。

5. 超时发货

从买家付款成功到备货期间内,若卖家不能按时发货,可与买家商议由买家申请延长卖家备货期,卖家则要在商定的期限内发货;如果卖家在备货期内不能全部发货,则属于卖家发货超时,订单关闭,货款全额退还买家。

6. 超时确认收货

卖家声明全部发货完成后,要与买家及时沟通收货情况,以保证买家在卖家承诺的运达时间内确认收货(若卖家承诺的运达时间小于速卖通平台的默认值,则以平台默认时间为准);若通过沟通了解到买家确实未收到货品,则卖家可延长买家的收货时间;若买家一直没有确认收货,且没有申请退款,则属于买家确认收货超时,该订单视为交易完成。

7. 买家申请退款

卖家声明全部发货后,如果承诺的运达时间小于 5 天,则买家可以在卖家发货后直接申请退款;如果承诺的运达时间不低于 5 天,则买家需要在卖家发货 5 天以后才能申请退款。

(三)物流规则

为了保障速卖通平台拥有良性有序的市场秩序,为消费者提供更优质的购物体验,速卖通平台限制卖家使用无法进行信息追踪,或投递时效慢的物流,具体物流政策如下。

(1)卖家可自主选择发货的物流服务,但如部分国家(地区)发货平台有特殊规定的,卖家应按照该规定进行。

(2)如买家自行选择物流方式,卖家发货所选用的物流方式必须是买家所选择的相关物流方式。未经买家同意,不得无故更改物流方式。

(3)卖家填写发货通知时,所填写的运单号必须完整、真实准确,并可查询。

(4)为保证经营秩序和买家体验,如有特殊市场的订单,卖家应按照当地的物流政策选择发货的物流方式。这些特殊市场包括俄罗斯、美国、西班牙、法国、荷兰、智利、巴西、乌克兰、白俄罗斯等 9 个国家,以下以俄罗斯和美国为例说明。

①发往俄罗斯的订单

a. 发往俄罗斯的实际支付金额大于 5 美元的订单:允许使用标准类、快速类物流

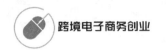

服务发货,不可使用经济类物流服务及简易类物流服务发货。

b. 发往俄罗斯的实际支付金额大于 2 美元且小于等于 5 美元的订单:允许使用线上简易类、标准类和快速类物流服务发货,不可使用经济类物流服务(即无挂号平邮)及线下简易类物流服务发货。

c. 发往俄罗斯的实际支付金额小于等于 2 美元的订单:允许使用线上经济类、线上简易类、标准类和快速类物流服务发货,不可使用线下经济类物流服务(即无挂号平邮)及线下简易类物流服务发货。

②发往美国的订单

a. 发往美国的实际支付金额大于 5 美元的订单:允许使用标准类物流服务中的"e 邮宝""AliExpress 无忧物流"及快速类物流服务发货,其他标准类物流服务及经济类物流服务不可使用。

b. 发往美国的实际支付金额小于等于 5 美元的订单:允许使用标准类、快速类物流服务及线上经济类物流服务发货,线下经济类物流服务不可使用。

③发往除俄罗斯、美国、西班牙、法国、荷兰、智利、巴西、乌克兰、白俄罗斯之外的其他国家(地区)的订单

a. 实际支付金额大于 5 美元的订单:允许使用标准类及快速类物流服务发货,不可使用经济类物流服务发货。

b. 实际支付金额小于等于 5 美元的订单:允许使用标准类、快速类物流服务及线上经济类物流服务发货,不可使用线下经济类物流服务发货。

四、速卖通平台选品策略

(一)速卖通平台选品策略背景

在当前跨境电子商务竞争愈来愈激烈的情况下,很多想在速卖通平台上开店的卖家常常被店铺的定位和选品问题所困扰,不知道应该如何定位店铺,卖什么产品才能在竞争激烈的跨境电子商务市场中站稳脚跟。

(二)"小而美"店铺运营策略

新常态下,"小而美"越来越成为商家获取和黏住用户的重要法宝,也是任何店铺或者公司做大做强品牌的最佳路径。相对此前"大而全"的诉求,移动互联网时代的用户更加青睐灵活敏捷、符合碎片化和快速变化的场景需求的"小而美"产品。

具体来看,"小而美"店铺的主流运营策略包括以下几方面。

1. 价格牌

产品价格依然是买家关注的一个重要内容,因此以价格作为切入点来吸引顾客是较为常见而有效的方式。速卖通卖家可以通过平价政策来吸引客户,如打造引流款、利润款的产品。

2. 专业牌

即通过优质的专业化服务赢得顾客的认同和青睐,与客户建立起信任关系。如卖家可以充分利用速卖通平台上的店铺页面来向客户展示在相关领域的专业化水平。

3. 特色牌

选择具有特色的产品切入市场，深度挖掘和打造店铺特色，使有相关产品需求的客户首先能够想到自己的店铺，并通过特色产品深度激发顾客的购买欲望。

4. 附加牌

即通过增加产品种类、店铺美化、附送产品、优化服务等方式，让消费者感到产品或者服务与其他店铺相比较具有更高的价值，形成差异化对比，从而使客户记住自己的店铺并愿意在店铺中持续购买。

（三）速卖通平台选品思路

速卖通平台上有很多卖家都遭遇过单量瓶颈，即每天虽然有稳定的订单量，却很难继续增多，店铺规模始终停留在一个层次，无法开拓新的市场并实现持续发展。如果这种情况一直得不到改变的话，卖家的单量还可能会下降，逐渐失去已有的市场份额。

速卖通平台上很多大的卖家在遇到这一问题时，常会通过优化原有的供应链系统来拓展发展空间，如打造爆款产品，然后交由工厂定制化生产，或者降低拿货成本提升自身利润空间等。而对于刚起步运营的速卖通店铺来说，第一步是选品，可以从以下三个思路出发。

1. 找到适合产品的市场

传统外贸厂家转型做跨境电子商务时常会采用这一思路。这些外贸厂家的产品本就是针对境外市场的，因此相对境内货源来说，他们的产品更加符合境外顾客的偏好，而且这些厂家在发展运营中也积累了一批长期合作的老客户。因此，相比其他类型的跨境电子商务，这些传统外贸工厂一般不用担心库存的问题，可以直接将产品放到速卖通平台上。

同时，这些卖家还可以根据在速卖通平台上的相关交易数据，精准定位出单量最多的国家（地区）和客户群体，从而对最适合自己的产品的市场进行长期的深耕和维护；另外，这类卖家还可以借助自己的供应链优势，在速卖通平台上发展高级定制和批发。

2. 找到适合市场的产品

即通过对目标市场和客户群体的具体情况进行分析，寻出最适合的产品。比如，俄罗斯轻工业不发达，服装在很大程度上依赖进口。若以俄罗斯为目标市场，则可以针对不同年龄阶层人群的服装偏好进行分析，以此选出受到当地市场青睐的产品，从而大大提高店铺产品的转化率。

因此，选品就是围绕目标市场客户，根据他们的喜好和需求选择产品品类。就像饮食一样，不同地方的人总有不同偏好，卖家要做的就是根据目标客户的喜好选择售卖的产品。同时，为了更好地精准地了解目标市场的消费需求，卖家最好能利用当地的一些网站去获取更多的市场信息，如在该地区的热销款产品，或者被很多顾客收藏的产品品类，从而使自己的选品更加符合当地的市场需求。

3. 跟卖

跟卖就是看市场上什么样的产品品类最受欢迎，就在店铺上架相同的产品，与其他卖家争夺流量。热卖产品的市场较大，因此跟卖对提升店铺流量会有一定助益，不过这

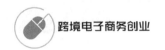
是一种"取巧"的选品方式。

如果卖家想要做大做强品牌,还是要根据热门品类的属性、目标市场客户的特质进行深度选品分析,以借助于差异化策略规避热门品类激烈的竞争,打造自身店铺的特色产品和品牌,有效吸引客户的注意力。

(四)速卖通平台选品实战

速卖通平台选品首要考虑的是自己感兴趣的产品,产品的重量和体积,类目的契合度,以及产品是否会侵权等几个方面。其次要考虑选品的方法,包括线上与线下两种路径,线上选品分为站内选品和站外选品,线下选品则包括专业批发市场选品和合作意向工厂选品两类。

速卖通平台店铺选品策略:行业选品、类目选品和产品选品

1. 线上选品之站内选品

这一方法的优点是卖家容易发现爆款、引流款、平台活动款等对目标客户具有较强的吸引力的产品品类,从而使店铺在初期运营时能有效获取流量;不足之处是加剧了平台中的产品同质化现象,使小卖家店铺的成长空间被大卖家严重挤压,从而影响了店铺的整体效益,弱化了店铺的定位效应。

2. 线上选品之站外选品

watchcount 和 watcheditem 是两个常用的站外选品工具。前一个可以获取某个站点下的关键词所对应的产品的销量、标题、售价及类似款等信息,从而帮助卖家更好地进行选品;后者通过展示某个站点下的关键词所对应的产品款式帮助卖家选品。同时,这两个站外选品工具还有助于刚刚成立店铺的卖家更好地学习产品标题的草拟方法。

3. 线下选品之专业批发市场选品

专业批发市场选品与常规的店铺选品具有一些共性,也是结合店铺的定位和市场的货源进行选品。不过对跨境电子商务商家而言,这种选品方式对资金的要求比较高,而且难以自由控制库存。

4. 线下选品之合作意向工厂选品

与专业批发市场选品相比,合作意向工厂选品更具有针对性,能够根据店铺的定位预订产品。但与专业批发市场选品一样,这种选品方式也对资金有比较高的要求。

五、速卖通平台产品运营实战

(一)产品的选择

1. 可选择销售产品

理论上来说,在互联网中可以销售任何不违反法律的产品,无论是虚拟产品还是实体产品。但受目前的通信技术、信任机制及物流运输等方面的限制,一些产品并不适合在线上进行销售。通常情况下,卖家入住速卖通平台时,可以选择销售以下几种产品。

(1)存在大量潜在消费群体的名牌产品。

(2)易于进行物流配送的产品。

(3)市场规模较大的产品。

（4）易于通过在网络中获取相关信息并进行消费决策的产品。

（5）存在大量需求的刚需产品。

（6）科技含量较高的产品。

（7）通过线上渠道营销具有明显成本优势的产品。

（8）不宜开设线下门店的产品。

2. 卖家选择产品时的考虑因素

（1）充分考虑所选产品与网店定位的一致性

描述产品时，最为关键的一个因素就是所选的产品与开设的线上网店的定位及风格保持一致。如果是针对高端目标群体的红酒网店，就需要在包装、产地、年份等方面予以重点强调；如果选择销售人们经常使用的日用百货产品，就需要尽可能地扩大产品品类，争取提升网店在速卖通中的曝光率，从而吸引更多的用户流量。

（2）充分考虑自身产品的性能

在信息经济学维度上，产品被分为两种：其一是消费者在进行消费决策时，就能够对产品品质进行评价的可鉴别产品，比如，从硬件配置方面就能够确定其性能及品质的智能手机、笔记本电脑等；其二是只有消费者在使用或者体验后，才能确定其质量的经验性产品，比如食品等。

此外，还可以将产品划分为个性化产品或者标准型产品，服装就是一种典型的标准化产品，而电子类产品则是典型的标准型产品。通常情况下，标准型产品及可鉴别性产品更容易通过电商渠道大幅度提升销量，而个性化产品及经验性产品在线上渠道的销量会收到一定的影响。

（3）充分考虑产品的营销区域范围及物流配送体系

电子商务的出现打破了时间和空间的限制。但在实际运营过程中，商家却不得不考虑自身产品所覆盖的市场范围，从而尽量避免偏远地区的消费者在购买后出现物流配送服务不到位的问题。对目标市场进行一定的地域限制，可以有效地控制物流成本，减少不必要的用户投诉，通过保持较高的服务体验来维护自己的品牌形象。

（二）产品的展示

跨境电子商务商家在对产品进行分类展示的时候，需要严格按照入住平台对产品分类的规则进行划分。在速卖通平台中存在着以服装、3C、日用百货为代表的主营产品，因此官方给予了十分明确的关于这些主营产品的分类方法。而商家销售的那些比较小众的产品，可以选择将其划分至与其相近的产品类目上，从而有效提升产品的曝光率。

（三）产品的上架

产品上架也会影响到产品的销量，如果想要进一步提升产品的销量，就必须结合上架组合、上架频率及上架时间来制定出正确的上架策略。

1. 产品上架组合

具备一定的关联性、能够在功能上进行互补的产品，以及同一系列的产品，可以作为一种组合而一起上架，比如，笔记本电脑就与鼠标、键盘等外设产品具有较强的关联

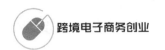

性,而且主打功能不同的笔记本电脑也分别对应着相应类型的外设产品,将其同时上架可以有效带动产品销量。

2.产品上架频率

产品上架也存在着一个周期性问题,每天都更新新品或者几个月才更新一次产品都不是明智的选择。卖家需要及时补充那些热销产品,而且平台通常会设置产品上架的时长,当达到期限时,产品会自动下架,因此卖家需要通过及时地调整来保证上架产品的品类能够吸引消费者。

3.产品上架时间

产品上架时间也是影响产品销量的一个重要因素,较为理想的情形是在网民们线上购物相对集中的时间进行产品上架,需要注意的是,跨境电子商务的卖家必须考虑不同地域的时差问题。此外,对某些产品而言,其最佳上架的时间也有可能会出现在较为特殊的时间节点,平时卖家可以多关注平台发布的用户调查报告、市场分析数据来了解不同产品的销售时间。

(四)产品的包装

与线下实体店不同,线上买家只能通过文字、图片及视频等信息来了解产品的外观、参数及性能等,无法真正体验产品,此时产品的包装就显得尤为重要。特别是跨境电子商务平台的买家来自世界各地,人们在收到线上卖家发送的产品时,对其产生的第一印象在很大程度上依赖于产品的包装,如果产品的包装较差,产品形象在消费者心中的形象将会大打折扣。

为凸显店铺产品在包装方面的优势,卖家可以在网店中通过图文及视频来对其进行展示。事实上,在商业领域中关于产品包装存在着一个约定俗成的规则:简易而随意的包装通常意味着产品品质较低,而高档精美的包装则意味着产品有着更高的品质及文化内涵。

第二节　eBay 平台运营基础与实战策略

一、eBay 平台发展历程及特点

(一)eBay 平台简介

1995 年 9 月,国际知名电子商务平台 eBay 在美国加利福尼亚州硅谷正式成立,eBay 不但在电子商务平台运营方面积累了丰富的经验,在电子支付领域同样拥有较强的领先优势。通过 eBay 平台,世界各地的人们都参与到互联网电子商务的交易中来。

eBay 旗下的 PayPal 支付工具能为个人及企业级用户提供方便快捷、安全高效的电子支付服务。eBay 旗下的 eBay Enterprise 可以为全球企业级客户提供电子商务平台、订单管理、运营管理、市场推广等多种类型的服务。eBay 旗下的全球的电子商务平台拥有上亿用户,其业务范围覆盖了全球 1000 多个城市。

eBay作为世界级电子商务巨头之一,为广大消费者提供来自世界各地的优质产品。据统计,截至2018年第二季度,eBay用户分布在全球超过190个国家及地区,活跃用户数量达到1.72亿人,拥有超过8亿件产品,入驻卖家高达2500万户。而其旗下支付平台PayPal拥有活跃用户2.44亿人,其业务覆盖了全球193个国家及地区,可以支持全球26种货币的交易。

在中国市场,eBay平台不但为广大消费者提供优质产品,而且为广大卖家提供跨境电子商务平台服务,使中国卖家可以将自己的产品销往世界各地。为了给中国商家提供更为优质的服务,eBay组建了专门的平台交易服务的团队,可以为入驻的中国商家提供业务指导、外贸培训、跨境交易物流服务解决方案等多种服务,从而可以让来自中国的卖家在全球范围内开展电商交易。

(二)eBay平台发展历程

eBay平台在中国发展历程如下。

(1)2005—2007年,中国少部分人开始在eBay平台销售产品,因竞争者少,迅速缔造财富神话,同时平台规范不严格,仿货盛行,甚至存在欺诈行为。

(2)2007—2009年,外贸行业越来越多的人开始关注eBay平台,产品集中在3C类,外贸利润被压缩,物流服务不佳,用户体验差。

(3)2009—2012年,eBay平台规则大调整,制定严格规则,肃清违规卖家,企业卖家成为主流,出台评分体系,细化卖家表现评级,致力于用户体验的提升。

(4)2013—2015年,平台交易量特别是来自移动端的用户交易量开始大幅增长。

(5)2016年至今,eBay平台着手推出一系列新政策,旨在为商家及消费者提供公开、公正、公平的平台服务。同时eBay的移动应用提供更加优质的服务,更加注重与搜索引擎及社交媒体的联合。

(三)eBay平台的特点

在eBay平台中,中国商家主要面向电子商务发展相对成熟的市场,比如美国、德国、英国及澳大利亚等,这些地区的消费者对电子商务认可度较高、购买力较强、注重购物服务体验、对产品品质及生活质量有着较高的要求,更为关键的是,这些地区的物流配套设施相对完善,要想获得这一消费群体的认可,不但要提供优质的产品,还要提供良好的购物服务。

eBay平台上产品品类十分丰富,无论是奢侈品牌,还是大众品牌,消费者都可以根据自己的需求选购合适的产品。近年来,海外仓储运营模式的兴起,更使eBay平台中的中国卖家迎来了重大发展机遇。

二、eBay平台注册流程

eBay在全球电子商务平台中具有很强的影响力,与所有的电商平台一样,eBay中的卖家需要注册一个用以进行交易的账号。由于卖家注册主体存在的差异,相应的卖家账户也有所不同。

eBay平台
注册流程

（一）eBay 卖家个人账户注册

1. 注册 eBay 交易账户

登录 eBay 官方网站后,点击页面左上方的"注册"按钮,设置账户名及密码等,按照提示填写每一项资料。确认无误后,再点击"确认"按钮,然后 eBay 官方会向你填写的联系邮箱发送一封用以激活账号的邮件。登录自己的邮箱进行确认后,eBay 平台会提醒你注册成功,并跳转至 eBay 的欢迎页面。如图 4 - 4 所示。

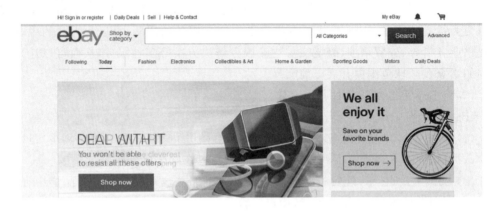

图 4 - 4　eBay 平台注册界面

此外,卖家还需要对 eBay 账户进行认证,一般可以选择使用手机号或者双币信用卡进行认证,其中使用后者进行认证时,eBay 将会先收取 10 美元的押金,并在次月退还。

2. 注册 PayPal 资金账户

登录 PayPal 官方网站后可以选择注册不同的账户类型,而想要进行跨境电子商务交易的卖家应该选择"商家账户",之后便可能够进行线上购物及销售产品。按照注册页面的提示填写完资料后,再点击确认按钮即可完成 PayPal 账户注册。PayPal 账户也需要进行认证,认证时可以选择使用借记卡或者双币信用卡进行认证。

3. 绑定 eBay 与 PayPal 账户

登录刚注册的 eBay 账户,然后点击页面上方的"我的 PayPal"按钮,然后点击"PayPal 账户",再选择"连接到我的 PayPal 账户"并输入账户及密码即可完成绑定。如图 4 - 5 所示。

注册 PayPal 账户时,一定要保证填写信息的真实性。在注册时使用 Hotmail、Gmail 等在全球范围通用的邮箱,以便于接收各个地区的用户及 eBay 官方发送的电子邮件。

（二）eBay 卖家企业账户注册

通过 eBay 平台提交企业的相关资料,接着需要 7 个工作日的时间等待客服人员的审核,如果超过 2 周时间还未回复则证明审核未通过。这种方式仅适用于尚未注册过 eBay 账户的企业级客户。

通过电话或者电子邮件的方式直接与 eBay 平台客服人员进行联系,向其表明你想要申请企业账户的意图,客服人员将会为你提供注册的详细步骤和所需要提供的审核材料。

图 4 - 5　PayPal 注册界面

个人或者企业账户注册完成之后,首先需要将自己销售的产品在 eBay 平台进行上架。目标是为了尽可能地让买家了解你的产品,所以在描述过程中,要确保表述详细、真实、可靠,从而让买家对你的产品有一个正确的期望值。通常来说,当消费者对商家的产品了解程度越深时,就不容易对购买的产品产生较大的心理落差,从而更容易取得消费者的一致认可。

三、eBay 平台卖家规则

为了规范交易过程,保证买家和卖家的权益,eBay 平台制定了若干规则。作为平台的卖家必须了解并遵守卖家规则。平台对卖家行为的把控也是非常严格的,如违反卖家规则,轻则会发送警告信,下架卖家的 listing,严重的会冻结或者限制卖家的账户和店铺,而这些举动都会导致经营成本上升,降低你的产品曝光率,甚至会取消卖家资格承担法律风险。

eBay 平台
运营规则

（一）运营规则

（1）销售的产品必须刊登在正确的类别中,如出售物品存在多级子分类,需将物品刊登在相对应的分类中。

（2）卖家必须在"物品所在地"栏如实填写物品寄出地点:一般情况下物品所在地需与账户信息相符,如果物品所在地在外地或其他国家,务必在刊登时选择真实的所在地,避免日后不必要的交易纠纷。需特别注意运费的设置要与物品所在地相匹配。

（3）在 eBay 刊登产品时,可以在产品描述中使用一些链接来帮助产品销售。但是,需要注意有些类型的链接是不允许的。例如,你不能链接到个人或商业网站。

（4）高品质的图片能给买家提供更好的购物体验,使物品更容易售出,所有物品刊登必须至少包含一张图片;图片的最长边不得低于 500 像素;图片不得包含任何边框、

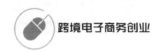

文字或插图;不得盗用他人的图片及描述。

(5) 预售刊登是指卖方刊登那些他们在刊登时未拥有的物品。此类刊登的物品,卖方需保证自物品购买之日(即刊登结束之日或从 eBay 店面购买刊登物品之日)起 30 天之内可以送货,eBay 允许其有限制地刊登预售物品。在 eBay 刊登预售物品的卖方,必须在刊登时表明该产品为预售产品。

(6) eBay 禁止卖家在刊登物品中使用几种特定类型的 Html 和 JavaScript 编码文字功能。违反此刊登规则会导致在线产品被删除,多次违规会导致账户受限,严重者账户将被冻结。

(7)请勿试图通过低定价、高运费的方式在搜索结果页面中取得更好的宣传效果。

(二)物流规则

1. 发往美国货物的物流规则

多数跨境电子商务平台的买家在购买跨国(地区)产品时主要的担忧是货运延误,长时间、不稳定的运输及无法追踪包裹的在途状态,可能会影响买家的再次购买意愿。eBay 国际物流规范要求所有发往美国的货物包裹必须选用下述任一 eBay 认可的高质量的物流解决方案。

(1)中国及美国邮政联手打造的"e 邮宝"或"E-Express"服务。

(2)中国邮政速递 EMS 服务。

(3)由 UPS(联合包裹速递服务公司),FedEx(联邦快递),DHL(敦豪国际航空货运公司),TNT(天地物流)提供的商业速递服务。

(4)能对前往美国的包裹提供发货到妥投的货物追踪的海外仓服务。

2. 以下情况产品可不受 eBay 国际物流方案政策限制

产品使用海外仓(仅限于美国仓),且物品所在地为美国;刊登了指定分类中无法空运的物品;账户评分达到或超过美国站卖家标准,且物品售价(包括物流费)不高于 5 美元的物品。

卖家可向买家收取合理的运费和手续费,用来支付邮寄、包装和处理所卖物品所涉及的成本。eBay 对运费和手续费不进行金额上的规定,但会根据用户举报和 eBay 的判断来确定卖家收取的运费、手续费、包装费和保险费是否过高。运费及手续费不包含在物品最终成交价中。

3. 除最终物品价格外,卖家还可以收取的费用

①包装费

即可收取的实际包装费用。

②保险

提供保险的卖家只能收取实际的保险费用。除此以外不得收取额外费用。卖家如果未选择经许可的第三方保险公司,就不能要求买家购买保险。

③税额

只能收取实际产生及适用的税项。对于跨国(地区)交易,卖家不能征收关税,而买家可能要负责交纳相应国家(地区)法律所规定的实际产生及适用的关税。

四、eBay 平台选品策略

对于入驻 eBay 的中国卖家而言,产品品类控制及主营产品的定位将会十分关键。卖家需要了解 eBay 平台目标市场中各大品牌的产品销量,并搜集相关资料来分析市场及竞争对手,从而认识到自己的优劣势。产品的质量及性价比会对产品的销量产生重要影响。需要注意的是,由于境外某些国家(地区)对来自中国的进口产品存在着一定的限制,卖家也需要在这方面予以足够的重视。

（一）目标市场

据 eBay 官方公布的交易数据,中国地区的出口跨境电子商务卖家交易额最高的产品品类是电子产品、时尚产品、汽车配件、家居产品等。

在电子产品中,智能手机、电脑及其配件的交易额处于明显领先优势;在时尚产品中,服饰、珠宝及手表产品最佳;在家居产品中,安保系统及家具交易额较高;而灯具则是汽车配件品类中成交额最高的产品。进一步来看,在更为细分的市场中,消费者青睐的产品品类及品牌等都存在着一定的差异,这需要卖家能够及时掌握这些不同市场中的消费需求。

（二）数据分析

卖家在正式确定将要上线的产品以前,可以借助 eBay 网站和第三方网站来对目标市场进行一定的调查,从而对某种产品的销量、市场价格及热销品牌有所了解。eBay 平台会定期发布产品热卖周刊,从而让商家对各个市场中的热销产品有一个相对清晰的了解。这种官方提供的权威数据,对于卖家预测市场发展潮流及用户需求变化具有十分重要的意义。此外,eBay 官方还会举办各种线上及线下的卖家培训活动,从而使卖家提升产品销量并获取更高的收益。

（三）经营品类

虽然,eBay 平台对商家扩展自己的产品品类采取积极扶持的态度,但为了避免承担过高的风险,卖家在上架新的产品品类时,还需要对自己销售的产品进行明确的定位并制定相应的营销策略。

除了遵守 eBay 平台的规定,禁止销售侵犯版权、商标权等类型的产品以外,还要注意销售的产品不能违反中国及目标市场国家(地区)的相关规定,否则一旦被监管部门查获,很可能会承担刑事责任。另外,卖家不但要保证产品质量,还要确保自己销售的产品拥有中国及目标市场国家(地区)线上及线下的销售许可,并且严格遵守与产品相关的行业标准。

五、eBay 平台运营实战

随着跨境电子商务在中国的蓬勃发展,不少企业都通过跨境电子商务平台进行产品营销,与此同时竞争也日趋激烈。仅仅在 eBay 平台发布产品信息很可能达不到预期的效果,因为在产品发布方面,同质化现象十分严重,很难吸引用户的关注。

需要明确的一点是,能否取得理想的营销效果,与产品展示方式有很大关系,因此,

为了在 eBay 平台上进行产品推广并最终增加销售规模,商家应该在产品刊登方面倾注更多的时间与精力。

(一)产品的标题

发布产品广告时需要注明标题,并撰写详情描述,将商家所销售的产品用文字形式表达出来,吸引用户。优秀的标题与详情的描述可以准确体现产品内容,对用户形成吸引力,促使他们消费。

通过 eBay 发布的产品信息,其标题的字符长度需控制在 80 字符以内,不仅要体现自身产品的差异化特征,还要吸引潜在消费者的注意。表面上看起来,有限的字符长度无法充分描述产品,但这样也能够更好地对应潜在消费者的搜索关键词。

在设计刊登标题的过程中,要重视搜索引擎关键词的作用,要选择那些能够精确描述商家产品的关键词。为此,要先统计用户在进行产品搜索时对哪几个词的使用频率较高,若能将这些关键词用于产品信息的发布并指引消费者轻松搜索到你的产品,通过 eBay 营销的有效性会提高。

长期以来,总结不同产品刊登方式的效果可以发现,在标注产品信息时,先写明品牌,再注明该产品适用的性别,然后对其种类、款式、具体的颜色、适用范围依次描述,能够达到最好的营销效果。要注重表达的精确性,如果有必要,在标题中强调产品分类也是可以的。

在浏览信息的过程中,用户首先看到的就是标题,必须认真对待标题设计。避免拼写错误,不要用大写字母来表述,当用户普遍知晓某个词的缩写形式时才能用缩写代替。另外,无须用太多的复数或近义词来描述,因为用户不会用这些词进行产品查询,若处理不好,还容易降低用户的关注度。

产品的副标题能够对标题形成补充作用,更好地表达产品属性,增强对潜在消费者的吸引。用户在浏览或特意查询该产品时,能够通过副标题对产品做出更好的定位。副标题的字符长度应在 55 个字符内,部分描述内容虽然能够聚集潜在消费者的目光,但用标题形式来表达并不恰当,这时候就可以用副标题呈现出来。

产品的原材料、颜色、大小、生产日期等都需要通过描述性词语来表达。除此之外,那些在用户搜索时出现频率较低但很可能激发他们兴趣的信息内容,比如产品的规格、益处、使用条件等也可作为副标题的入选信息。关于产品的具体优惠政策、打折促销活动、最终定价等信息内容,也可在副标题中有所提及,更加具体的关于产品的信息可以在后续产品的描述中再阐述。

(二)产品的描述

产品信息发布后,良好的产品描述能够让用户快速检索到,所以,必须具体、详实地对产品内容加以表现。文字数量为 200 字左右,应该珍惜每一个字,用最有吸引力的词语来描述产品。在文本描述中,尽量保证关键词出现次数在 12 次左右,不过,出现的次数也不要太多,这容易使用户产生反感。

在描述产品时,第一步要标明产品的大小、颜色、形状等属性,然后对其产地、品牌、实用性及特征进行阐述,把握产品包装及其实际作用。在文字形式上注重别出心裁,对产品价值准确表述。避免无聊的重复,要调动顾客继续浏览信息的兴趣,若文本信息冗长,会让顾客最终放弃信息浏览。

（三）产品的图片

利用高质量的产品图片能够推动产品营销。在互联网时代,仅靠文字宣传很难说服消费者。在进行图片拍摄时,要注重体现产品的细节,让用户对产品有充分的了解。

根据 eBay 平台相关统计,目前利用移动设备完成的在线交易占据总体的 30%,且此比例在逐步增加。因此商家要根据移动设备的特征制作相对应的展示图片。图片高度应该在 500 像素以上,当图片高度为 1600 像素时,移动设备的显示效果最好,用户可通过放大图片观察产品细节。

注意从不同角度来展示产品,若以多张不同角度的图片来呈现产品,更能激发用户的消费心理。而且,照片展示的角度越多,产品出售的概率也会越大。

（四）产品的属性

产品属性包含产品多方面的信息,如产品品牌、颜色、具体尺寸、款式等。通常情况下,产品属性会以标准化的格式加以呈现,且标注在产品刊登的特定位置,便于消费者查询与浏览。顾客可对照属性的名称来查询该产品的具体信息,虽然制定产品属性要付出时间与精力,但这个环节确实能够增加产品销售的概率。

（五）产品的价格

在产品原价上添加删除线、提供促销价格,可以增强其对消费者的吸引力。因为通过这两种方式,可以让顾客知道他们能够以更低的价格买到同样的产品,从而下定购买决心。eBay 平台免费为商家提供此类服务,但很多商家并没有引起重视,消费者也不知道产品在促销中。

另外,Channel Advisor(畅路销)等平台可以帮助零售商在 eBay 平台进行产品销售的整合、管理和优化,经营者可通过这种方式进行产品促销,增加销售规模。

（六）产品的配送

向消费者公开退货政策并允许其选择合适的货物配送方式,能够增强他们对商家的认可。卖家最好能提供免邮费服务,这种方式对产品营销来说是非常有效的,若对收货时间没有特殊要求,多数用户会选择免邮费的产品。

在面向境外市场时,要通过国际(地区间)快递将产品寄到消费者手中,在发布产品信息时,需向境外客户提示物流成本,用 PayPal 等进行交易结算。若商家计划深度开拓境外市场,可尝试在 eBay 的境外平台上进行产品推广,根据当地消费者的习惯对产品信息进行调整,写明产品发送位置,让消费者明确自己购买产品需支付的货运成本。

在产品配送环节,商家都要尽量配备次日送达及 2~3 个工作日送达的物流服务。很多目标用户会关注商家的物流服务,因此经营者需在物流环节增强消费者体验。线上购物、线下提货(click&collect)的方式受到很多消费者的青睐,经营者也可以尝试类似的交货方式。

（七）买家的评价

来自于消费者的评价能够给其他顾客的消费行为带来很大影响,目标用户会参照

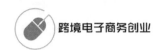

其他人的实际体验做出最终的决策。尽管顾客无从知晓商家具体的缺陷率,但缺陷率控制在2%以下的商家,能够得到eBay的认可,且可在产品刊登中以徽章形式展现自己的荣誉地位,因此,商家在运营中需注意对eBay指标的维护。

对此,商家可在信息发布中简单表明顾客好评对自身发展的推动作用,促使顾客给予积极的评价与反馈。若顾客对产品不满意,商家需主动采取措施,为其提供满意的售后服务,减少顾客的差评率。

第三节 亚马逊运营基础与实战策略

一、亚马逊"全球开店"的发展历程及亚马逊中国"全球开店"项目

(一)发展历程

作为全球最大的B2C电子商务公司,亚马逊在美国、加拿大、墨西哥、英国、法国、德国、意大利、西班牙、日本、中国等国家建立了强大的线上营销平台,聚合了全球近3.04亿的优质客户。

"全球开店"业务(见图4-6)是亚马逊为满足中国卖家拓展境外市场的诉求,而推出的一个帮助中国卖家通过亚马逊网上营销平台将产品更好地卖给境外消费者的项目。亚马逊"全球开店"业务有利于中国卖家开拓国际(地区间)市场、进行全球业务布局,因此受到了众多卖家的追捧,也逐渐成为亚马逊(中国)的重要业务方向。

图4-6 亚马逊"全球开店"界面

2012年亚马逊(中国)引入"全球开店"业务,并同步启动美国、加拿大、法国、德国、英国、意大利和西班牙七大站点的卖家招募工作。

2013年,亚马逊(中国)在北京设立为中国卖家"全球开店"提供服务的专属团队,次年专属服务团队延伸到上海和广州,并开启亚马逊日本站点的卖家招募。

2015年2月,亚马逊(美国)推出全中文卖家支持服务,美国和英国站点推出全中文操作平台;同时,为优化物流服务、为卖家提供多元化的跨境物流解决方案,亚马逊推出了"亚马逊全球货运"计划及针对轻小产品的物流试点计划。

2015年11月,亚马逊"全球开店"中文网站正式上线。

2015 年 12 月,亚马逊"全球开店"卖家峰会上,亚马逊宣布将推出帮助中国卖家在欧洲市场快速拓展业务的发展计划,提供亚马逊十大站点的品牌注册服务,向中国卖家逐步开放全球 8 大站点的"秒杀"专区。

2017 年,作为亚马逊四大战略重点之一,亚马逊面向中国卖家推出"Amazon Business(亚马逊商业采购站点)卖家招募计划",并在中国设立专属招募团队,帮助中国卖家入驻 Amazon Business,拓展商业采购业务,为美国的企业和机构客户带来更丰富的来自中国的优质产品。

此外,亚马逊"全球开店"2017 年战略重点还包括:持续不断地通过提升卖家的产品品质提高用户体验;优化品牌管理工具与解决方案,帮助中国卖家通过"全球开店"打造"全球品牌";为中国制造企业提供定向支持与服务,通过跨境出口直接触及全球消费者,实现业务模式转变,推动制造业的升级与转型。

(二)亚马逊(中国)"全球开店"项目

亚马逊(中国)的"全球开店"项目将帮助中国卖家在北美、欧洲和日本 3 个地区共10 个国家的市场中拓展业务。

1. 在北美开店

"在北美开店"的卖家面向的是美国、加拿大和墨西哥三个国家的市场。作为亚马逊的诞生地,北美地区无疑是其业务布局的重点。在 20 多年的深耕发展中,亚马逊也赢得了北美市场的普遍认同,与客户建立了高度信任的关系。

亚马逊(美国)的月独立访客数量超过 9500 万,这为产品提供了更多的曝光机会,也有利于卖家迅速提升知名度和影响力;亚马逊的 prime(首要)会员多数来自北美地区,这些享受免费极速配送服务的客户,能够大大提高卖家的库存流通效率,是卖家争夺的重点对象。

2. 在欧洲开店

选择"在欧洲开店"的卖家面向的是英国、德国、法国、西班牙和意大利五个国家的市场。与北美地区类似,亚马逊在欧洲市场中也拥有很高的知名度和美誉度。欧洲客户在亚马逊平台上的购物频率很高,且很多客户都属于 prime 会员。

同时,由于欧洲市场的一体化程度很高,亚马逊在欧洲地区建立了欧洲联合账户系统。即在欧洲开店的卖家,通过一个销售账户就可以创建并管理英国、法国、德国、意大利和西班牙五个国家的产品目录。

与北美地区类似,欧洲也拥有众多节假日,这为卖家开展假日营销、拓展市场提供了诸多契机。如圣诞节期间人们有相互赠送礼物的风俗;欧洲地区有很多体育活动和赛事,服装及与运动主题相关的产品可以借此大幅提高销量。在全球一体化的背景下,源自美国的"网络星期一"购物节也扩展到欧洲地区。

3. 在日本开店

选择"在日本开店"的卖家将在日本市场中销售产品。日本拥有 1.27 亿人口,又是全球第三大经济体,因此不论在客户规模还是消费能力方面,日本市场都对卖家极具吸引力。

同时,地理位置相近、文化相似等因素也为中国卖家进行产品销售提供了便利。日

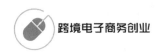

本市场已成为亚马逊(中国)"全球开店"项目的重要目标,2015 年亚马逊日本站点在 PC 端和手机端的月平均访问量也分别达到了 1753 万和 3025 万。

亚马逊在日本站点经过长期的深耕培育,已成为备受日本消费者认可和信赖的品牌,平台的交易规模也十分可观。节日营销是在日本市场提升销量的重要方法,是卖家大幅提高产品销售的最佳时机。

同时,每年 4 月作为职场新人新生活开始的月份,是卖家开拓日本市场的重要时期;而 4 月到 5 月的旅行黄金周,则是旅行类产品的销售旺季;另外,美国的"网络星期一"购物节也越来越受到日本消费者的欢迎。

二、亚马逊全球开店注册流程

亚马逊(中国)的"全球开店"项目帮助中国卖家在北美、欧洲和日本 3 个地区共 10 个国家的市场中拓展业务。中国卖家通过亚马逊"全球开店"项目拓展境外市场时,需要了解在全球不同地区市场中开店的基本费用有哪些,以便根据自身情况制订更加合理的开店计划。

(一)基本费用

1. 在北美开店

选择"在北美开店"的卖家可以在美国、加拿大和墨西哥三个市场中售卖产品,且只需注册一个账户就可以在这三个市场进行销售。

亚马逊"全球开店"项目为卖家提供专业销售计划和个人销售计划两种选择。需要注意的是,不论卖家的身份是公司还是个人,都可以根据自身的意愿选择这两种销售计划。当然,两种计划具体的费用结构会有一定差别。

(1)月租金

该费用只有选择"专业销售计划"的卖家才需要支付。不过,若卖家注册的是北美联合账户,只需支付亚马逊美国站 39.99 美元/月的月租金即可,不用另外支付加拿大和墨西哥站 39.99 美元/月的月租金。

(2)单件销售费用

选择"个人销售计划"的卖家需要支付该项费用。卖家每销售一件产品都需要向亚马逊平台支付 0.99 美元,而不论这件产品的交易金额为多少。

(3)销售佣金

该费用针对的是所有卖家。不过,销售佣金的百分比和按件最低佣金根据产品品类的不同而有所差别。

亚马逊平台会选择"单价×销售佣金百分比"和"按件最低销售佣金"两者中较高的一个作为向卖家收取的销售佣金额度。

整体来看,在北美开店的卖家向亚马逊支付的开店费用结构包括两部分:一是根据卖家选择的销售计划收取的月租金或单件销售费用,二是销售佣金。

2. 在欧洲开店

作为经济发展水平和生活质量都很高的地区,欧洲市场是很多中国卖家布局全球业务的关键一环。通过亚马逊"全球开店"项目选择在欧洲开店的卖家,面向的是英国、法国、德国、意大利和西班牙五个国家的市场。而亚马逊打造的欧洲联合账户系统,使卖家注册一个欧洲账户就可以对上述五个国家的市场进行管理。

与北美地区一样,亚马逊欧洲站点也为进行全球开店的卖家提供了专业销售计划和个人销售计划两种选择。

（1）月租金

只对选择专业销售计划的卖家收取,费用为 25 英镑/月。

（2）单件销售费用

仅对选择个人销售计划的卖家收取,不论产品金额为多少,卖家每卖出一件产品都要向亚马逊平台支付 0.75 英镑。

（3）销售佣金

针对所有卖家,每件卖出的产品都需向亚马逊平台支付销售佣金。对于设有按件产品最低销售佣金的产品,卖家需要支付的是销售佣金和按件产品最低销售佣金中较高的金额。

具体来看,对图书、音乐、影视、软件、视频游戏等媒介类产品,亚马逊将按照规定的销售佣金百分比收取佣金;对非媒介类产品,亚马逊收取的佣金是下面两者中的较高者,即适用的销售佣金百分比与基于总销售价格(包含产品价格、运费、礼品包装费等在内的买家支付的总金额)计算出的适用的最低按件销售佣金。

3. 在日本开店

亚马逊为选择"在日本开店"的卖家提供的是"大口出品"和"小口出品"两种销售类型,与其他站点的"专业销售计划"和"个人销售计划"相对应。

"大口出品"与"小口出品"两种销售计划同样与卖家是个人还是公司无关,其决定因素是卖家刊登的产品数量。选择"大口出品"的卖家意味着想要开设自己的店铺,将销量最大化;而小规模销售的卖家则适合"小口出品"销售计划。至于大与小的划分,则以每月产品的销售计划是否超过 50 件为依据。

费用支出上,选择"大口出品"方式的卖家每个月都要支付 4900 日元的订阅费用,订单成交时再支付相应的佣金;选择"小口出品"方式的卖家不需要支付每个月的订阅费,其费用支出包括单件产品销售固定的 100 日元和订单成交时的佣金。

对亚马逊"在日本开店"的卖家而言,不同品类的佣金比例也不一样。亚马逊会根据卖家销售的产品品类收取不同的佣金比例。另外,对于出售书籍、影像等媒体类产品的卖家,除了规定的佣金之外,还要再支付一笔固定金额的结算费。需要注意的是,结算费是从日本国内发货的标准,若是从亚洲其他国家发货,则三种媒体类产品的固定结算费会有调整。

（二）注册流程

亚马逊"全球开店"分为北美站点、欧洲站点、日本站点三部分,三个站点注册流程大致一样,下面以"在北美开店"为例讲解亚马逊全球开店流程。

亚马逊平台
注册流程

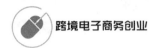

1. 设置账户

注册亚马逊"在北美开店"时卖家需要准备电子邮箱地址,个人或者公司的名称、地址、联系方式,可以支付美元的双币信用卡(VISA,MasterCard 等),在注册期间可以联系到注册用户的电话号码等信息。需要注意,注册过程中,所有信息请使用拼音或者英文填写。如图 4-7 所示。

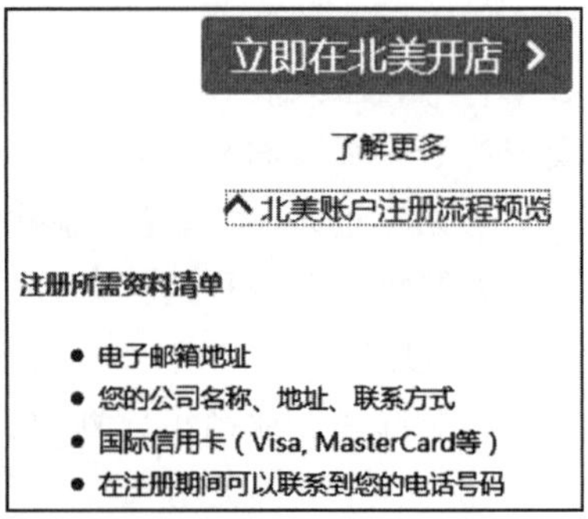

点击登录亚马逊官方网站 http://gs.amazon.cn,选择北美站点进行。如图4-8所示。

图 4-7　亚马逊北美账户注册流程预览

图 4-8　亚马逊北美站点注册界面

创建用户,按要求输入邮件地址。填写卖家显示名称、地址、邮编等信息,创建用户密码。公司用户,使用英文或拼音填写公司注册名称;个人用户,使用英文或拼音填写个人名称。填写完毕同时勾选同意相关协议。如图 4-9 所示。

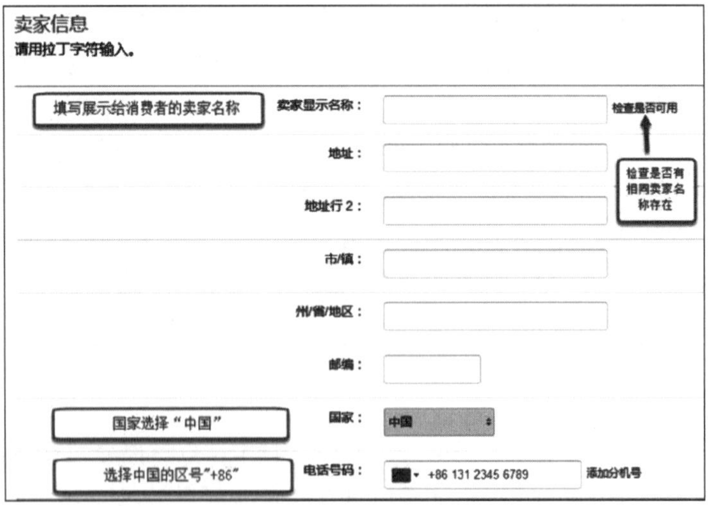

图 4-9　亚马逊账户注册卖家信息填写界面

使用拼音或英文继续输入卖家信息。在后续页面中需要输入个人信用卡信息。需要使用可以支付美元的双币信用卡,如 VISA,MasterCard。确认默认地址信息是否与信用卡账单地址相同。如不同,请使用英文或者拼音填写地址。

若填写信息正确,系统会尝试对该信用卡进行预授权以验证该信用卡尚有信用额度,持卡人可能会收到发卡行的预授权提醒。此信用卡是用于在账户结算时,如果你的卖家账户结余不足以抵扣相关款项,系统会从你的信用卡中扣除每月月费或其他销售费用。

2. 身份验证

账户信息填写完成之后,亚马逊"在北美开店"还会验证卖家的身份信息。身份验证可使用听取电话或者接受短信获取验证码的方式。点击"立即与我联系",会接到一个系统打来的电话,然后电脑会显示 4 位数字,输入网页,即可完成验证。如图 4 - 10 所示。

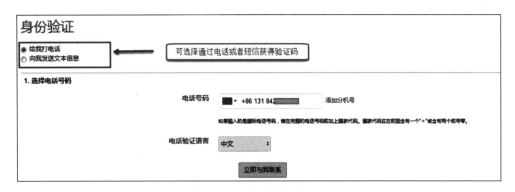

图 4 - 10　亚马逊账户注册卖家身份验证界面

3. 进行税务审查

美国纳税审核是一个自助的审核过程,它将指导你输入你的身份信息并确认你的账户是否需要缴纳美国相关税费。大部分身份信息会从你之前填写的信息中提取出来预先填入,为了尽可能高效地满足美国税务部门的要求,请在审核过程中确保回答所有问题并输入所需的所有信息。中国卖家也必须完成此审核流程才可完成注册。如图 4 - 11所示。

税务身份信息

1. 启动税务审查

您可以通过点击"启动审查向导"按钮启动税务审查。

上线审核向导

2. 税务审查完成

取消

图 4 - 11　亚马逊账户注册税务身份信息审查界面

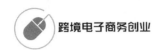

点击"上线审核向导"开始税务审查,确认公司或个人非美国身份,选择受益人性质为公司或个人。如图 4 - 12 所示。

图 4 - 12 亚马逊账户注册税务信息调查界面

需要注意,如果你申请的是公司账户,请确认你公司的邮寄地址;如果你申请的是个人账户,在确认你的邮寄地址后,在调查界面中确认不符合自身情况的选项。在税务信息调查中,受益所有人类型需根据注册主体的性质选择。

部分有关账户受益人的信息需准确填写。如果有选项显示"无",请返回上一页并更新你的信息。如信息经检查后无误,请点击"保存并继续"。如图 4 - 13、图 4 - 14 所示。

图 4 - 13 亚马逊账户注册受益人性质选择界面

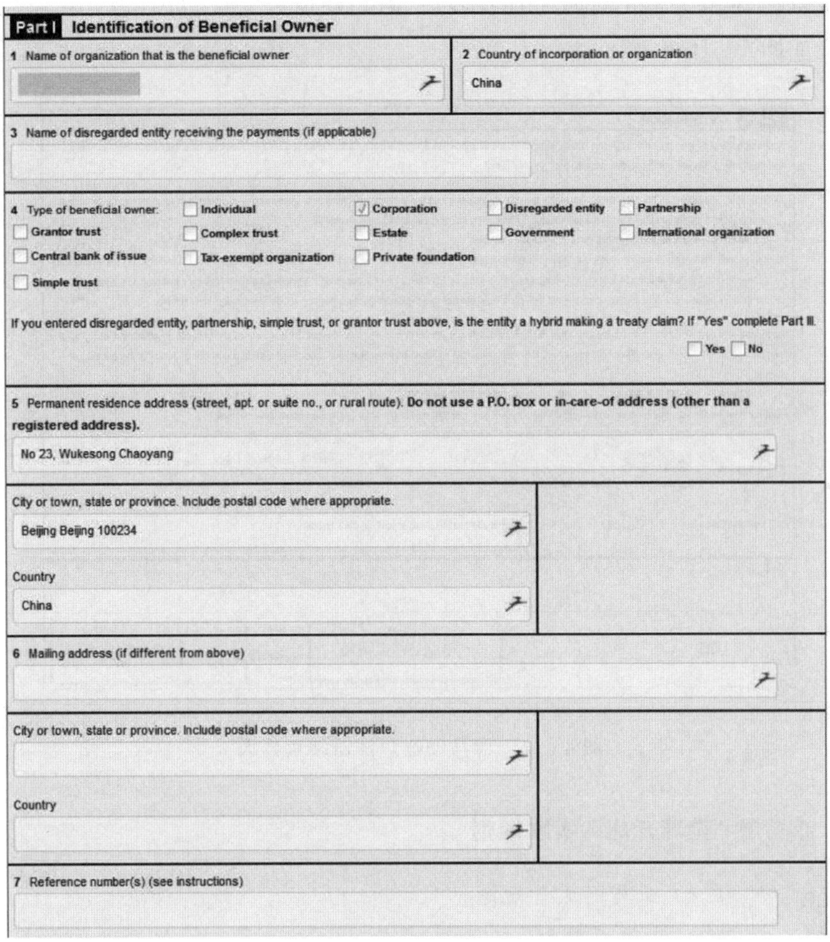

图 4 - 14　亚马逊账户注册受益人信息界面

以上信息填写完毕后,需进入同意提供电子签名的界面。如图 4 - 15 所示。

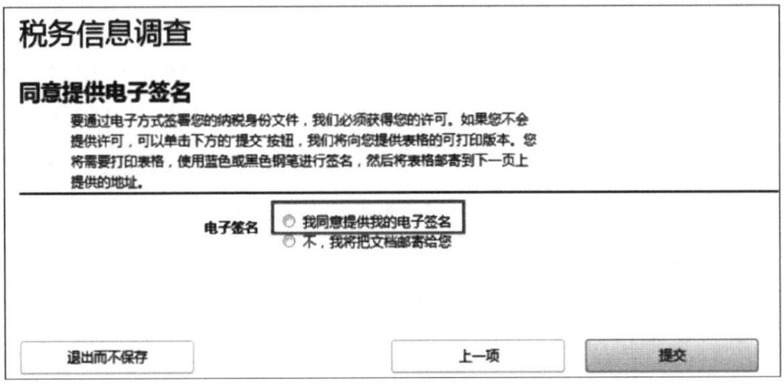

图 4 - 15　亚马逊账户注册同意提供电子签名界面

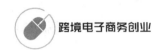

直接点击"结束审核",完成上述步骤后,账户注册已完成,可以进入卖家后台进行管理了。如图4-16所示。

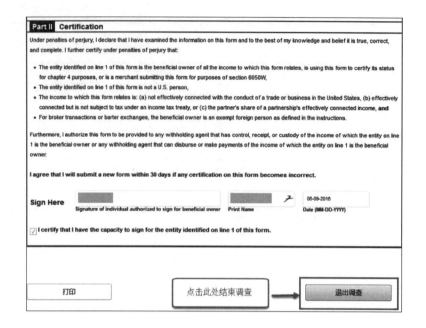

图4-16 亚马逊账户注册结束界面

三、亚马逊"全球开店"卖家规则

亚马逊平台
运营规则

（一）亚马逊运营规则

1. 卖家运营规则

（1）禁止操作和持有多个卖家平台账户。如有合法的业务需要申请第二个账户,可申请政策豁免。

（2）不得滥用评分,反馈或评论,禁止任何试图操纵评分、反馈或评论的行为。

（3）畅销排名功能有助于买家评估产品的受欢迎程度,禁止任何试图操纵销售排名的行为。不得征求或故意接受虚假或欺诈性订单,其中包括不得下单购买自己的产品。不得向买家提供补偿使其购买你的产品,或为了提升销售排名向买家提供优惠码。此外,不得在产品详情页(包括产品名称和描述)中宣传关于该产品的畅销排名信息。

（4）不得滥用搜索,破坏浏览体验。当买家使用亚马逊的搜索引擎时,他们希望找到相关且准确的结果。与产品相关的所有信息(包括关键字和搜索词)必须加以优化以便为买家搜索和浏览提供引导。禁止任何试图操纵搜索和浏览体验的行为。

（5）禁止任何试图规避已制定的亚马逊销售流程或将亚马逊用户转移到其他网站或销售流程的行为。禁止使用任何广告、营销信息(特价优惠)或"购买号召"引导、提示或鼓励亚马逊用户离开亚马逊网站。

（6）不得提供直接电子邮件地址。买家和卖家可以通过买家与卖家消息服务工具互相交流。禁止主动向亚马逊买家发送电子邮件（必要时可发送有关订单配送及相关客户服务的电子邮件），禁止进行任何类型的与营销相关的电子邮件通信。

（7）企业名称（可在亚马逊上识别你的企业实体）必须符合以下要求：可准确识别卖家的身份，不会引起误解，卖家有权使用该名称（即名称中不得包含他人的商标，也不得侵犯他人的任何商标或其他知识产权）。此外，不得使用包含电子邮件后缀（如.com、.net、.biz 等）的企业名称。

（8）如卖家反复上传大量数据，或以其他方式过度或不合理地使用该服务，则亚马逊可自行限制或阻止卖家访问产品上传数据或被滥用的任何其他功能，直到卖家停止这种滥用行为为止。

（9）禁止任何滥用亚马逊商城交易保障索赔流程的行为。收到亚马逊商城交易保障索赔的次数或总金额过多的卖家，有可能被终止销售权限。如果买家对产品或服务不满意，他们可以联系卖家，让其酌情安排退款、退货或更换。如果亚马逊根据亚马逊商城交易保障条款向买家做出了赔偿，亚马逊有权向卖家寻求补偿。

（10）对亚马逊提供的媒介类产品（图书、音乐、影视）进行销售的卖家必须在提供订单确认后的两个工作日内配送。

（11）不得交易后篡改价格和设置过高的运费，禁止任何试图在交易完成后提高产品销售价格的行为。此外，卖家不得设置过高的订单配送费用。

（12）不得创建重复的产品详情页面，禁止为已存在于亚马逊目录中的产品创建产品详情页面。

（13）不得创建单独的产品信息，卖家不得为完全相同的同一产品创建另一条产品信息。

（14）不得提供预售媒介类产品（图书、音乐、影视），卖家不得发布亚马逊指定为可预订的媒介类产品（图书、音乐、影视）或与该类产品相竞争。

2. 禁售产品

此外，亚马逊"全球开店"平台禁止卖家发布侵犯他人知识产权的产品，否则卖家的产品信息可能下架，或者销售权限被中止或取消。卖家有责任确保提供的产品合法，或自身已获得相关的销售或转售授权。禁售产品包括以下类别。

（1）假冒产品，卖家在亚马逊上出售的产品必须是正品。禁止非法复制、复印或制造的任何产品。

（2）亚马逊禁止发布侵犯他人商标的产品和产品信息。卖家必须先获取他人的适当许可才能使用其商标。商标是用于标识产品来源的字样、标志、颜色、声音或以上各项的任意组合。商标用于将自己的产品和服务与他人提供的产品和服务区分开来，同时用于表明产品或服务的来源。

（3）亚马逊禁止发布侵犯他人版权的内容。版权用于保护原创作品（如图书、音乐、艺术品或照片）。卖家必须先获取他人的适当许可才能使用其版权。

（4）作为卖家有责任确保您的产品未侵犯他人的专利权。专利是政府授予所有者

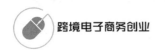

的一种产权,该权利禁止其他人在颁发专利的国家(地区)内制造、使用、引进或销售专利中声明的财产(创意)。

(5)所有在亚马逊上供售的产品必须是经商业化生产、授权或批准可作为零售产品出售的产品。卖家不得发布未授权及无证产品。

(6)禁止非法出售未经版权所有者许可而复制、配音、汇编或转换的媒介类产品(包括图书、电影、CD、电视节目、软件、视频游戏等)。这包括以下类别。

①未授权的图书副本。

②盗版唱片、未授权的现场音乐会录像、未授权的录音等。

③任何形式的未授权电影副本。

④未授权的照片副本。

⑤未经授权翻录或复制广播节目录音。

⑥任何形式的翻版软件或软件副本。

⑦未授权的电视节目录像、未发布的节目、未授权的剧本、未授权的道具及试看录像。

(二)物流规则

1. 概述

在亚马逊发展历程中,其打造的电商仓储物流服务也一直被人们津津乐道。从最初的贝佐斯的汽车房,到如今的机器人库房和直升机配送服务,亚马逊以高科技为基础打造的电商仓储物流模式,经过20多年的发展完善,已经形成了比较成熟的覆盖全球的物流运营网络生态系统。亚马逊在全球建立了109个运营中心,物流配送范围覆盖185个国家和地区。在我国,亚马逊拥有13个运营中心、3000多条运输干线,能为1400多个区县的消费者提供当日达或次日达服务。

强大的物流服务系统为亚马逊(中国)的"全球开店"项目提供了有力支持。卖家能够借助亚马逊覆盖全球的高性价比的智能物流系统,为客户提供优质高效的跨境物流配送服务。

就亚马逊而言,其自有的FBA(fulfillment by Amazon,亚马逊物流)由于帮助平台卖家减少了与消费者直接沟通和售后服务等方面的问题,成为很多卖家的首要物流选择。除了FBA仓,亚马逊"全球开店"平台上的卖家还可以选择海外仓服务等其他物流仓储方式。亚马逊卖家还要深入了解各种物流选择的优劣势,从而根据自身运营情况和具体需求选择最适合的物流模式。

2. 亚马逊FBA

(1)亚马逊FBA优势

FBA是亚马逊基于自身强大的智能物流生态网络系统,为跨境电子商务卖家提供仓储、拣货、打包、派送、收款、客服及退货处理等多方面的物流服务,以为客户提供更优质的物流体验。

对于亚马逊卖家来说,FBA具有以下优势。

①能够提高店铺的亚马逊listing(产品页面)排名,有利于卖家争取客户和成长为特色卖家,从而扩散店铺影响力,增强客户的认同感和信任度,推动店铺销量的增长。

②可以借助亚马逊丰富的物流服务经验,以及覆盖全球各地区市场的智能物流生态网络,为客户提供更好的跨境物流配送服务。

③FBA仓多靠近机场,具有很高的配送时效,可以让消费者获得7×24小时的亚马逊专业客户服务。

④亚马逊平台代替卖家为客户提供物流服务,避免了卖家由于物流原因遭到差评。

⑤对单价超过300美元的产品,亚马逊平台将免除卖家的FBA物流费用。

(2)亚马逊FBA的不足

①通常情况下,亚马逊FBA物流服务的费用都会比直接从境内发货偏高(对非亚马逊平台的FBA发货更是如此),当然也需要根据产品重量决定具体费用。

②灵活性较差,虽然所有的海外仓都有这方面的不足,但很多第三方海外仓都有专门的中文客服处理相关问题,而FBA只能使用英文与客户沟通,且在沟通的及时性和便捷性上也不如第三方海外仓客服。

③亚马逊FBA仓也不会为卖家的产品发货提供清关服务。

④前期工作不足导致的标签扫描问题会影响货物顺利入库,甚至无法进入FBA仓库,而退货地址又只支持FBA库的本国(地区)地址(如卖家是在亚马逊美国站点开店,那么FBA退货地址只支持美国地区)。

⑤客户不需要与FBA进行过多沟通就可以退货,这会给卖家带来诸多困扰。

3.海外仓

(1)概述

海外仓模式是指线上外贸交易平台、物流服务商等独立或合作为跨境电子商务卖家在目标市场地区提供产品的仓储、分拣、包装、派送等一站式的物流和管理服务,以提升卖家的跨境物流配送能力和水平。优化客户的海外仓服务模式,要求卖家首先将货品存储到目标消费市场地区的第三方仓库中,以便买家下单后能够以最快的速度进行货物的分拣、包装和配送。

(2)海外仓物流模式的主要优势

①降低卖家物流成本,即直接从目标市场本土地区发货,相当于境内物流,显然比从境内发货给客户的运送成本更低。

②提高产品配送时效,即卖家在把货物运往海外仓库时,就已经解决了与跨境物流相关的运输、报关、清关等各种问题,因此在接到客户订单后,可以直接从海外仓中随时发货,而不用再考虑产品的报关清关问题。

③海外仓服务的提供者拥有专业化的管理经验和工作人员,免去了卖家货物仓储管理方面的麻烦。

④高度智能化的ERM(enterprise resource management,企业资源管理)仓库管理平台使卖家可以在电脑前下达订单发货指令,从而更便捷地处理订单,并能够对订单进行自动化批量处理,实现订单与发货同步。

⑤提供更加细化清晰的库存管理和盘点服务,仓储平台系统能够自动显示产品的当前销量和库存剩余,从而使卖家明确了解每笔订单的物流成本。

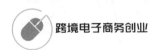

⑥简便高效的退货处理流程,即当客户出于各种原因申请退货时,货品将直接退回海外仓,避免了境内境外来回运送货品产生的各种额外损失。

（3）海外仓物流模式的主要劣势

海外仓相对FBA、第三方物流而言有以下一些劣势。

①卖家将货物存储到海外仓,等于将货物的控制和管理权让渡给了海外仓服务的提供者,这需要卖家准确评判海外仓服务的信用度,与服务提供商建立信任关系。对此,卖家可以先将少量货品发送到海外仓,以便了解海外仓流程、体验相关服务,然后再与服务提供商建立长久的合作关系。

②仓储费用成本方面,卖家要比较当前发货方式与使用海外仓服务的费用,选择更合适的物流模式。比如,若销售淡季店铺每月的订单量太少,就不适合使用海外仓模式。对此,卖家可根据店铺销量情况,在货品销售旺季时选择海外仓物流服务。

③货物销售性质的限制。海外仓物流模式需要先将一定量的货品存储到海外仓库中,进行提前备货。因此,若客户购买的是定制化产品,则无法使用海外仓服务。

4. 物流公司

亚马逊"全球开店"的卖家还可以通过跨境物流公司为客户提供物流服务,这也是那些没有自己公司和产品的卖家在开始时最常用的物流选择。在卖家接收订单后,跨境物流公司会帮助卖家将产品直接从境内配送到境外买家手中,因此,物流公司的服务质量对卖家的店铺运营十分重要。若卖家为了节省成本选择收费低的物流公司,很可能会大大拉长买家的收货等待时间,这显然不利于卖家在竞争日益激烈的跨境电子商务市场中站稳脚跟,客户也会因为糟糕的物流配送体验而选择其他卖家的产品;如果卖家选择配送时效很快的物流公司,则又需要承担很高的跨境物流成本。因此,一般只有刚刚涉足亚马逊"全球开店"业务的卖家,才会选择跨境物流公司的物流模式,多数卖家使用的都是亚马逊FBA或海外仓服务。

四、亚马逊"全球开店"选品策略

选品对亚马逊店铺的成功运营具有十分重要的作用。一个成功的选品能够帮助店铺打造爆款产品,实现店铺销售量和知名度的迅速提升。因此在亚马逊平台开店的卖家要充分重视选品在店铺运营中的价值,将其作为贯穿店铺运营全流程的重要事项。

（一）自身定位

面对电子商务领域日益激烈的市场竞争,卖家从自己比较熟悉和了解的行业切入,才更容易上手,并在市场中站稳脚跟。因此,卖家在选品时应该基于自身情况,选择那些比较了解且在质量和价格方面具有先天优势的产品进行销售,如此才能与消费者进行产品细节的交流沟通,并建立起自己店铺在某一品类产品方面的竞争优势。

供应链和资金链是跨境电子商务的两个重要链条。前者包含了选品、物流、仓储、售后、库存控制和客户服务等环节,后者主要涉及财务体系、成本控制、账期和收款方式等方面的内容。

其中,对于供应链源头的选品,很多卖家都是在前期市场调研的基础上去寻找B2B

平台或生产厂家。不过,通过这种方式进行选品,卖家对产品的质量、价格、优势等方面的控制力较弱,因此潜藏着较大的风险。比如,在亚马逊平台中,3C品类下的蓝牙产品很受消费者青睐。不过,一些卖家在销量不断增长、平台排名不断上升的情况下却陷入了运营困境。究其原因,就在于卖家不熟悉也不了解供应端的厂家和产品本身,无法对产品质量进行有效把关,因此受到越来越多的客户投诉甚至平台的警告。

由此,在亚马逊境外站点开店的卖家选品时要从自身情况出发,首先选择那些自己比较了解的产品品类和产品供应商,以便能对产品各方面进行有效把控,避免在价格和供应链上处于劣势;在市场中成功立足后,再进行新一轮的选品和售卖,以不断拓展市场。

(二)货源把控

亚马逊"全球开店"卖家要尽可能对接生产商,拿到上游一手货源,以便在产品销售价格方面建立优势。特别是在B2B平台上进行选货和询价的卖家,更要注意区别产品的生产商和各级代理商,尽量拿到上游货源。

(三)组合思维

卖家在选货时还应具有产品组合思维,在店铺中上架能够满足不同消费群体价格和品质诉求的差异化产品,以提高店铺交易的达成率。一般而言,比较成熟的店铺中的货品应包括爆款产品、主流产品和利润产品。

爆款产品是指与当下热点相结合、能有效激发客户购买欲望的主流产品,爆款产品的价格比较低廉,或者具有较高的性价比。对卖家来说,可以参考亚马逊网站发布的销售排行榜,借鉴排名靠前的热门产品来打造自己店铺的爆款产品。

主流产品是指卖家店铺中具有价格或性价比优势、对客户极具吸引力的产品。

利润产品在服装品类中较多,是指当前市场中没有一个基本定价的小众产品或即将流行的产品。

五、亚马逊"全球开店"运营实战

(一)产品的展示

不同跨境电子商务平台的规则往往有所不同,这主要表现在产品展示方法和排序规则上的差异。亚马逊卖家最重要的目标是获得平台首页中的产品展示位置,而这种机会对所有卖家都是均等的。只要设置了精准合适的关键词,产品图片符合规范,那么不论是销量千万的资深卖家还是刚刚开店的新人,都有机会将自己的产品展示在亚马逊首页中。

1. 关键词设置

对卖家来说,如何通过设置合适的搜索关键词来提升展示页中的排名,甚至抢占首页中的产品展示位置,就成为卖家需要首先考虑的重要问题。虽然亚马逊平台对店铺关键词的数量没有过多限制,但在实际操作中一个产品被搜索到的有效关键词只有10个左右。这就要求店铺在设置关键词时,要更加注重搜索关键词的精准度而非数量。

在亚马逊搜索栏中,当用户输入一个产品名称时,会显示出一个下拉长尾菜单,里面都是热门词汇,同时,在亚马逊平台类目中,大类目的名称也是搜索热词。因此,对卖

家来说,在设置适合亚马逊平台的关键词时,可以整合借鉴下拉长尾菜单和大类目热词。图 4-17 是亚马逊中国的首页展示,这种底层规则在亚马逊全球站点都是通用的。

图 4-17　亚马逊首页搜索示例

2.高质量的图片

精准合适的搜索关键词只是帮助卖家获取更多的用户流量,要想促成交易、实现流量变现,卖家还应设置好优质的产品展示图片,这对卖家提升销售业绩有重要影响。在设置产品图片时,需要注意以下三个原则。

(1)产品图片的最佳宽度、高度比例应是 3∶4。

(2)图片最好为白底,且产品占全图的比例不低于 85%。

(3)为了将产品细节尽可能地展示给客户,产品图片的数量最好超过 5 张,图片宽度在 1000 像素以上。

买家在产品搜索中找到卖家店铺中的产品,然后点击进入产品界面并完成交易,这就是一个正向的激励,有利于提升店铺的信用记录。简单地讲,就是当店铺流量转化成销量时,便会对后来用户产生一种正向的激励作用,从而促进更多用户的购买行为,实现销量增加。

(二)店铺的绩效

绩效指标是亚马逊为区分卖家优劣、更好地维护消费者权益、保证平台长久良性运行而针对第三方卖家设置的行为准则,有利于规范卖家的店铺运营和服务,让消费者获得更优质的跨境电子商务体验。

亚马逊平台现有的绩效指标中订单缺陷率、订单取消率和延迟装运率是亚马逊评判卖家账号的硬性指标,也常常是导致卖家账号被封的主要原因。

1. 订单缺陷率

(1)概述

亚马逊平台对订单缺陷率(order defect rate,ODR)十分重视,将其作为查封卖家店铺时的主要参考标准。若一家店铺的 ODR 超过了 1%,会被认为过高,将面临被封的危险;而那些已被查封的店铺,ODR 大多是超过了 1.19%。亚马逊卖家还要充分认识到买家索赔对 ODR 的巨大影响(即便是撤销索赔,也会对店铺造成一定影响);同时,即便是对 ODR 没有直接影响的退单拒付问题,卖家也要及时与支付机构协商解决。

在向亚马逊平台申述降低 ODR 的长期解决方案之前,卖家可以先从以下两点优化自身店铺的 ODR 状态:一是与消费者或亚马逊平台进行积极沟通交流,说服他们主动消除对店铺的负面反馈;二是与供应商沟通协调,让他们及时为客户配送替换产品,以有效规避买家索赔和对店铺的负面评论。

(2)申述方式

卖家在申述邮件中,可以从以下几点出发对如何解决订单缺陷率的问题进行阐述。

第一,根据客户的评论反馈,特别是负面反馈信息,有针对性地改善产品包装、严格质量把控、优化配送服务,甚至在有必要的情况下更换现有的产品供应商。

第二,设置专门的人员对产品状态、配送流程等进行监督、检查和把关,以降低订单缺陷率。

第三,借助相关应用软件,及时全面地关注和了解客户反馈信息,以更好地把握客户消费痛点,有针对性地进行完善优化。

第四,通过更安全的绩效追踪系统,在店铺 ODR 达到亚马逊平台限额之前获得及时预警。

2.处理订单取消率和延迟装运率问题

(1)概述

这里的订单取消率(cancellation rate)是指卖家主动取消订单;延迟装运率(late shipment rate/lost/no tracking information)是指卖家延迟发货,或者发货后没有通知买家并提供运单号。若店铺因订单取消率和延迟装运率方面的问题而被查封,则说明卖家在产品库存和物流配送服务方面存在不足。

(2)申述方式

在向亚马逊平台申述前,卖家可以先采取以下措施。

①订单方面,若不能按照正常标准完成,可以先更新订单的处理时间。

②延迟装运方面,可以通过最近记录查看合作的快递公司是否及时发出了货物。

③在订单取消率和延迟装运率问题的处理上,卖家可以在申述信中从以下几个方面阐述。

第一,通过多种途径提升店铺总销量,以此降低订单取消率和延迟装运率如果现有运营模式无法满足订单需求,则变革商业模式或者寻求更合适的供应商。

第二,若店铺在几天内都无法处理完订单,则可将网站状态改为假期模式。雇佣更多人手应对订单激增状况,以及时完成产品的包装、处理和发送。通过更多的响应式库存处理软件提高仓储库存的智能化水平和运作效率。

(三)订单的处理

亚马逊"全球开店"卖家还可以通过以下方式确保自己店铺的相关绩效指标在亚马逊平台的限定范围内。

1.订单的检查

当店铺中有一些固定的销售产品时,卖家应该经常查看"imperfect orders report"(不完美订单报告),以便及时了解哪种销售模式或产品经常遭到客户的不满乃

至被客户要求退货、退款。

2. 积极处理问题

及时关注买家的负面评价、要求退货的产品等各种负面信息,并通过对这些反馈信息的整合分析准确定位店铺运营或产品方面的问题;设置比亚马逊平台更严格的绩效指标,当未达到设定的指标要求时,及时进行内部预警,并针对相关问题不断改进优化,从而有效避免违反亚马逊平台的规定。

3. 完善的客服服务

通过多种方式降低店铺的退货率和客户服务不满意率,为消费者提供更优质的交易体验。

将退货政策清晰明确标示出来,以便消费者在交易前了解相关政策。在客户确认收货48小时内接受退货退款申请。

卖家不论何时拒绝客户的退货申请,最好向客户进行说明。有意识地总结以往的客户服务经验,不断探索更为有效的问题处理方案。

第四节　Wish 平台运营基础与实战策略

一、Wish 平台的发展历程及特点

美国移动 B2C 跨境电子商务平台 Wish 在近几年快速崛起。作为一家初创企业,Wish 凭借着对移动终端的专注,仅用两年多的时间交易额就突破了 1 亿美元大关。

诞生于硅谷的 Wish,在其创立之初就吸引了外界的关注(见图 4－18)。市场研究机构发布的数据显示,全球跨境电子商务的消费者主要来自于移动端,而 Wish 平台中的移动端用户占比高达 95％。如今,我们正处于 PC(personal computer,个人电脑)互联网向移动互联网转变的节点,但真正能够迎合这种发展趋势,摆脱 PC 互联网商业逻辑的限制,在移动终端发力的电子商务平台却少得可怜。

图 4－18　Wish 产品界面

虽然,阿里巴巴的速卖通、eBay、亚马逊等都在向用户推广其 APP 应用,但其开发的移动平台仍沿用 PC 互联网思维,仅在屏幕适配及人机交互方面进行了一定的调整,很难真正为消费者带来极致的购物体验。

对比它们移动端 APP 应用的首页我们可以发现:在速卖通平台中,各种促销活动令用户眼花缭乱;而 eBay 则将重点精力放在了提醒消费者注册及登录方面,在首页下方为消费者提供按照品类选购产品服务;在亚马逊首页中,则以系统推荐的形式着重强调自营产品及质量较高的产品。

这种首页布局,显示了它们仍在沿用 PC 互联网思维:速卖通更喜欢用促销优惠吸引消费者,而 eBay 则更倾向于大部分电子商务平台采用的按品类浏览,亚马逊则主要使用“关联推荐”。

2011 年 9 月 Wish 在美国硅谷正式诞生的 Wish,其两位创始人分别为来自中国的张晟(Dang Zhang)与来自欧洲的彼得·斯祖尔切夫斯基(Peter Szulczewski)。两人都毕业于加拿大滑铁卢大学(University of Waterloo)的电子计算机专业,而且二人是室友关系。

Wish 在建立之初主要是通过智能系统在网络中抓取优质内容并上传,根据智能算法向用户推送符合他们需求的产品图片。但创始人张晟及彼得·斯祖尔切夫斯基发现许多消费者对平台向他们推荐的产品存在着消费需求,于是 Wish 平台在 2013 年 3 月份上线了产品交易功能。也正是这一改变,使得 Wish 开始步入移动电子商务行列。

虽然 Wish 的创业团队没有 PC 互联网电商平台运营经验,但这也使得 Wish 可以不用受到 PC 互联网思维的束缚,投入自己的全部精力去专注移动市场。移动化、碎片化是移动互联网时代的两大主要特征,携带着智能手机的人们随时随地都能实现在线交易。在排队点餐、等公交等场景中的碎片化时间得到了充分的利用。如果移动电子商务平台能够在了解用户需求的基础上,为他们提供个性化及差异化的产品,则很容易促使他们在碎片化的时间里进行消费。

Wish 很少进行促销活动,弱化了按品类搜索功能,并更加注重于向消费者推荐个性化的产品。当消费者注册成为新用户后,系统平台会首先向他们推送一些大众产品,并在后续的用户管理过程中,搜集用户的相关数据,更好地掌握他们的消费需求,从而实现产品的定制化营销。对 Wish 用户而言,该平台与其他的移动 APP 平台最大的差异,在于每一个消费者在平台上看到的界面都是不同的,而且随着平台掌握的用户的数据越多,推荐的产品会更为精准,其向用户展示的页面也会更加符合用户的个性化需求。Wish 平台借助于移动互联网、大数据、云计算等新一代信息技术,与用户之间实现了精准对接,使用户忠诚度获得了极大提升。如图 4-19 所示。

图 4-19 Wish 移动端首页示例

当然作为一家初创公司,Wish 在物流配送及售后服务等环节上还有待提高,获得大量资金支持的 Wish 在今后会更加注重弥补这些不足,从而减少其对消费者的购物体验所产生的负面影响。从整体发展来看,Wish 将会在推荐购物算法领域精耕细作,从而在未来的市场竞争中保持绝对领先优势。

二、Wish 平台注册流程

Wish 平台注册流程

登录 http://china-merchant.wish.com 并点击"立即开店",进入创建界面。如图 4 - 20 所示。

图 4 - 20　Wish 账户注册界面

输入常用的邮箱开始注册流程,该邮箱也将成为未来登录账户的用户名。

输入店铺名称,请确认你的店铺名称不能含有"Wish"的字样,店铺名称一旦确定将无法更改。为确保账户安全,密码必须不少于 7 个字符,并且包含字母、数字和符号。

当完成以上所有步骤之后,请点击"创建店铺",完成所有项目的填写。如图 4 - 21 所示。

图 4 - 21　Wish 创建店铺界面

完成上述页面之后,点击跳转到"告诉我们您的更多信息"页面。如图 4-22 所示。

图 4-22 Wish 填写账号信息界面

输入店铺名称(英文)、姓氏和名字、办公地址、邮编等信息。

点击"下一页"继续注册流程,进入实名认证界面。目前 Wish 平台仅支持企业账户注册。如图 4-23 所示。

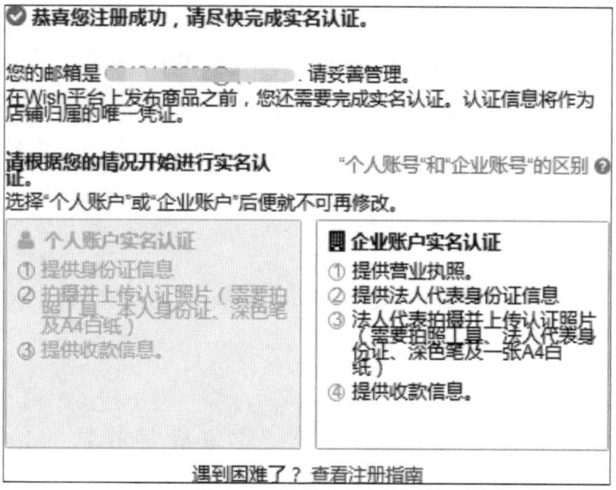

图 4-23 Wish 店铺实名认证界面

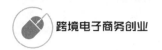

接下来按平台要求在企业账户实名认证的"公司信息"界面输入公司名称、统一社会信用代码并上传清晰的营业执照彩色照片。继续"下一页"输入法人代表身份证号，并按步骤完成法人身份验证。之后进入支付平台的选择界面进行选择，点击"确认"，这样就完成了 Wish 企业账户注册的整个流程。在确认所有信息无误并提交审核之后，等待 Wish 后台的审核，约 1～3 个工作日便会有审核结果。

三、Wish 平台卖家规则

（一）运营规则

1. 入驻规则

入驻 Wish 平台的卖家包括多种类型，比如，生产商、经销商、零售商、艺术家及手工艺者等。但卖家必须具备生产、批发、零售的其中一项或者多项能力，才能在 Wish 平台上销售产品。

Wish 平台
运营规则

Wish 现在只支持企业卖家入驻，企业卖家在 Wish 平台进行注册时需要具备以下条件。

（1）与企业认证相关的文件，主要包括法人身份证、品牌代理授权证明、营业执照等。

（2）有稳定的供货渠道，以及有能与物流服务商达成合作、负责网店运营的人才团队等。

（3）按照 Wish 平台的要求，为产品制定相应的营销方案、合理的价格等。

2. 禁售产品

原则上，Wish 平台中禁止销售服务类的产品，但这其中也有例外，比如，用户要求商家根据自己的需求为自己量身制作服装等。与大多数电子商务平台一样，Wish 平台中也不允许出售酒精、烟草、毒品、侵权产品、人体遗骸及身体部位（头发和牙齿不在此列）、活体动物、枪支弹药、色情产品、带有歧视色彩的产品等。

Wish 平台严禁在平台出售伪造产品，如果商户推出伪造产品进行出售，这些产品将被清除，并且其账户将面临罚款，可能账号还会被暂停。同样，侵犯知识产权或仿冒的产品也不允许在平台上交易，如果商户多次侵犯知识产权，卖家账户将面临被暂停或者终止的风险。

3. 订单履行

客户订单必须在 5 日内被履行，超期的订单被视为未履行，未履行率和退货率过高，可能导致店铺被封。

4. 平台放款

平台放款时间固定在每月的 1 号、15 号。卖家满足放款的条件是订单已确认收货，即物流信息上面显示妥投或者买家主动确认收货；90 天后无人确认收货，也无人退款，自动放款，这种情况一般是因为物流选择为平邮，因为平邮没有妥投信息；若只针对美国、澳大利亚的"Wish 邮"平邮，30 天后无人确认收货，也无人退款，平台也会自动放款。因此，卖家选择平邮时切记，这是平台所认可的物流渠道，但也必须要有境内段的物流信息。

确认收货发生的时间点(针对过去的每一单)为 1 号放款之后至 15 号放款之前,达到放款条件的订单,会在 15 号统一放款;每月 15 号放款之后至下个月 1 号放款之前,达到放款条件的订单,会在 1 号放款。

被罚款订单的放款时间为:仿牌被抓(不是所有卖家都是这种情况),1 年之后返还一半,2 年之后返还全部。

5. Wish 认证标志

诚信店铺,产品退款率低于 5%,产品有顶级客户评分,至少 4 分以上,可以获得 Wish 认证。获 Wish 认证后的卖家,客户在浏览其产品时能看到这一特殊标志,可给店铺带来更多的流量和转化,产品也能吸引客户。

6. 平台封号

Wish 平台根据卖家违规状况可以进行一定程度的处罚,以下几种情况可能导致卖家账户被封。

(1)注册期间提供的账户信息不准确。

(2)卖家不得引导用户离开 Wish,比如以任何形式留下卖家的联系方式;任何形式向客户要联系方式;任何形式的引导交易,比如,"我们还有更便宜的款""买的多礼品更多",这些都会被平台立马关店。

(3)偷换产品,比如图片为 1 号产品,实际卖的是 2 号产品。

(4)重复铺货,如关联店铺或同一个店铺,重复铺货率很高,都有可能被封店。

(5)数据超标较为严重,后台业绩下面的各项数据证明店铺不健康。

(6)不履行订单率过高。

(7)拒付率过高。

7. 客户服务

当消费者对订单提出异议或者要求更换产品规格、型号、颜色等,卖家必须在规定的时间内尽快与消费者协商解决,如果双方无法达成一致,或者卖家拒绝为消费者服务,平台将会按照规定介入。

(二)物流规则

1. 物流设置

Wish 商家管理后台中配送设置和配送国家(地区),有三个选择,可选"全球配送"(69 个国家和地区),"流量高",以及"仅配送至美国"或者"配送至选定国家(地区)"。

2. 物流选择向导

为持续改善 Wish 用户的购买体验,Wish 对符合确认妥投政策并且配送至美国、法国、德国或英国四国的订单的更新为认可的物流服务商列表。据悉,自 2017 年 8 月 17 日起,受确认妥投政策影响的订单需要从新的被认可物流服务商列表中选择物流服务商发货。

为帮助商户选择优质物流服务商平台设置的物流服务商分级方案,可将 Wish 认可的物流服务商分为以下 4 个等级。

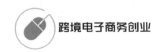

等级一（Wish Express）：仅满足 Wish Express 妥投要求的 Wish Express 订单可享受利好政策。

等级二：具有高妥投率及低物流退款率的可靠物流服务商。

等级三：具有较高物流退款率及低妥投率的物流服务商。

等级四：物流表现差的物流服务商，如具有极高物流退款率及极低妥投率的物流服务商。

3. Wish 邮

Wish 邮是中国邮政和 Wish 共同推出的一款 Wish 商户专属物流产品。Wish 商户可以在 http://wishpost.wish.com 网站（Wish 邮专属网站）上自行注册申请。客户将订单传送至"Wish 邮"网站后，即可生成"Wish 邮"运单号。每个"Wish 邮"都有唯一跟踪号，商户可以在"Wish 邮"网站上查询跟踪包裹信息。"Wish 邮"网站支持中文和英文两种语言查询信息。目前已经和"Wish 邮"进行 API（application programming interface，应用程序编程接口）数据对接的系统有：马帮、普源、通途、ECPP、芒果店长和店小秘等。

禁限寄递物品包括中国国家法律法规禁止或限制流通、寄递或出口的物品，不符合国际航空运输协会（International Air Transport Association，IATA），组织规定的运输物品、危险品，目的地国家或地区禁止或限制入境的物品，具体请参考中国航空及快递禁限运规则。

"Wish 邮"中邮平邮小包（上海仓、深圳仓、广州仓、北京仓）目的国为美国、澳大利亚、瑞士、瑞典和挪威。"Wish 邮"欧洲经济小包目的国为英国。

"Wish 邮"在北京、上海、苏州、义乌、金华、浦江、深圳、广州、东莞可以提供上门揽收服务。起揽标准为 1 件起揽。无法提供揽收服务的地区，商户可以通过第三方物流将"Wish 邮"货物运送至"Wish 邮"运营中心。

四、Wish 平台选品策略

Wish 平台的用户以移动端用户为主，他们购物的时间主要是坐公交、等电梯等碎片化时间，因此卖家在确定产品品类时，应该选择那些不需要经过大量的数据对比就能购买的产品，比如服饰、母婴、化妆品、3C 电子产品等。价格尽量不要设置得过高，通常保持在 30 美元以下。

1. 熟知政策倾向

作为平台的卖家熟知 Wish 平台政策走向，随时调整选品策略，也是非常重要的。当前，Wish 一共有 5 个 APP，分别是 Wish、Geek、Cute、Mama、Home，其中，Geek、Cute、Mama、Home 是 Wish 的 4 个垂直品类 APP。Wish 方面对这 4 个垂直品类的 APP 也给予了大力扶持。对于这 4 个垂直品类，Wish 给予的流量是双渠道的。比如，你的产品是属于家居的，Wish 后台会把你的产品推送到 Wish APP，同时也会推送到 Home APP 上，所以，Wish 的垂直品类 APP 也可以作为选品的一个方向。

2. 确定消费人群

Wish 选品,首先要考虑你的目标消费人群有怎样的特点。Wish 是这些年来跨境电子商务的一匹黑马,从 2013 年正式加入外贸交易系统,到现在仅仅经历了 5 年的时间。当前,Wish 上的用户男女比例是 3∶7,消费额中男女消费占比是 6∶4。Wish 上主要的消费人群年龄在 10～35 岁之间,也就是说 Wish 覆盖了大部分的主流消费人群,所以在选品时,要针对这部分人群的消费特点。当然,现在 Wish 上购物的消费者,年龄范围在不断扩大,针对中老年消费人群的选品,在将来也不失为一个方向。

3. 新奇好玩产品

卖家选品可以往一些好玩的方向去思考。Wish 海外仓从 2016 年开始启用,之前的大部分的产品订单都是通过境内邮寄出去的。在美国或欧洲的用户,他们收到包裹可能会要花上十几天、二十几天甚至三十几天。这么长的时间,消费者为什么还要去买,那一定是因为他们在本国(地区)没有办法买到这么好的、性价比高的产品,或者他们所购买的产品是他们国家(地区)没有的。所以说,新奇、好玩也可以作为我们选品的一个方向。

4. 接收买家反馈

卖家要从一开始就把产品做丰富。Wish 上全新的产品会获得新的流量,且境内消费者和境外消费者的眼光是不同的。所以需要卖家通过上传产品,去发现境外买家喜欢哪些东西,然后根据这些品类去思考如何选品。当然我们不是丰富产品就一定要上传更多产品。丰富产品的品种是为了优胜劣汰。淘汰产品也是为了把店铺的其他产品变成精品。

五、Wish 平台运营实战

(一)产品的上传

使用 Wish 的用户主要集中在移动端,所以卖家上传产品时,产品上传方式与 PC 端存在着明显的差异。在移动端,产品展示方式主要根据平台掌握的用户数据向消费者推送相关信息,并且在后续发展过程中不断搜集相应数据来对推送的信息进行调整,以此来实现对用户的定制化营销。

Wish 平台
产品管理

所以,卖家在上传产品时,需要在产品的图片、价格、标题、关键词等方面进行一定的调整,举例如下。

(1)Wish 平台中对标题搜索功能进行了弱化,所以,如果卖家寄希望于大量设置关键词的方式来获取用户关注,必定会遭受较为严重的损失,所以卖家在设置标题时,要尽量使其短小精悍,并与产品保持较高的关联性。

(2)由于 Wish 以移动端用户为主,而移动端产品在展示功能上远不及 PC 电脑,所以卖家尽量不要采用过多的图片,一般每个品类的产品使用 4～8 张图片即可。此外,图片必须要保持较高的清晰度,像素一般在 800 像素×800 像素以上。

(3)合理设置产品价格,价格过高或过低都不是明智的选择。

（4）Wish平台中的关键词被称为Tags,而关键词是影响产品销量的重要因素,卖家要予以足够的重视,Wish平台中卖家最多能设置10个关键词,顺序靠前的关键词更容易被消费者发现,所以重要的内容要尽量在前置位的关键词中展示出来。为了吸引消费者的注意,可以加入当下的热门词汇、流行语等。

（5）Wish平台的卖家需要每天更新自己的网店（上架新产品、更改价格、更换图片等,而且Wish平台支持对多款产品的批量操作）,当一周内没有更新时,店铺有可能被Wish平台关停。

Wish平台
客户服务

（二）数据的收集

随着自身规模的发展壮大,电子商务平台会对采用的产品曝光算法进行不断优化改善,Wish平台自然也不例外。Wish平台在运营过程中,除了不断收集用户数据外,也会整合入驻商家的数据,这些数据会对卖家产品曝光率产生直接影响。

1. 在线时长

和线下的店铺一样,如果卖家长时间不在线,消费者必然无法获得良好的购物体验。当Wish检测到卖家账号在线时长过低时,系统会将其店铺划分为不活跃店铺,在向消费者推送产品时,这些店铺曝光量会明显低于那些活跃店铺。

2. 违规率

违规情况包括多个方面,比如,仿品比例、客户投诉率、是否违规出售产品等。由于Wish的用户群体的年龄主要集中在15～35岁,成人用品、化学品、电子烟等产品属于禁售产品,当卖家违反规定时,会遭受平台的惩罚,违规率越高,曝光量越低,当触及底线时将会被直接封停账号。

3. 发货率

Wish平台监测卖家的延迟发货率的方式主要包括查询订单是否及时发货、订单物流信息是否及时更新等。卖家需要注意的是,Wish监测时将按照其系统平台的数据为准,第三方机构提供的数据不在其参考范围之列,所以即使商家已经在线下发货,物流公司也能查询到相关信息,但未在卖家后台及时更新时,也会被Wish平台按照延迟发货处理。

4. 取消率

取消率是指卖家由于缺货、价格调整等方面的因素而取消订单的情况,如果卖家取消率过高,Wish平台将会封停店铺。所以,当出现需要取消订单的情况时,卖家应尽量先与消费者取得联系,并向他们说明情况,请求消费者取消订单。

5. 有效跟踪率

当出现物流时效体验较差、订单物流状态更新不及时之类的情况时,Wish平台会予以记录,而且在出现由于配送时间超出规定期限,而导致消费者提出退款申请时,即便是最终消费者签收订单,卖家也无法获得消费者支付的货款。事实上,同许多电子商务平台一样,Wish向卖家转移货款时通常会以是否妥投为标准。如果卖家的有效跟踪率水平较低,其在Wish平台中的曝光量将会大幅度降低。

6. 签收率

签收率反映了卖家订单的妥投情况,如果卖家能保证绝大多数订单都能在规定时间内被签收,Wish 平台会给予卖家店铺较高的曝光量。

7. 订单缺陷率

在一定考核期内的订单缺陷率与卖家收到的中评、差评、投诉及用户纠纷等问题直接相关,得到三星及以上评价的订单才符合 Wish 要求的标准。

平台规定,如果卖家的产品质量被平台认定为高质量产品,并且在审核期内未出现退货情况,Wish 将会向卖家返还该产品订单总额的 1‰ 作为激励。而且产品质量得到 Wish 平台认可时,产品曝光率也会获得大幅度提升。

8. 退款率(拒付率)

当产品出现由于品质、物流时效、参数不匹配等方面的问题,而导致买方申请退款或者拒付时,Wish 平台也会予以记录,当累积到一定的次数时,卖家有可能会遭受店铺封停的惩罚。

9. 退货率

与退款率一样,当出现因产品问题而导致消费者申请退货的情况时,Wish 平台也会进行记录。

10. 反馈及时率

当卖家收到消费者提出的反馈信息时,必须在最短的时间内进行处理。

11. 推送转化率

Wish 平台会对每一个不存在同质化竞争问题的新上架的产品,进行为期 3～7 天的推送,当转化率达不到标准要求时,Wish 将会中止推送该产品。这就要求卖家在上传自己的新品时,要对其进行认真的处理,将与其相关的标题、关键词、图片等信息准备完善后,再上传到 Wish 平台中,从而有效避免推送资源浪费。

12. 店铺等级

店铺等级与成交量及用户评价存在直接的关联,Wish 平台中的店铺等级采用积分制,为了获取更高的曝光量,卖家需要尽可能地提高自己的分数。

13. 企业化运营

企业化运营的卖家会得到 Wish 平台更多资源的支持,所以有条件的卖家可以选择以公司的名义注册。

14. 产品特色

Wish 会为那些具有一定特色而且符合市场潮流的产品提供更多的曝光量。

✎ **本章小结**

速卖通、eBay、亚马逊、Wish 作为全球跨境电子商务四大平台,每个平台的注册条件、流程及平台规则都不一样,也都有各自的特点。卖家需要根据经营品种特点及目标客户选择合适的平台,熟悉运营平台在物流、支付等各方面的规则。本章详细阐述了四大跨境电子商务平台的特点并加以比较,介绍了注册流程及平台规则,并在此基础上分

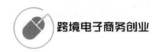

析了各个平台的实战策略,包括选品、产品发布、关键词草拟等。

? 思考与实训 ....

    1.了解全球四大跨境电子商务平台的注册流程及规则,说一说它们的区别?

    2.调研速卖通平台产品标题描述和详情描述,并总结规律。

    3.运用速卖通后台数据纵横功能对女士连衣裙进行选品分析,形成分析报告。

    4.对速卖通平台鞋类产品热销属性进行数据透视表分析,并形成分析结果。

第五章

跨境电子商务物流与运费模板设计

　　"全球买,全球卖",天猫"双11"进入境外市场后,200多个国家和地区参与了"双11"活动。面对全球市场的蓝海,跨境电子商务的迅猛发展吸引了越来越多人的关注,在新常态下,以"一带一路"为指导思想,跨境电子商务有望成为新的经济增长点。跨境电子商务频频抢镜,跨境电子商务物流也同样需要加快步伐跟上跨境电子商务发展的速度。作为一个新兴的行业,跨境物流一直是跨境电子商务发展的难题。跨境电子商务物流市场巨大但尚处于粗放时代,存在着价格贵、速度慢、后期追踪难、便利性差等难题,关税、清关等政策性问题也是跨境电子商务物流需要共同面对的问题,尤其是物流供应链的解决方案,即如何选择和产品、目标市场相匹配的时效快、物流价格便宜、通关能力强的跨境物流方式是跨境电子商务物流中主要的问题。鉴于此,本章将从不同方面比较各种跨境物流方式的优缺点,以及在现有情况下选择匹配度最高的"物廉美价"的跨境物流方式,并能够在跨境电子商务平台(以速卖通为例)设置与产品特点、目标市场顾客购物习惯结合度最高的物流模板,从而为跨境电子商务创业者带来更多的订单。

◎ **学习目标**

　　通过本章学习,学生应掌握跨境电子商务主要物流方式的基本知识,能根据产品特点、运往国家(地区)和目标顾客对物流的要求,选择合适的物流方式;会计算各种跨境物流方式的运费;能按照要求设定速卖通平台的运费模板,并能够掌握运费模板设置的原理并运用到其他跨境电子商务平台运费模板设置上。

💡 **重点难点**

　　主要跨境物流方式的比较、跨境物流方式的选择和速卖通平台运费模板的设置,能根据包裹的情况和各物流方式的特点,选择合适的物流方式,并计算运费。

✓ **关键术语**

　　跨境电子商务物流、运费模板、海外仓、中国邮政小包、国际商业快递、e邮宝、专线物流、标准运费。

第一节　跨境物流的主要方式

　　目前跨境电子商务的国际物流方式主要有邮政物流、国际商业快递、专线物流和海外仓模式。这四种方式在速度、运价、清关能力、丢件等方面都有区别,卖家可以通过选择不同物流方式满足不同消费者对物流方式的要求。

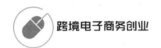

各种跨境物流方式禁限寄物品都有所差别,具体以各物流方式官方网站公布的为准。国际航空条款规定的不能邮寄或限制邮寄的货物有粉末、液体、易燃易爆物品等危险品,此外,烟酒、现金及有价证券、侵权产品等均不适宜寄递。具体包括以下几类:①国家法律法规禁止流通或者寄递的物品;②具有爆炸性、易燃性、腐蚀性、放射性和毒性的危险物品;③反动或者淫秽报刊、书籍,以及其他宣传品;④各种货币;⑤妨害公共卫生的物品;⑥容易腐烂的物品;⑦活的动物(包装能确保寄递和工作人员安全的蜜蜂、蚕、水蛭除外);⑧包装不妥,可能危害人身安全、污染或损毁其他邮件设备的物品;⑨其他不适合邮递的物品。因此卖家在选品和发货时均要注意排查。

一、邮政物流

邮政物流包括了各国(地区)邮政局的邮政航空大包、小包,以及中国邮政速递物流分公司的 EMS、ePacket 等业务。

(一)中国邮政物流

1. EMS 邮政快递

跨境电商创业
邮政物流介绍

EMS(express mail service)是中国邮政全球特快专递服务,是中国邮政速递物流与各国(地区)邮政合作开办的寄递特快专递邮件的一项服务。由于是跟其他国家(地区)的邮政机构合办的,所以 EMS 在各国(地区)邮政、海关、航空等部门均享有优先处理权,这是 EMS 区别于很多商业快递的最根本的地方。EMS 具体的资费、时效及产品要求如表5-1所示,更详细的信息可参考 EMS 官方网站(http://www.ems.cn)。

表 5-1 EMS 具体的资费、时效及产品要求

体积和重量限制	单件产品一般不超过 30 千克,以 0.5 千克作为计费单位,不计抛重,无附加费
EMS 的资费标准	不同区域,折扣不同,卖家可与邮政或货代公司协商
EMS 的参考时效	投递时间通常为 3～15 个工作日,不包括清关的时间,由于各个国家(地区)的邮政、海关处理的时间长短不一,有些国家(地区)的包裹投递时间可能会长一些,卡哈拉邮政成员的承诺妥投时间以 EMS 官方网站公布的为准
EMS 跟踪查询	可直接登录 EMS 官方网站(http://www.ems.com.cn/)查询

(1)EMS 的优点

EMS 邮政的投递网络强大,覆盖面广,价格较合理,不用提供商业发票就可以清关,具有优先通关的权利,不算抛重,以实重计费;而且,货物遭到拒收、退货,无须支付退运运费;寄往南美国家及俄罗斯有绝对优势;EMS 适用于小件和对时效要求不高的货物。

(2)EMS 的缺点

但是使用 EMS 也存在着几个比较明显的缺点:EMS 只能一票一件,小于 2 千克,

大于 10 千克的货物,运费价格偏高;EMS 货运速度慢于国际四大快递公司;查询网站信息滞后,一旦出现问题,只能做书面查询,查询的时间较长。

2. ePacket

(1)概述

ePacket,又称"国际 E 邮宝",俗称"e 邮宝",又称"EUB",是中国邮政速递物流旗下的一款全新经济型国际邮递产品,是主要针对轻小物品的空邮。但是 e 邮宝运往国家(地区)有限,目前可以发往美国、澳大利亚、英国、加拿大、法国、俄罗斯、以色列、沙特阿拉伯和乌克兰等国。e 邮宝具体资费、时效、产品要求如表 5 - 2 所示。

表 5 - 2　ePacket 具体资费、时效、产品要求

e 邮宝的资费标准	参见 EMS 官方网站(http://www.ems.com.cn)
e 邮宝的参考时限	中国邮政对 e 邮宝业务是没有承诺时限的
e 邮宝的跟踪查询	可登录 EMS 官方网站(http://www.ems.com.cn)查询或拨打客服热线 11183 查询
e 邮宝的体积和重量限制	限重 2 千克 **最大尺寸:** 长方体邮件:长＋宽＋高≤90 厘米,最长一边≤60 厘米 圆卷邮件:直径×2＋长度≤104 厘米,长度≤90 厘米 **最小尺寸:** 长方体邮件:单件邮件长度≥14 厘米,宽度≥11 厘米 圆卷邮件:直径×2＋长度≥17 厘米,长度≥11 厘米

e 邮宝对不同国家(地区)跟踪情况有所差别。美国、澳大利亚和加拿大 e 邮宝业务提供全程时限跟踪查询,但不提供收件人签收证明;英国 e 邮宝业务提供收寄、出口封发和进口接收信息,不提供投递确认信息。要注意的是,e 邮宝业务不受理查单业务,不提供邮件丢失、延误赔偿。因此,e 邮宝并不适合寄送一些价值比较高的产品。

e 邮宝适合向美国寄送 2 千克以内的货物,时效快,基本上 3～15 天都能到,而且费用便宜。但是个别国家的包裹处理费比较贵,只适合 2 千克以内的产品,不受理查单业务,不提供邮件丢失、延误赔偿。

(2)邮费计算

e 邮宝运费＝单位运价×重量×折扣率＋挂号费。

(3)e 邮宝的运价

e 邮宝的运价如表 5 - 3 所示。

表 5 - 3　e 邮宝的运价

运往国家	美国	澳大利亚	英国	加拿大	法国	俄罗斯
运价(元/千克)	80	80	70	70	70	100
挂号(元/单)	7	30	25	25	26	10

【例 5 - 1】　某跨境电子商务卖家需要发运一包货物到美国,包裹的重量为 1.3 千

克,体积为 40 厘米×30 厘米×50 厘米,选择 e 邮宝发货,没有获得折扣率(全折),请问该货物使用 e 邮宝到美国的运费是多少?

答:该包裹 e 邮宝运费＝单位运价×重量×折扣率＋挂号费

＝80 元/千克 ×1.3 千克×1＋7 元

＝111 元

3. 中国邮政航空大、小包介绍

(1) 中国邮政大包

中国邮政物流:中邮大包和小包

中国邮政航空大包,即 China Post Air Parcel,俗称"航空大包"或"中邮大包"。中国邮政大包除了航空大包外,还包括水陆运输的大包,本书所提及的"中邮大包"仅指航空大包。中邮大包可寄达全球 200 多个国家和地区,价格低廉,清关能力强,对时效性要求不高而稍重的货物,可选择使用此方式发货。中邮大包具体资费、时效、产品要求如表 5-4 所示。

表 5-4   中邮大包具体资费、时效、产品要求

中邮大包资费标准	http://www.chinapost.com.cn 或者 http://seller.aliexpress.com/so/freignt/php
中邮大包参考时限	http://zf.chinapost.com.cn/或者 http://seller.aliexpress.com/so/freight/php
中邮大包跟踪查询	http://intmai1.183.com.cn/或者 http://www.chinapost.com.cn
中邮大包体积和重量限制	体积和重量的限制根据运输物品的重量及目的国家(地区)而有所不同

①中邮大包的优点

中邮大包拥有中国邮政的大部分优点,主要包括:第一,成本低,尤其是该方式以首重 1 千克,续重 1 千克的计费方式结算,价格比 EMS 低,且和 EMS 一样不计算体积重量,没有偏远地区附加费,较商业快递有绝对的价格优势;第二,通达国(地区)多,中邮大包可通达全球大部分国家和地区,且清关能力非常强;第三,运单操作简单,中邮大包的运单简单,操作方便。

②中邮大包的缺点

第一,部分国家限重 10 千克,最重也只能 30 千克;第二,妥投速度慢;第三,查询信息更新慢。

③中邮大包运费计算

中邮大包以首重 1 千克、续重 1 千克的计费方式结算。

【例 5-2】 某跨境电子商务企业有个包裹要运给加拿大买家,该包裹的重量是 2.6 千克,体积为 40 厘米×25 厘米×10 厘米。

中邮大包资费标准

请问:(1)该包裹是否能选择中邮小包发送?(2)如选择中邮大包,则该包裹的运费应该是多少?假定从货代处取得大包运费折扣率为 9 折(具体折扣率可以跟邮政或货代公司协商。)

答:(1)不能选择中邮小包,因为重量＝2.6 千克≥2 千克的中邮小包重量限制。

(2) 中邮大包的运价按首重 1 千克、续重 1 千克的计费方式结算,续重不满 1 千克按 1 千克计算。中邮大包到加拿大的运价为首重 137.7 元(可扫描"中邮大包资费标准"二维码查询),续重 72 元/千克,挂号费 8 元/单,则

该中邮航空大包的运费＝(首重运价＋续重运价×续重重量)×折扣率＋挂号费
＝(137.7 元＋72 元/千克×2 千克)×0.9＋8 元
＝261.53 元

(2) 中国邮政航空小包

中国邮政航空小包,即 China post air mail,俗称"中邮小包""空邮小包""航空小包"及其他以收寄地邮政局命名的小包(如"北京小包"),是指重量在 2 千克以内(阿富汗为 1 千克以内),外包装长、宽、高之和小于 90 厘米,且最长边小于 60 厘米,通过邮政空邮服务寄往境外的小邮包。中邮小包可以分为中国邮政平常小包(China post ordinary small packet plus)和挂号小包(China post registered air mail)两种。主要区别在于,利用挂号小包提供的物流跟踪条码能实时跟踪邮包在大部分目的国家(地区)的实时状态,平邮小包只能通过面单条码以电话查询的方式查询到邮包在境内的状态。

① 中邮小包的资费、时效及产品要求

中邮小包的资费、时效及产品要求如表 5－5 所示。

表 5－5 中邮小包的资费、时效及产品要求

中邮小包体积和重量限制	**限重 2 千克** **最大尺寸:** 长方体邮件:长＋宽＋高≤90 厘米,最长一边≤60 厘米 圆卷邮件:直径×2＋长度≤104 厘米,长度≤90 厘米 **最小尺寸:** 长方体邮件:单件邮件长度≥14 厘米,宽度≥11 厘米 圆卷邮件:直径×2＋长度≥17 厘米,长度≥11 厘米 1 千克,而非 2 千克
中邮小包的资费标准	请参照网址 http//www.chinapost.com.cn/
中邮小包的参考时效	由于中国邮政并未对中邮小包寄递时限进行承诺,因此卖家可通过查询网络统计资料对寄递时效进行了解,比如 17track 网站上的统计信息(http//www.17track.net/cn/report-post.shtml)
中邮跟踪查询	平邮小包不受理查询 挂号小包大部分国家(地区)可全程跟踪,部分国家(地区)只能查询到签收信息,部分国家(地区)不提供信息跟踪服务 查询网址为中国邮政官方网站:http//www.chinapost.com.cn;中国邮政的协议客户可向收寄邮局申请大客户号,通过邮政内网进行查询,网址为 http://211.156.194.150/pydkh

② 中邮小包运费计算

中邮挂号小包运费＝重量×中邮小包单价价格×折扣率＋挂号费;
中邮平常小包＝重量×中邮小包单价价格×折扣率;

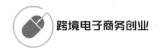

注意中邮小包的最低收费为 50 克（即首重为 50 克），如果寄送的包裹重量小于 50 克，则按照 50 克计算。

中邮小包
资费标准

【例 5－3】 某速卖通卖家要发送一件产品到日本，采用中邮挂号小包的方式寄送，货代给予 8 折优惠，包裹的重量尺码为：0.6 千克，30 厘米×20 厘米×10 厘米。（1）请判断该包裹能否采用中邮小包寄送？（2）如符合，卖家需支付多少运费？

答：（1）该包裹重量＝0.6 千克≤2 千克，符合中邮小包的重量要求；

该包裹的尺码＝30 厘米×20 厘米× 10 厘米，长＋宽＋高＝60 厘米≤90 厘米，最长边＝30 厘米≤60 厘米，符合中邮小包体积要求；

因此，该包裹可以用中邮小包寄送。

（2）根据中邮小包资费标准（可扫描"中邮小包资费标准"二维码查询），查到日本的运价为 62 元/千克，因此该包裹的运费为

运费＝重量×中邮小包单价价格×折扣率＋挂号费

＝0.6 千克× 62 元/千克×0.8＋8 元＝37.76（元）

③中邮小包的优点

和其他邮政运输方式相比较，中邮小包具有如下几个明显的优点。

第一，运费比较便宜，这是最大的优点。中邮小包把寄往国家分为 11 个区，前面几区的运价相对于其他物流方式收费要便宜很多。部分国家（地区）运达时间并不长，因此这属于性价比较高的物流方式。

第二，邮政的包裹在海关操作方面比快递简单很多，享用"绿色通道"，因此小包的清关能力很强，而且中国邮政是"万国邮政联盟"的成员，因此其派送网络世界各地都有，覆盖面非常广。

第三，中邮小包本质上属于"民用包裹"，并不属于商业快递，因此该方式能邮寄的物品比较多。

④中邮小包的缺点

但是中邮小包也存在着一些固有的缺点。

第一，限制重量 2 千克，阿富汗甚至限重 1 千克，这就导致部分卖家如果包裹超出 2 千克，就要分成多个包裹寄递，甚至只能选择其他物流方式。

第二，运送的时间总体比较长，像俄罗斯、巴西这些国家超过 40 天才显示买家签收都是正常现象。

第三，还有许多国家（地区）是不支持包裹全程跟踪的，而且中国邮政官方的 183 网站也只能跟踪境内部分，境外部分不能实现全程跟踪，因此卖家需要借助其他网站或登录寄送国（地区）的查询网站上进行跟踪，查询上显得不方便。

④中邮小包通关的注意事项

第一，由于中邮小包只是一种民用包裹，并不属于商业快递，海关对个人邮递物品的验放原则是"自用合理数量"，自用合理数量原则即是以亲友之间相互馈赠自用的正常需要量为限，因此，并不适于寄递数量太大的产品。

第二,限值规定。海关规定,对寄自或寄往港澳地区的个人物品,每次允许进出境的限值为人民币 800 元,对寄自或寄往其他国家(地区)的个人物品,每次允许进出口的限值为人民币 1000 元;对超出限值部分,属于单一不可分割且确属个人正常需要的,可从宽验放。

总体来说,中邮小包属于性价比较高的物流方式,适合寄递物品重量较轻、量大、价格要求实惠而且对于时限和查询便捷度要求不高的产品。

(二)其他国家或地区的航空邮政小包介绍

1. 概述

航空邮政小包是使用较多的一种国际物流方式,依托万国邮政联盟网点覆盖全球,其对于重量、体积、禁限寄物品要求等方面的特点均存在很多的共同点,然而不同国家和地区的邮政所提供的邮政小包服务却或多或少存在着一些区别,主要体现在不同区域会有不同的价格和时效标准,对于承运物品的限制也不同。

因此,我们需要与多个物流渠道的货运代理公司建立联系,以确保能尽快了解到各类渠道的最新信息,从而根据最新的信息多个渠道组合使用。假如中国香港小包这个月爆仓了,可以马上就换新加坡小包,新加坡小包爆仓了,可以再换菲律宾小包;又如某个月新加坡小包可能停收带电池物品了,可以马上改为马来西亚小包通道,马来西亚小包也停收了,可以马上换瑞典小包、荷兰小包通道,甚至可以换东北亚的小包通道。

2. 航空邮政小包的特点

为了让各卖家能灵活地综合使用各种小包渠道,下面对常用的航空邮政小包的特点做一个简要的介绍。

①中国香港小包:时效中等,价格适中,处理速度快,上网速度快。

②新加坡小包:价格适中,服务质量高于一般航空邮政小包水平,并且是目前常见的手机、平板等含锂电池产品的运输渠道。

③瑞士邮政小包:欧洲线路的时效较快,但价格较高。在欧洲通关能力强,且在欧洲申根国家免报关。

④瑞典小包:欧洲线路的时效较快,俄罗斯通关及投递速度较快,且价格较低。它是俄罗斯首选的物流方式,而且在某些时段安检对带电池的产品管制还没那么严格,可用于寄递带电池的产品。

还有很多不同地区的航空邮政小包,但目前被速卖通卖家广泛使用的并不多,这里就不一一介绍了。

二、国际商业快递

速卖通平台常用的商业快递方式包括 TNT、UPS、FedEx、DHL、Toll、SF Express 等。不同的国际快递公司具有不同的渠道,在价格上、服务上、时效上都有所区别,下面我们重点介绍几种常用的国际快递方式。

(一)TNT 介绍

TNT 集团总部设于荷兰,是全球领先的快递服务供应商,为企业和个人客户提供全

方位的快递服务。TNT快递在欧洲、南美、亚太和中东地区拥有航空和公路运输网络。

1. TNT的资费标准

TNT快递的运费包括基本运费和燃油附加费两部分,其中燃油附加费每个月变动,以TNT网站(http//www.tnt.com)公布的数据为准。

2. TNT的参考时效

一般货物在发货次日即可实现网上追踪,全程时效在3～5天,TNT经济型时效在5～7天。

3. TNT的跟踪查询

可进入以下网址进行查询:http://www.tnt.com/express/zh_hk/site/home.html。

4. TNT的体积重量限制

TNT快递对包裹的重量和体积限制为:单件包裹不能超过70千克,三条边分别不能超过240厘米×150厘米×120厘米,体积重量超过实际重量需按照体积重计费,体积重量(千克)算法为:长(厘米)×宽(厘米)×高(厘米)÷5000。若货物体积重量大于实际重量,则按照体积重量计算。

5. TNT操作的注意事项

(1)TNT快递运费不包含货物到达目的地海关可能产生的关税、海关罚款、仓储费等费用,因货物原因无法完成目的地海关清关手续或收件人不配合清关,导致货物被退回发件地(此时无法销毁),所产生的一切费用,如收件人拒付等,则需由卖家承担。

(2)若因货物原因导致包裹被滞留,不能转运,其退回费用或相关责任由发件人自负。

(3)卖家若授权货代公司代为申报,如因申报原因发生扣关或延误,货代公司大多不承担责任。

(4)如TNT包裹需要申请索赔,需在包裹信息可在TNT网站查询起的21天内提出申请,逾期TNT不受理。

(5)一票多件计算方式为:计算包裹的实重之和与体积重之和,取其中较大者。

(6)TNT不接受仿牌货物,若仿牌货物被扣关TNT不负责。

6. TNT的优缺点

(1)TNT的优点

①速度快,通关能力强,提供报关代理服务。

②可免费、及时、准确地追踪查询货物。

③在欧洲、西亚、中东及政治、军事不稳定的国家有绝对优势。

④在2～4个工作日内通至全球,特别是到欧洲大概为3个工作日,可送达国家(地区)比较多。

⑤网络比较全,查询网站信息更新快,遇到问题响应及时。

⑥纺织品类大货到西欧、澳大利亚、新西兰有优势。

⑦可以通达沙特,但需提供正版发票。

(2)TNT的缺点

①要算体积重,对所运货物限制也比较多。

②价格相对较高。

（二）UPS 介绍

1.概述

UPS 全称是 United Parcel Service,即联合包裹服务公司,于 1907 年作为一家信使公司成立于美国华盛顿州西雅图市,全球总部位于美国佐治亚州亚特兰大市。作为世界上最大的快递承运商与包裹递送公司,它也是运输、物流、资本与电子商务服务的提供者。

大部分 UPS 的货代公司均可提供 UPS 旗下主要的四种快递服务。

（1）UPS Worldwide Express Plus——全球特快加急,资费最高。

（2）UPS Worldwide Express——全球特快,资费较高。

（3）UPS Worldwide Saver——全球快递,也就是所谓的红单,资费居中。

（4）UPS Worldwide Expedited——全球快捷,也就是所谓的蓝单,是最慢的,资费最低。

在 UPS 的运单上,前三种方式都是用红色标记的,最后一种是用蓝色标记的,但是通常所说的红单是指 UPS Worldwide Saver。速卖通平台支持的 UPS 发货方式包含 UPS Express Saver 和 UPS Express Expedited。

2.UPS 的资费标准

UPS 的资费标准以 UPS 网站（http：//www.ups.com/content/cn/zh/index.jsx）公布的信息或者以 UPS 的服务热线信息为准。

一票多件货物的总计费重量依据运单内每个包裹的实际重量和体积重量中较大者计算,并且不足 0.5 千克按照 0.5 千克计算,超出 0.5 千克不足 1 千克的计 1 千克。每票包裹的计费重量为每件包裹的计费重量之和。

3.UPS 的参考时效

① UPS 国际快递派送时间一般为 2~4 个工作日。

②派送时间为从包裹可在 UPS 网站查询起到收件人收到此快件为止。

③如遇到海关查车等不可抗拒的因素,派送时效就要以海关放行时间为准。

4. UPS 的跟踪查询

UPS 国际快递跟踪查询,可在网站 http：//www.ups.com 进行查询。

5.UPS 的体积重量限制

UPS 国际快递小型包裹服务一般不递送超过重量和尺寸标准的包裹。若 UPS 国际快速接收该类货件,将对每个包裹收取超重超长附加费 378 元人民币。重量和尺寸标准如下。

（1）每个包裹最大重量为 70 千克。

（2）每个包裹最大长度为 270 厘米。

（3）每个包裹最大尺寸为：长度＋周长＝330 厘米,周长＝2×（高度＋宽度）。

注：每个包裹最多收取一次超重超长费。

6. UPS 的优缺点

（1）UPS 的优点

①速度快，服务好。

②强项在美洲等线路，特别是美国、加拿大、英国、日本及南美，适于发快件。

③一般 2～4 个工作日可送达。发往美国的话，差不多 48 个小时能送达。

④货物可送达全球 200 多个国家和地区，可以在线发货，在全国 109 个城市有上门取货服务。

⑤查询网站信息更新快，遇到问题解决及时。

（2）UPS 的缺点

①运费较贵，要计算产品包装后的体积重，适合发 6～21 千克，或者 100 千克以上的货物。

②对托运物品的限制比较严格。

③中国香港 UPS 停发澳大利亚件，但中国内地 UPS 可以发。

④中国香港 UPS 大货不宜使用香港地址发货物（发票也不宜使用香港地址和公司），如果目的地清关则必须使用香港地址。

（三）FedEx 介绍

1. 概述

FedEx 全称是 Federal Express，即联邦快递，分为中国联邦快递优先型服务（International Priority/IP）和中国联邦快递经济型服务（International Economy/IE）。FedEx 成立于 1973 年 4 月，公司亚太区总部设在中国香港，同时在中国上海、日本东京和新加坡均设有区域性总部。

FedEx IP（中国联邦快递优先型服务）和 FedEx IE（中国联邦快递经济型服务）主要区别如下。

（1）FedEx IP

①时效快，递送的时效为 2～5 个工作日。

②清关能力强。

③为全球超过 200 多个国家和地区提供快捷、可靠的快递服务。

（2）FedEx IE

①价格更加优惠，相对于 FedEx IP 的价格更有优势。

②时效比较快，递送的时效一般为 4～6 个工作日，时效比 FedEx IP 通常慢 1～3 个工作日。

③清关能力强，FedEx IE 和 FedEx IP 为同样的团队进行清关处理。

④为全球超过 90 多个国家和地区提供快捷、可靠的快递服务，FedEx IE 同 FedEx IP 享受同样的派送网络，只有很少部分国家和地区的运输路线不同。

2. FedEx 的资费标准

联邦快递的资费标准最终以其官方网站公布的为准，网址为 http://www.fedex.com/cn/rates/index.html。

联邦快速的体积重量(千克)计算公式为：长(厘米)×宽(厘米)×高(厘米)÷5000,如果货物体积重量大于实际重量,则按体积重量计费。

3. FedEx 的参考时效

(1) FedEx IP 派送正常时效为 2～5 个工作日(此时效为快件上网至收件人收到此快件),需根据目的地海关通关速度决定。

(2) FedEx IE 派送正常时效为 4～6 个工作日(此时效为快件上网至收件人收到此快件),需根据目的地海关通关速度决定。

4. FedEx 的跟踪查询

可进入 FedEx 网站查询：http://www.fedex.com/cn/。

5. FedEx 的体积重量限制

联邦快递单件最长边不能超过 274 厘米,最长边加其他两边的长度的两倍不能超过330 厘米;一票多件(其中每件都不超过 68 千克),单票的总重量不能超过 300 千克,超过300 千克请提前预约;单件或者一票多件中单件包裹有超过 68 千克的,需要提前预约。

6. FedEx 的优缺点

(1)FedEx 的优点

①适宜走 21 千克以上的大件,到南美洲的价格较有竞争力。

②一般 2～4 个工作日可送达。

③网站信息更新快,网络覆盖全,查询响应快。

(2)FedEx 的缺点

①价格较贵,需要考虑产品体积重。

②对托运物品限制也比较严格。

（四）DHL 介绍

DHL 即敦豪国际航空货运公司,它是全球快递行业的市场领导者,可寄达 220 个国家或地区,有涵盖超过 120000 个目的地(主要邮递区码地区)的网络,向企业及私人买家提供专递及速递服务。

1. DHL 的资费标准

DHL 的资费标准详见网站：http://www.logistics.dhl/cn-zh/home.html? local＝true。DHL 体积重量(千克)计算公式为：长(厘米)×宽(厘米)×高(厘米)÷5000,货物的实际重量和体积重量相比,二者中取较大者计费。

2. DHL 的参考时效

(1) 上网时效

参考时效从客户交货之后第二天开始计算,1～2 个工作日后网站上会有查询信息。

(2) 妥投时效

参考妥投时效为 3～7 个工作日(不包括清关时间,特殊情况除外)。

3. DHL 的跟踪查询

(1)DHL 可全程跟踪信息,并可以查到签收时间和签收人。

（2）DHL 跟踪网站：http：//www.logistics.dhl/cn-zh/home/tracking.html。

4. DHL 的体积和重量限制

DHL 对寄往大部分国家或地区的包裹要求为：单件包裹的重量不超 70 千克,单件包裹的最长边不超过 120 厘米。但是部分国家或地区的要求不同,具体以 DHL 官方网站公布的为准。

5. DHL 的操作注意事项

（1）物品描述

申报品名时需要填写实际品名和数量。不接受礼物或样品申报。

（2）申报价值

DHL 对申报价值是没有要求的,客户可以自己决定填写的金额,建议按货物的实际申报价值申报,以免产生高额关税及罚金。

（3）收件人地址

DHL 有部分国家或地区不接受 PO BOX（postoffice box,邮政信箱）地址,必须要提供收件人电话,填写的以上资料应用英文填写,其他的语种不行。

6. DHL 的优缺点总结

（1）DHL 的主要优点

①去西欧、北美有优势,适宜走小件,可送达国家或地区网点比较多。

②一般 2～4 个工作日可送达,去欧洲一般 3 个工作日,到东南亚一般 2 个工作日。

③查询网站货物状态更新也比较及时,遇到问题解决速度快。

（2）DHL 的主要缺点

①走小货价格较贵不划算,DHL 适合发 5.5 千克以上,或者介于 21 千克到 100 千克之间的货物。

②对托运物品的限制比较严格,拒收许多特殊产品,部分国家或地区不提供 DHL 包裹寄递服务。

（五）Toll Global Express 介绍

Toll Global Express 环球快递（又名拓领快递）是 Toll Group 旗下的一个快递业务,Toll Global Express 到澳大利亚,以及泰国、越南等亚洲地区的价格较有优势。

1. Toll Global Express 的资费标准

Toll Global Express 的运费包括基本运费和燃油附加费两部分,其中燃油附加费每个月变动,以 Toll Global Express 网站 http：//www.tollgroup.com 公布的数据为准。

2. Toll Global Express 的参考时效

Toll Global Express 的参考时效如表 5-6 所示。

表 5-6　Toll Global Express 的参考时效

国家/地区	东南亚/澳大利亚	美国/加拿大/欧洲	南美/中东
参考时效	3～5 个工作日	6～10 个工作日	8～15 个工作日

3. 跟踪查询

Toll Global Express 的跟踪查询网址：http://www.tollgroup.com。

4. Toll Global Express 的体积重量限制

Toll Global Express 首重、续重均为 0.5 千克，对包裹的重量限制为 15 千克，体积重量超过实际重量需按照体积重量计费，体积重量（千克）的算法为：长（厘米）×宽（厘米）×高（厘米）÷5000。

单件货物任何一边长度超过 120 厘米时，需另外加收每票 200 元人民币的操作费。

5. Toll Global Express 操作注意事项

（1）Toll Global Express 运费不包含货物到达目的地海关可能产生的关税、海关罚款、仓储费、清关费等费用，因货物原因无法完成目的地海关清关手续，收件人不配合清关，导致货物被退回发件地（此时无法销毁）的，所产生的一切费用如收件人拒付，则需由发件人承担。

（2）若因货物原因导致包裹被滞留在香港，不能继续转运的，其退回费用或相关责任由发件人自负。

（3）如货物因地址不详等原因在当地派送不成功，需更改地址派送，Toll Global Express 会收取每票 50 元的操作费。

（4）如因货物信息申报不实、谎报等原因导致无法清关，或者海关罚款等，一切费用由发件人承担，Toll Global Express 会另外收取每票 75 元的清关操作费。

（5）Toll Global Express 在当地会有两次派送服务，如两次派送均不成功，发件人要求第三次派送时会被收取 75 元的派送费。

（6）货物不能用金属或者木箱包装，不能用严重不规范的包装，否则 Toll Global Express 会收取 200 元的操作费。

（7）Toll Global Express 快递到澳大利亚、缅甸、马来西亚、尼泊尔可能收取偏远地区附加费，具体地区及收费标准因不同国家而不同，最终以官方网站公布的数据为准。

①澳大利亚：首重 90 元/0.5 千克＋燃油费，每单位续重 32 元＋燃油费。

②缅甸：8 元/千克＋燃油费。

③马来西亚：12 元/0.5 千克＋燃油费。

④尼泊尔：6 元/千克＋燃油费。

（六）SF Express 介绍

SF Express（顺丰速运），1993 年诞生于广东顺德。顺丰专注于服务质量的提升，在境内建立了庞大的信息采集、市场开发、物流配送、快件收派等业务机构及服务网络。近年来，顺丰积极拓展国际件服务，目前已开通美国、日本、韩国、新加坡、马来西亚、泰国、越南、澳大利亚等国家的快递服务。

1. SF Express 的资费标准

截至 2015 年 6 月，SF Express 是免收燃油附加费和正式报关费的，但其官方也表示，日后可能会征收，偏远地区附加费及其他特殊处理费也需额外征收。最终要以其官方网站公布的信息为准。

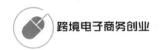

SF Express 对于 20 千克以下的快件,以 0.5 千克为计算单位,不足 0.5 千克者,小数位部分会进位到下一个 0.5 千克。20 千克以上的快件,以 1 千克为计算单位,不足 1 千克者,小数位部分会进位到下一个 1 千克。

2. SF Express 的跟踪查询

SF Express 的跟踪查询网址为 http：//www.sf-express.com。

3. SF Express 的体积重量限制

截至 2015 年 6 月,SF Express 并未对重量进行限制,300 千克以上的货物也可被接受,但对体积进行了限制,具体为 200 厘米×80 厘米×70 厘米。

对于体积大、重量轻的货物,SF Express 是参考国际航空运输协会的规定,根据体积重量和实际重量中较大的一种收费。体积重量(千克)算法为：体积重量＝长(厘米)×宽(厘米)×高(厘米)÷6000。

4. SF Express 的优缺点总结

SF Express 的优点主要体现为境内服务网点分布广,收派队伍人员服务意识强,服务队伍庞大,价格有一定的竞争力。而缺点主要表现在开通的国家(地区)线路少,卖家可选的国家(地区)少,而且顺丰的业务种类繁多,导致顺丰的揽收人员对于国际快递的专业知识略显逊色。

三、专线物流

专线物流是指针对某个特定国家(地区)的一种专线递送物流方式,这种方式由于是针对某一个指定国家或地区的投递,因此货物送达的时间基本固定,运达速度快,比如到欧洲国家尤其是英法德仅需 5～6 个工作日,同时物流资费较传统的国际快递便宜很多,清关能力比普通邮资包裹强,因此,若有到目的国或地区的专线物流,可以首选专线物流。

速卖通平台与各国邮政及当地商业快递合作搭建了面向不同国家或地区的专线,这些专线与传统物流渠道不同,是通过速卖通平台线上发货来使用的。主要有燕文专线、中俄航空专线、中东专线、速优宝芬兰邮政小包和中俄快递—SPSR 等。下面对几种常用的专线做一下简要的介绍。

（一）Special Line-YW 介绍

1. 概述

Special Line-YW 即航空专线——燕文,俗称燕文专线,是北京燕文物流公司旗下的一项国际物流业务。线上燕文专线目前已开通南美专线和俄罗斯专线。

燕文南美专线小包：通过调整航班资源一程直飞欧洲,再根据欧洲到南美航班货量少的特点,快速中转,避免旺季爆仓,大大缩短妥投时间。

燕文俄罗斯专线小包：与俄罗斯合作伙伴实现系统内部互联,一单到底,境内快速预分拣,快速通关,快速分拨派送,正常情况下俄罗斯全境派送时间不超过 2 天,人口 50 万以上城市派送时间低于 17 天。

2. 燕文专线的资费标准

燕文专线的资费标准请参考网址 http：//www.yw56.com.cn。

计算方法为:19 千克起重,每个单件包裹限重在 2 千克以内。

3. 燕文专线的参考时效

(1)正常情况下 16～35 天到达目的地。

(2)特殊情况下 35～60 天到达目的地。特殊情况包括节假日、特殊天气、政策调整、偏远地区等。

4. 燕文专线的跟踪查询

燕文专线的查询网址为 http://www.yw56.com.cn。

5. 燕文专线包裹的体积重量限制

燕文专线包裹的体积重量限制如表 5－7 所示。

表 5－7　燕文专线包裹体积重量限制

包表形状	重量限制	最大体积限制	最小体积限制
方形包裹	≤2 千克	长＋宽＋高≤90 厘米 最长一边长度≤60 厘米	至少有一面的长度≥14 厘米 宽度≥9 厘米
圆柱形包裹		直径×2＋长度≤90 厘米 最大长度≤60 厘米	直径×2＋长度≥17 厘米 单边长度≥10 厘米

6. 燕文专线的操作注意事项

包装材料及尺寸选择应按照所寄物品的性质、大小、轻重选择适当的包装袋或纸箱。邮寄物品外面需套符合尺寸的包装袋或纸箱,包装袋或纸箱上不能有文字、图片、广告等信息。

由于寄递路程较远,冬天寒冷,需选用适当的结实抗寒的包装材料妥为包装,以防止以下情况发生:①封皮破裂,内件露出,封口胶开裂,内件丢失;②伤害处理人员;③污染或损坏其他包裹或分拣设备;④因寄递途中碰撞、摩擦、震荡或压力、气候影响而发生损坏。

(二)Russian Air 介绍

1. 概述

Russian Air 即中俄航空专线,是通过境内快速集货、航空干线直飞、在俄罗斯通过俄罗斯邮政或当地落地配进行快速配送的物流专线的合称。截至 2015 年 6 月,中俄航空专线下面有 Ruston 专线,后续会上线更多中俄航空专线。

Ruston,俗称俄速通,是由黑龙江俄速通国际物流有限公司提供的中俄航空小包专线服务,是针对跨境电子商务客户物流需求而开发的小包航空专线,渠道时效快速稳定,提供全程物流跟踪服务。

2. Ruston 的资费标准、体积重量限制

Ruston 的资费标准为 85 元/千克＋8 元挂号费,体积重量限制参照中邮小包的资费标准。

3. Ruston 的参考时效

(1)正常情况下 15～25 天到达俄罗斯境内目的地。

(2)特殊情况下 30 天内到达俄罗斯境内目的地。

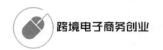
4. Ruston 的跟踪查询

用户可通过速卖通在线发货后台查询物流轨迹。

5. Ruston 的优点

（1）经济实惠

Ruston 以克为单位精确计费，无起重费，为卖家将运费降到最低。

（2）可邮寄范围广泛

Ruston 是联合俄罗斯邮局推出的服务产品，境外递送环节全权由俄罗斯邮政承接，因此递送范围覆盖俄罗斯全境。

（3）运送时效快

Ruston 开通了哈尔滨—叶卡捷琳堡中俄航空专线货运包机，大大提高了配送效率，使中俄跨境电子物流平均用时从过去的两个月左右缩短到 13 天，80％以上包裹 25 天内可到达。

（4）全程可追踪

48 小时内货物便会进入网上查询系统，货物全程可进行可视化追踪。

（三）Aramex 介绍

1. 概述

Aramex 快递，即中外运安迈世，在境内也称为"中东专线"，是发往中东地区的国际快递重要的物流方式。Aramex 创建于 1982 年，其强大的联盟网络覆盖全球，总部位于中东，是中东地区的国际快递巨头。它具有在中东地区清关速度快、时效高、覆盖面广、经济实惠的特点。但是 Aramex 快递主要优势地区在中东，在别的国家和地区则不存在这些优势，所以它的区域性很强，对货物的限制也较严格。

2. Aramex 的资费标准

Aramex 的标准运费包括基本运费和燃油附加费两部分，其中燃油附加费每个月变动，以 Aramex 网站公布数据为准。

Aramex 的价格计算方式为：（首重价格＋续重价格×续重数量）×燃油附加费×折扣，超过 15 千克按续重单价 1 千克计费，然后外加燃油附加费，再乘以折扣。

Aramex 的体积重量（千克）的算法为长（厘米）×宽（厘米）×高（厘米）÷5000。Aramex 国际件在实际重量和体积重量之间取较大值收取费用。

3. Aramex 的参考时效

Aramex 快件信息一般会在收件后两天内进入网上查询系统，派送时效在中东地区为 3～8 个工作日。

4. Aramex 的跟踪查询网址

Aramex 跟踪查询的网址为：http://www.aramex.com。

5. Aramex 的操作注意事项

（1）运单上必须用英文填写详细的收件人名字、地址、电话、邮编、国家，以及货品信息、申报价值、件数和重量等资料。

（2）必须在运单包填写详细的货物详情、名称、件数、重量及申报价值。单票货物申报不得超过 50000 美元,寄件人信息统一打印。

(3) Aramex 收件地址不能是 PO BOX 邮箱地址。

6. Aramex 的优势

(1) 运费价格优势:寄往中东、北非、南亚等国家和地区具有显著的价格优势,是 DHL 的 60% 左右。

(2) 时效优势:时效有保障,包裹寄出后大部分 3~5 天就可以投递,大大缩短了世界各国(地区)间的商业距离。

(3) 无偏远费用:寄达全球各国或地区都无须附加偏远费用。

(4) 包裹可在 Aramex 官方网站跟踪查询,状态信息实时更新,寄件人每时每刻都跟踪得到包裹最新动态。

(四) 速优宝芬兰邮政小包介绍

1. 概述

速优宝芬兰邮政小包是由速卖通和芬兰邮政(Post Finland)针对 2 千克以下小件物品推出的中国香港口岸出口特快物流服务,分为挂号小包和经济型小包,运送范围为俄罗斯及白俄罗斯全境邮局可到达区域。速优宝芬兰邮政小包具有在俄罗斯和白俄罗斯清关速度快、时效高、经济实惠的特点。

2. 速优宝芬兰邮政小包的资费标准

速优宝芬兰邮政挂号小包的资费计算项目与中邮挂号小包一致,包括配送服务费和挂号服务费两部分。速优宝芬兰邮政小包经济型小包则只有配送服务费,没有挂号服务费。

速优宝芬兰邮政小包挂号小包的价格计算方式为:运费=配送服务费×邮包实际重量+挂号服务费。

速优宝芬兰邮政小包经济小包的价格计算方式为:运费=配送服务费×邮包实际重量。速优宝芬兰邮政小包起重为 1 克,运费会根据每月初的最新汇率进行调整。

3. 速优宝芬兰邮政小包的参考时效

对于速优宝芬兰邮政小包挂号小包,物流商承诺包裹入库后 35 天内必达(遇不可抗力除外),因物流商原因在承诺时间内未妥投而引起的速卖通平台限时达纠纷赔款,由物流商承担。对于速优宝芬兰邮政小包经济小包,物流商承诺包裹入库后 35 天内离开芬兰(遇不可抗力除外),因物流商原因在承诺时间内没有离开芬兰而引起的速卖通平台限时达纠纷赔款,由物流商承担。

4. 速优宝芬兰邮政小包的跟踪查询

挂号小包到俄罗斯邮政后,可在俄罗斯邮政官方网站(http//www.russianpost.ru)查询相关物流信息。

5. 速优宝芬兰邮政小包的寄送限制

(1) 速优宝芬兰邮政小包的体积重量

速优宝芬兰邮政小包体积重量限制如表 5-8 所示。

表 5-8　速优宝芬兰邮政小包包裹的体积重量限制

包裹形状	重量限制	最大体积限制	最小体积限制
方形包裹	<2 千克	长＋宽＋高≤90 厘米 单边长度≤60 厘米	至少有一面的长度≥14 厘米 宽度≥9 厘米
圆柱形包裹		直径×2＋长度≤104 厘米 单边长度≤90 厘米	直径×2＋长度≥17 厘米 单边长度≥10 厘米

（2）电池寄送限制

不能寄送手机、平板电脑等带电池的物品，或纯电池（含纽扣电池）。

6．速优宝芬兰邮政小包的优势

（1）运费价格优势

寄往俄罗斯和白俄罗斯价格较其他专线具有显著的优势。

（2）时效优势

时效有保障，包裹寄出后大部分在 35 天内可以投递，挂号小包因物流商原因在承诺时间内未妥投而引起的速卖通平台限时达纠纷赔款，由物流商承担，以降低卖家风险。经济型小包跟传统的平邮小包相比，直到包裹离开芬兰前均有物流轨迹，离开芬兰前包裹丢失、破损及时效延误而引起延期的速卖通平台限时达纠纷赔款，由物流商承担，以降低卖家风险。

（五）中俄快递—SPSR 介绍

1．概述

线上发货的"中俄快递—SPSR"服务商 SPSR Express 是俄罗斯最优秀的商业物流公司，也是俄罗斯跨境电子商务行业的领军企业。中俄快递—SPSR 面向速卖通卖家提供经北京、香港、上海等地出境的多条快递线路，运送范围为俄罗斯全境。

2．中俄快递—SPSR 的资费标准

中俄快递—SPSR 的资费计算项目与中邮挂号小包一致，包括配送服务费和挂号服务费两部分。运费根据包裹重量按每 100 克计费，不满 100 克按 100 克计，每个单件包裹限重在 15 千克以内，包裹尺寸限制在 60 厘米×60 厘米×60 厘米以内。

3．中俄快递—SPSR 的参考时效

中俄快递—SPSR 物流商承诺，包裹入库后最短 14 天，最长 32 天内必达（遇不可抗力除外）。因物流商原因在承诺时间内未妥投而引起的速卖通平台限时达纠纷赔款，由物流商承担。

4．中俄快递—SPSR 的跟踪查询

挂号包裹到俄罗斯邮政后，可在 SPSR 官网（http：//www.spsr.ru/en/service/monitoring）查询相关物流信息。

5．中俄快递—SPSR 的寄送限制

（1）单件包裹重量不超过 15 千克，体积在 60 厘米×60 厘米×60 厘米以内（单边长度不大于 60 厘米）。

（2）电池寄送限制。不能寄送手机、平板电脑等带电池的物品或纯电池（含纽扣电池）。任何可重复使用的充电电池，如锂电池、内置电池、笔记本长电池、蓄电池、高容量电池等，都无法通过机场货运安检。但是插电产品，如摄像头、烘甲机、卷发器等可以发，合金金属等也在可以发的范畴（不含管制刀具等违禁品）。

四、海外仓

1. 概述

对于跨境电子商务卖家而言，海外物流耗时长、费用高，出口卖家若想拓宽利润空间，物流是不得不突破的环节。而随着出口电商快速生长，出口货物增加，直邮的弊端逐渐显露，海外仓的出现解决了直邮的弊端。海外仓模式是当前跨境电子商务国际物流发展的新趋势，是指在除本国（地区）外的其他国家（地区）建立的海外仓库，货物从本国（地区）出口通过海运、货运、空运的形式储存到海外仓所在国（地区）的仓库，买家通过网上下单购买所需物品，卖家只需在网上操作，对海外的仓库下达指令即可完成订单履行。货物从买家所在国（地区）发出，大大缩短了从本国（地区）发货所需要的时间。同时，结合海外仓当地的物流特点，可以确保货物安全、准确、及时、低成本地到达终端买家手中，完善用户体验，提升重复购买率，让销售额突破瓶颈，更上一个台阶。

速卖通海外仓产品运费模板设置

2. 运营步骤

跨境电子商务卖家通过海运、空运或者商业快递等方式将产品集中运往海外仓中心进行存储，并通过物流承运商的库存管理系统下达操作指令。具体操作步骤如下。

（1）卖家自己将产品运至海外仓储中心，或者委托承运商将货发至承运商海外的仓库。这段国际货运可采取海运、空运或者快递方式送达仓库。

（2）卖家在线远程管理海外仓。卖家使用物流商的物流信息系统，远程操作海外仓的货物，并且保持实时更新。

（3）根据卖家指令进行货物操作。根据物流商海外仓中心自动化操作设备，严格按照卖家指令对货物进行存储、分拣、包装、配送等操作。

（4）系统信息实时更新。发货完成后系统会及时更新以显示库存状况，让卖家实时掌握库存情况。

3. 海外仓成本费用

海外仓的成本费用计算公式为：海外仓费用＝头程费用＋仓储及处理费＋本地配送费用。

（1）头程费用

货物从中国到海外仓库产生的运费。

（2）仓储及处理费

客户将货物存储在海外仓和处理当地配送时产生的费用。

（3）本地配送费用

这是指在海外当地仓库对客户产品进行配送产生的当地快递费用。

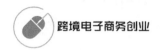

4. 海外仓的优缺点

（1）海外仓的优点

①降低物流成本

从海外仓发货,特别是在当地发货,物流成本远远低于从中国境内发货,例如在中国发DHL到美国,1千克货物要124元人民币,在美国发货只需5.05美元(约合35元人民币)。

②加快物流时效

从海外仓发货,可以节省报关清关所用的时间。按照卖家平时的发货方式发货,如DHL需5～7天,Fedex需7～10天,UPS需10天以上;若是在当地海外仓发货,客户可以在1～3天收到货,大大地缩短了运输时间,加快了物流的时效性。

③提高产品曝光率

如果平台或者店铺,在海外有自己的仓库,那么当地的客户在选择购物时,一般会优先选择当地发货,因为这样对买家而言可以大大缩短收货的时间,也能够让卖家拥有自己特有的优势,从而提高产品的曝光率,提升店铺的销量。

④提升客户满意度

如果货物有破损、短装、发错货物等情况,这时客户可能会要求退货、换货或重发,这些情况在海外仓内便可调整,大大节省了物流的时效性,在一定层面上不仅能够重新得到买家的青睐,也能为卖家节省运输成本,减少损失。

⑤有利于开拓市场

因为海外仓更能得到境外买家的认可,如果卖家同时注意口碑营销,自己的产品在当地不仅能够获得买家的认可,也有利于卖家积累更多的资源去拓展市场,扩大产品销售领域与销售范围。

（2）海外仓的缺点

使用海外仓必须支付海外仓储费。海外仓的仓储成本费用,不同的国家(地区)费用也不同,卖家在选择海外仓的时候一定要计算好成本的费用,与自己目前发货方式所需要的成本,两者对比后进行选择。建议卖家可以在旺季的时候选择使用海外仓服务。因为海外仓要求卖家要有一定的库存量,所以对一些买家特别定制的这类产品,就不适合选择海外仓销售。

五、其他物流方式介绍

使用其他物流方式的多为两种情况。第一种情况是卖家使用物流方式不能在运费模板内进行选择并设置,因此卖家需要手动增加该物流方式;第二种情况是部分物流公司是使用转单号的,该单号在卖家发货后即在物流公司网站自动生成,或由物流公司相关人员提供,卖家可以在物流公司的网站跟踪到包裹信息。

这里要注意的是,从提升买家的购物体验方面考虑,平台建议卖家选择正规的、风险可控的物流渠道,对于卖家自行选择的专线物流,需要确保该物流有资质及能力提供相应物流服务并在提供服务过程中保障买家的体验,否则卖家将承担相应的风险。

第二节　跨境电子商务不同物流方式的比较及选择

对于跨境电子商务卖家来说,如何从买方的角度,选择一种在运价、时效、清关等方面都比较好的物流方式至关重要。我们应该了解各种不同物流方式的特点,并做出比较,从而选择最优的物流方式。

跨境电子商务
物流方式比较
及选择标准

一、跨境电子商务主要物流方式的比较

跨境电子商务物流方式主要分为中国邮政大、小包,中国邮政物流,国际商业快递,专线物流,海外仓等方式,各种方跨境电子商务物流方式(海外仓不作比较)比较及选择标准在不同方面有不同的优势和劣势,具体如表5-9所示。

表 5 - 9　跨境电子商务主要物流方式比较

种类	名称	俗称	重量限制	体积限制	时效性	特点	备注
邮政大包	中国邮政大包	航空大包,中邮大包	≤30千克(部分国家10千克)	单边长度≤100厘米	15~60天具体视官网规定	便宜,时效慢,清关能力强,操作方便	不计体重、偏远附加费,比较适合对时效要求不高而比较重的货物,不接受带电产品
邮政小包	中国邮政航空小包	中邮小包			15~60天	便宜,时效慢,丢包率相对较高	运费较经济,不接受带电产品
	新加坡邮政航空小包	新加坡小包	≤2千克	长+宽+高≤90厘米,单边长度≤60厘米	8~40天	较贵,速度稍快,适合带电小包	价格较贵,较适合新加坡周边如柬埔寨等国家,可接受带电产品
	中国香港邮政航空小包	中国香港小包				价格适中,上网快	全球价格统一,不接受带电产品
中国邮政物流	epacket	国际E邮宝,e邮宝,EUB	≤2千克		3~15天	小包,经济又快	特别适合到美国,不接受带电产品
	中国邮政全球特快专递	EMS				相对便宜,时效快,通关能力强	适合抛货,不算体积重量
国际商业快递	敦豪快递	DHL	小包、大包都可,具体以官方网站公布为准		3~7天	较贵,时效快	要计算体积重、偏远附加费
	联邦快递	FedEx				稍贵,时效快	
	联合包裹服务	UPS				稍贵,时效快	
	TNT快递	TNT				较贵,时效快	
专线物流	燕文专线、中俄航空专线、中东专线、欧洲专线等	又分小包和大包,具体看专线规定			5~60天,具体视物流公司规定	运费经济,时效较快	清关能力稍差

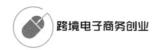

二、跨境电子商务国际物流方式的选择标准

跨境电子商务卖家,在发货物流方式选择时,先根据产品的重量和体积选择可以采用的物流方式,然后在可用物理方式中再去衡量,选取最佳的物流方式,在比较选择的时候,我们要考虑很多的因素,比如物理方式的资费、送达的时间、清关能力等。

(一)经济性

一般会首先考虑经济性问题,即运费相对便宜。从这个角度考虑,卖家会选择运价便宜的中邮小包或者专线物流。由于专线物流只针对特定国家(地区)开展业务,因此,适用性不广。当前跨境电子商务卖家,在小包运输条件符合的情况下,首选的还是中邮小包物流方式。

(二)时效性

时效性,即运达速度快慢的问题。在运价相同的情况下,时效性问题是影响买家体验优良的重要决定因素。若货物运达速度慢于平均水平,则买家给差评、提起投诉纠纷的概率就会上升。因此,在同等运费条件下,就要选择时效快的物流方式。如邮政小包中,可以选择中国香港小包或者新加坡小包等,或者选择 CNE 物流(递一国际物流有限公司)的全球通小包,到英国、德国、法国的时效为 3~5 天,价格比中邮小包稍贵一点。

(三)安全性

除了以上两点外,安全性的考虑也很必要。在各种物流方式中,中邮小包的丢包率最高,且一旦丢包,向邮局索赔成功概率不高。这一点,专线物流相对较好,而国际商业快递最好。

跨境电子商务
物流方式选择操作

三、物流选择的具体操作

对于没有经验的新手来说,物流选择确实是个难题。一般卖家会按照产品的特点和对物流经济性、时效性和安全性的要求,选择合适的物流方式。

(一)根据产品特点和对物流的要求来选择

1. 邮寄产品的重量

若产品小于 2 千克,可选择所有国际物流,如邮政大小包、e 邮宝、国际商业快递等;若产品大于 2 千克,则只能选择邮政大包、EMS、国际商业快递和某些适合 2 千克以上的专线物流。

2. 产品是否带电

如果邮寄产品带电(电池),只能选择可接受带电产品的新加坡小包等。若邮寄产品不带电,考虑经济性可选择中邮小包,到美国可以选择 e 邮宝;考虑实效性可选择新加坡小包、中国香港小包,甚至 EMS、各种国际商业快递等。

3. 跨境物流时效性

如果首要考虑时效性,那我们就要参照各种跨境物流方式妥投时间,基本上不选择中邮小包,而是选择专线物流、EMS、国际商业快递,尤其是国际四大商业快递。如果不考虑时效性,2千克以下的货物,我们会优先选择中邮小包,因为价格上最经济实惠。

4. 跨境物流经济性

如果买家对产品的时效性要求不高,而注重物流的价格,那么我们只需要从物流的经济性上去考虑,选择所有物流方式中运价最低的邮政小包或者专线物流,到美国可以选择e邮宝等。现实中,俄罗斯买家就是比较注重物流的运价,而且他们有提前购物的习惯。

【例5-4】 某跨境电子商务卖家有个运动包要运到美国,该产品包装后包裹的重量为0.8千克,体积为30厘米×20厘米×10厘米,买家希望30天内能收到,请问选什么物流方式最佳?

答:若运费不打折,使用e邮宝的运费=80元/千克×0.8千克=71元,时效为3~15天,全程可跟踪。

若运费不打折,使用中邮挂号小包的运费=90.5元/千克×0.8千克+8元=80.4元,时效30天内,使用挂号,全程可跟踪。

结论:应选e邮宝,到美国的2千克以内不带电小包裹,一般首选e邮宝,时效快,运价便宜,全程可跟踪。

(二)借助各种跨境电子商务平台的物流方式选择

1. 物流方式选择

在速卖通平台的新手卖家也可借助速卖通平台的"物流方案查询",帮助自己选择合适的物流方式。

例如,某速卖通卖家卖了双鞋子给某美国买家,美国买家下订单时,默认选择了中邮挂号小包,卖家发货一般会选择中邮小包。由于对各种物流方式的收费标准不是很了解,该卖家在发货前,可利用速卖通平台的"物流方案查询",比较各种物流方式的资费及时效性等方面,选择最优的跨境物流方式,尽量让买家早日发货。

2. 具体操作

①在速卖通卖家后台管理,点"交易"页面,选择"物流方案查询"进入。

②设置物流信息,填写"收货地"和"发货地",如图5-1所示。

③选择物流方案,将你想要选用的并能够提供的物流方式勾选,如图5-1所示。

④设置包裹信息,输入寄送包裹的尺码、重量信息,如图5-1所示。

⑤得出物流方案。点击"查询物流方案",平台可计算出所有线上物流方式的运费,如图5-2所示,根据给出的信息,平台会给出不同物流方式的运费、时效等信息,最后卖家可以做出参考选取最佳的物流方式。

该卖家最后与买家沟通,选择了"e邮宝"发货。卖家虽然多付了1美元左右的运费,但是送达的时间提前了十几天,这种物流对买家更加有力,买家很满意,回购时,该买家直接选择了要"e邮宝"发货。选择合适的物流,双方双赢,可以为卖家争取更多的订单。所以对于新手来说,可以直接利用平台提供的物流方案,选择运费最便宜的,时效相对较快的物流方式。卖家采用该种方法确定最终物流方式的时候,一定要考虑到各种不同物流方式本地的物流代理商给的折扣。比如,e邮宝物流商给了8折,中邮小

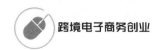

包给了 9 折,把折扣率考虑进去,重新计算发现两种物流方式的运费相当,但是 e 邮宝在时效上更有优势,明显到美国的包裹选用 e 邮宝的物流方式是最佳的。

图 5-1　物流方案查询界面

方案查询结果						
服务名称	全部类型 ∨	推荐指数 ≑ ❔	时效 ❔	未收到货纠纷率 ❔	DSR物流 ❔	试算运费 ≑ ❔
DHL	快速	79	4～6天	低于平均25%	高于平均2%	CN￥153.00
Fedex IE	快速	73	5～7天	高于平均40%	高于平均3%	CN￥186.00
e邮宝	标准	67	14～18天	低于平均27%	高于平均0%	CN￥48.00
EMS	快速	65	9～13天	高于平均90%	低于平均0%	CN￥85.00
中国邮政挂号小包	标准	58	18～28天	高于平均384%	低于平均4%	CN￥41.50

图 5-2　物流方案查询结果界面

(三)物流外包货代

从事跨境电子商务的卖家,通常都会与当地优质的物流代理商保持紧密的联系,而且由于每个物流代理商的各种物流方式的资费优惠力度不一,跨境电子商务卖家可能会根据物流方式选择相应的物流代理商发货,因此,卖家通常会借助多个物流代理商开展跨境贸易。通过这种方式,卖家可以借助物流商丰富的物流知识和资源判断,选择合适的物流方式,经济又高效。

第三节 物流模板设置

运费模板的
创建及设置

全球几大重要跨境电子商务平台中,Wish、亚马逊、eBay 等平台,不涉及运费模板的设置,物流选择起来相对比较简单,而敦煌网的运费模板和速卖通有很大的相似之处,因此,本节的运费模板设置以速卖通平台为基础来介绍。

一、新手运费模板

卖家在速卖通卖家后台发布产品的过程中,会需要卖家选择设置好的和该产品相匹配的运费模板,因此卖家在发布产品之前要先设置好运费模板,如未设置好自定义模板,则只能选择后台自带的"新手运费模板"才能进行发布。

运费模板的设置位置在速卖通卖家后台"产品管理"下面的"运费模板"中,如图 5-3 所示。

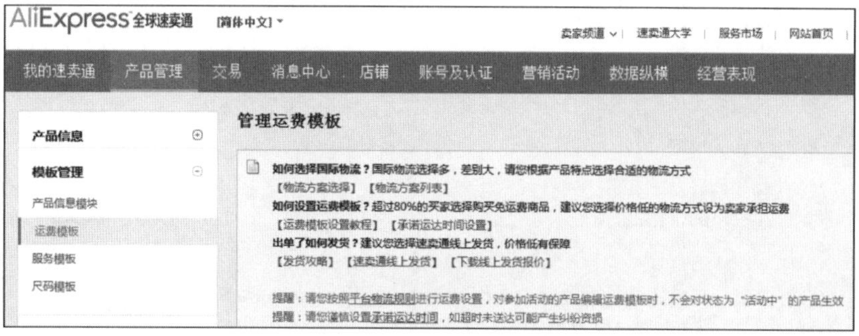

图 5-3 运费模板设置界面

新手运费模板在后台显示为"Shipping Cost Template for New Sellers",点击模板名称即可,如图 5-4 所示。

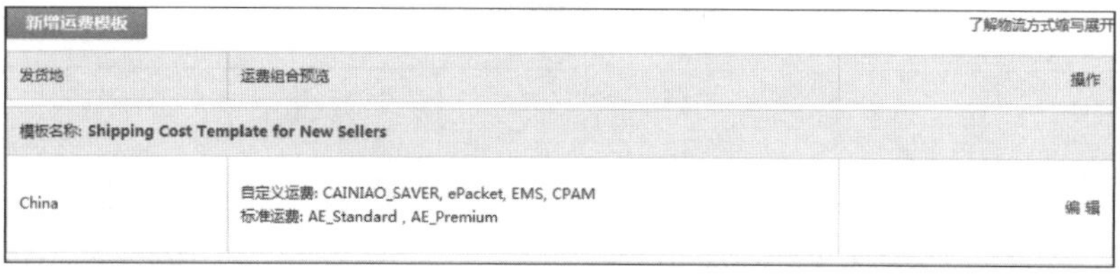

图 5-4 新手运费模板界面

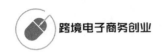

点开"Shipping Cost Template for New Sellers",可以看到新手运费模板包括"运费组合"和"运达时间组合"。"运费组合"下平台默认的新手模板包含"China Post Registered Air Mail""EMS"和"ePacket"(见图5-5、图5-6、图5-7)等模板,系统提供的标准运费即各大快递运输公司在中国大陆地区的官方公布价格,对应的减免折扣率则是根据目前该平台与各邮政公司洽谈的优惠折扣,而平台显示的"其余国家(地区)"不发货是指部分国家(地区)不通邮或邮路不够理想,或者是指部分国家(地区)有更好的物流方式可供选择,如收货地址中邮小包不能送达,卖家可选择EMS发货。

China Post Registered Air Mail		
运费组合	运送国家(地区)	收费标准
1	Brazil, United Kingdom, Canada, United States, Spain, France, Russian Federation, New Zealand, Turkey, Austria, Australia, Sweden, Norway, Germany, Belgium, Ireland, Italy, Switzerland, Poland, Denmark, Israel, Singapore, ROK, Thailand, Malaysia, Japan	标准运费减免(0%)
2	其余国家(地区)	不发货

图5-5 China Post Registered Air Mail 新手模板

EMS		
运费组合	运送国家(地区)	收费标准
1	Hong Kong of China, Macau of China	标准运费减免(37%)
2	Japan	标准运费减免(58%)
3	D.P.R.Korea, ROK	标准运费减免(54%)
4	Malaysia, Singapore, Thailand, Indonesia, Cambodia, Mongolia, Philippines, Vietnam	标准运费减免(55%)
5	Australia, New Zealand, Papua New Guinea	标准运费减免(51%)
6	United States	标准运费减免(60%)

图5-6 EMS 新手模板

ePacket		
运费组合	运送国家(地区)	收费标准
1	所有国家(地区)	标准运费减免(0%)

图5-7 ePacket 新手模板

从"运达时间组合"上看,承诺运达时间为平台判断包裹寄达收件人所需的时间,通常是比较保守的估计,基本上很多国家的投妥时间比上面备注的时间要短。如图 5-8 所示。

运费组合	运达时间组合		
AliExpress Saver Shipping			
运达时间组合	运送国家(地区)		承诺运达时间
1	所有国家(地区)		60 天
AliExpress Premium Shipping			
运达时间组合	运送国家(地区)		承诺运达时间
1	Spain, France, Germany, United States, GB, Israel, Italy, Canada, Australia, Belgium, Estonia, India, Indonesia, Japan, Cambodia, Malaysia, Mexico, Myanmar, New Zealand, Philippines, Poland, Singapore, ROK, Sweden, Thailand, Vietnam, Negara Brunei Darussalam, Macau of China		20 天
2	Russian Federation, Afghanistan, Albania, American Samoa, Andorra, Anguilla, Antigua and Barbuda, Austria, Azerbaijan, Bahrain, GG, Bangladesh, Barbados, Belize, Benin, Bermuda, Bhutan, Bolivia, Bosnia and Herzegovina, Botswana, Bulgaria, Burkina Faso, Burundi, Cameroon, IC, Cape Verde, Cayman Islands, Central African Republic, Chad, Chile, Colombia, Comoros, Congo, The Republic of Congo, Cook Islands, Costa Rica, Croatia (local name: Hrvatska), Cuba, Cyprus, Czech Republic, CD, Denmark, Djibouti, Dominica, Dominican Republic, Egypt, El Salvador, Equatorial Guinea, Eritrea, Ethiopia, Falkland Islands (Malvinas), Faroe Islands, Fiji, Finland, French Polynesia, Gabon, Gambia, Georgia, Ghana, Gibraltar, Greece, Greenland, Grenada, Guadeloupe, Guam, Guatemala, Guinea, Guinea-Bissau, French Guiana, Guyana, Haiti, Honduras, Hungary, Iceland, Ireland, Cote D'Ivoire, Jamaica, JE, Jordan, Kenya, Kiribati, Kyrgyzstan, Lao People's Democratic Republic, Latvia, Lesotho, Liberia, Liechtenstein, Lithuania, Luxembourg, Macedonia, Madagascar, Malawi, Maldives, Mali, Malta, Marshall Islands, Martinique, Mauritania, Mauritius, Mayotte, Micronesia, Mongolia, ME, Montserrat, Morocco, Mozambique, Nauru, Nepal, Netherlands, New Caledonia, Nicaragua, Niger, Niue, Norway, Oman, Pakistan, Panama, Papua		35 天

图 5-8 多国妥投时间

二、新增运费模板

(一)新增模板两种方式

对于大部分卖家而言,新手模板并不能满足需求,这种情况下就需要进行运费模板的自定义设置。运费模板的自定义设置有两个入口:一是直接点"新增运费模板"按钮,二是点"编辑"按钮。

两种自定义设置点击后界面有所不同,但都包含五个方面内容:选择发货地区、选择物流方式、设置优惠折扣、个性化地选择寄达国家及个性化设置承诺的运达时间。如图 5-9 所示。

新增运费模板		了解物流方式缩写展开
发货地	运费组合预览	操作
模板名称: Shipping Cost Template for New Sellers		
China	自定义运费: CAINIAO_SAVER, ePacket, EMS, CPAM 标准运费: AE_Standard , AE_Premium	编辑
模板名称: 300g clothes		
China	标准运费: AE_Standard , RUSSIAN AIR , SINOTRANS_AM , CPOSPP , EMS , ePacket , SINOTRANS_PY , CPAM	编辑 ▾

图 5-9 新增运费模板界面

（二）具体设置运费模板操作流程

1. 创建新模板，输入运费模板名称

点击"新增运费模板"按钮，进入新的设置界面，如图 5－10 所示，输入运费模板名称，名称由卖家自己命名，比如可以用适合的重量和产品结合命名（如 300g clothes），方便辨认，再点击保存。

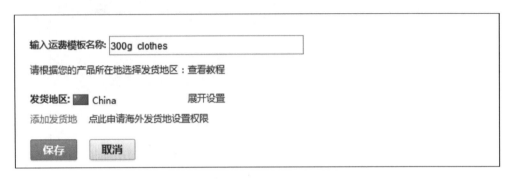

图 5－10　新增运费模板名称设置界面

在新增运费模板界面，可以见到运费模板"300g clothes"，点击后面的编辑按钮，进行设置：①选择你所需的物流方式，②设置运费优惠折扣，③选择寄达国家或地区，④个性化地设置承诺运达时间。如图 5－11 所示。

图 5－11　新增运费模板设置界面

2. 编辑创建好的新模板

下面以中邮挂号小包的设置为例进行操作步骤说明。

（1）选择物流方式

首先，勾选物流方式"China Post Registered Air Mail"，如图 5－12 所示。

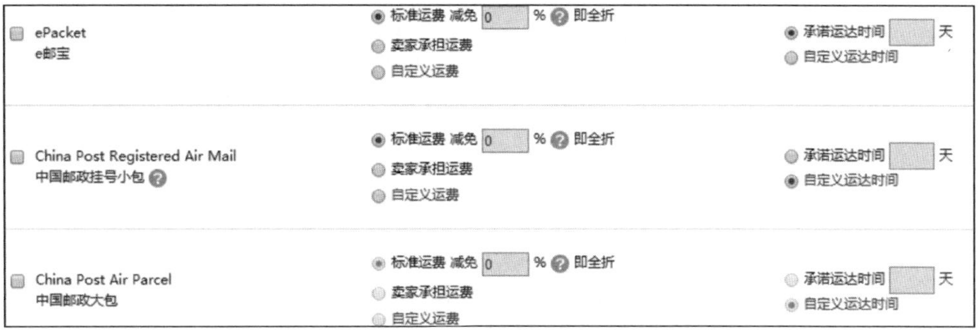

图 5－12　勾选物流方式

　　如果选择标准运费，意味着对所有的国家（地区）均执行此优惠标准；如果选择卖家承担运费，意味着对所有的国家（地区）均采取卖家承担邮费，即免邮处理；如果卖家希望对所有的买家均承诺同样的运达时间，则需要勾选承诺运达时间，并填写承诺运达的天数。

　　现实中，我们的运费模板编辑更加复杂，由于发往不同国家（地区）运价差别较大，在速卖通中，卖家一般会对目标市场运费设置成包邮。但如果全部国家（地区）甚至对偏远国家（地区）都包邮，那可能会导致你设置的包含运费的定价偏高而出现亏损，不包邮又会失去买家，导致产品卖不出去。因此，我们在编辑运费模板的时候一般不会简单地选"卖家承担运费"或"标准运费"，而会选择"自定义运费"，根据实际情况进行更细致的设置。同样，运达时间也会选择"自定义运达时间"做更精确地设置。卖家可选择"自定义运费"，再选择"国家（地区）"。这里有两种选择方法：一是"按照地区选择国家"，二是"按照区域选择国家"，如图 5－13 所示。

图 5－13　自定义运费设置界面

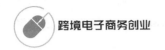

（2）设置区域邮费

为了便于介绍，设置的中邮挂号小包按如下要求为例说明。

①中邮小包1～5区免邮。

②中邮小包6～8区运费减免60％。

③中邮小包9区运费减免50％。

④中邮小包其他国家不发货。

根据上面的要求，按照地区来选择国家（地区），点击亚洲旁边的"显示全部"，对照中邮小包运价表勾选里面的1～5区的国家，如图5-14所示。

图5-14　按照地区选择（亚洲）国家界面

按照同样的步骤，将欧洲、大洋洲、南美洲中属于1～5区的国家（地区）选中，注意国家众多，不要选错，若把后面区的国家（地区）选中，则一旦订单生成，卖家就会产生不必要的运费支出。

1～5区的国家（地区）全部选中后，设置这组的运费类型为卖家承担运费，如图5-15所示，确认添加。

图5-15　设置1～5区运费类型

添加一个运费组合，按照上面的步骤把中邮小包6～7区的国家（地区）选中，然后运费类型设置为按标准运费减免60％，如图5-16所示，确认添加。

图 5－16　设置 6～7 区运费类型

依此把 9 区的运费设置维按标准运费减免 50％。然后再添加一个运费组合，把剩余国家都选中，勾选"不发货"，如图 5－17 所示，点确认添加，最后点击保存，中邮小包的运费模板设置完毕。这样所有国家（地区）按照距离支付相应的运费，比较公平，同时，买家界面可以看到产品上面显示"free shipping"，可提高店铺产品的曝光率和购买率。

图 5－17　设置不发货区域

（3）设置运达时间

如果卖家对不同国家（地区）的运达时间需要区别设置，依照运费设置的原理，选择"自定义"，将运达时间相近的国家（地区）逐个勾选，然后再填写确切的运达时间天数，如图 5－18 所示。依次设置不同国家（地区）的运达时间即可。

图 5－18　设置运达时间

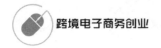

3. 设置其他物流方式

在跨境电子商务操作中,中邮小包有自身的缺点,如妥投时间较长,很难满足所有买家的需求,尤其是欧美国家的买家对运达时间要求较高,所以卖家需要在一个运费模板中编辑多种物流方式。每一种这些物流方式在运费、送达时间等方面各有利弊,买家要根据自己的需求来选择最合适的物流方式。在实际操作中,通常卖家还需设置 e 邮宝、EMS、国际商业快递和各专线物流,如图 5 - 19 所示。

图 5 - 19　其他物流方式的设置

由于速卖通线上 e 邮宝业务只对美国客户开放,且其运价比中邮小包还便宜,因此可以设置为卖家承担运费。很多物流商 e 邮宝仅到欧美几个主要国家,因此,你可以根据中邮小包的运费将 e 邮宝送达国家(地区)中运费在免邮运费范围内的国家(地区)设置成卖家承担运费,超过免邮运费的国家(地区)按照标准运费去设置即可。

其他 EMS、国际商业快递可按照线上物流商给的优惠折扣进行设置,具体可以参考"新手运费模板";专线物流从运费和送达时间综合来看,是最佳的物流方式,但是专线物流送达的国家(地区)有限,目前比较多的是到俄罗斯的几条专线,还有一些是到欧美国家,因此,我们在设置运费模板的时候到俄罗斯的几条专线可选,通常设置为卖家包邮。

所有卖家需要的运费模板的物流方式都设置完后,一定要点击运费模板设置最下面的"保存"按钮,否则前面设置的内容将前功尽弃。如图 5 - 20 所示,"300g clothes"这个运费模板设置了 e 邮宝和中国邮政挂号小包的自定义运费,还选择了"RUSSIAN AIR""SINOTRANS_AM""CPOSPP""EMS""SINOTRANS_PY""CPAP"等的标准运费。

模板名称: 300g clothes		
China	自定义运费: ePacket, CPAM 标准运费: RUSSIAN AIR , SINOTRANS_AM , CPOSPP , EMS , SINOTRANS_PY , CPAP	编辑 ∨

图 5 - 20　设置多种物流方式界面

4. 运费模板的修改和调整

一个运费模板设置好后,如果后期由于物流商运价调整或者产品包装改进等原因使原设置好的模板不适用,可以进行修改或者删除,但是,如果有使用该运费模板的产品在促销阶段,该运费模板是不能编辑的。

在实际操作中,卖家必须根据实际情况,对不同的产品、不同的重量、不同的物流组合、买家可能购买产品数量情况设置相匹配的运费模板,切忌盲目模仿。另外,国际物流受国家政策、物流资费调整、极端天气、政治原因、邮路状况等因素影响,因此,不同时期,卖家的运费模板也应该做出相应的调整。同时,由于店铺产品种类繁多,根据购买数量的不同等可能也需要设置多个不同的运费模板,如图5-21所示。

模板名称: 300g clothes		
China	自定义运费: ePacket, CPAM 标准运费: RUSSIAN AIR, SINOTRANS_AM, CPOSPP, EMS, SINOTRANS_PY, CPAP	编辑 ˅
模板名称: 300G T SHIRT		
China	标准运费: AE_Standard, RUSSIAN AIR, SINOTRANS_AM, CPOSPP, EMS, ePacket, SINOTRANS_PY, CPAM	编辑 ˅
模板名称: 23wangxingxing		
China	自定义运费: CPAM 标准运费: AE_Standard, RUSSIAN AIR, SINOTRANS_AM, CPOSPP, EMS, ePacket, SINOTRANS_PY	编辑 ˅

图 5-21 对不同产品物流方式的设置

总之,在跨境电子商务店铺实操中,运费模板设置比较复杂,卖家必须按照实际情况进行自定义设置,并在店铺运营过程中不断优化才行。

本章小结

"互联网+"的兴起,为跨境电子商务的发展创造了便利的条件,同时也对物流方式提出了更高的要求。当前跨境电子商务各种物流模式各有利弊,选择何种跨境物流模式必须结合贸易国(地区)经济税收政策、区域本土文化、计费标准、商品性质、消费者对运输的时效性要求等来统筹考虑。各种跨境物流模式中,海外仓在各个方面都大大提升了买家的体验,如果是跨境电子商务大卖家可以选择建立海外仓或利用物流公司、跨境电子商务平台的海外仓。卖家应该在发布产品前根据产品、目标市场、买家物流偏好等综合情况设置与之相匹配的物流模板,进一步扩大跨境经营的效果。因此,本章详细阐述了邮政物流、国际商业快递、专线物流及海外仓等物流模式的特点并加以比较,分析了跨境物流选择的原则及具体选择操作方法,在此基础上,介绍了速卖通平台运费模板的创建及设置,帮助跨境电子商务企业及个人解决跨境物流方面的问题。

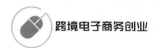

思考与实训

1. 试阐述各种跨境电子商务物流模式的特点及优缺点。

2. 设置 300 克中邮挂号小包的运费模板,具体信息如表 5-10 所示。

表 5-10 300 克中邮挂号小包运费模板信息

计费区	资费标准(元/千克)	设置要求
1	62.0	
2	71.5	
3	81.0	卖家包邮
4	85.0	
5	90.5	
6	105.0	
7	110.0	6～9 区每区按标准运费设置,并计算相应的减免率
8	120.0	
9	147.5	
10	176.0	不发货

3. 某速卖通店铺有一笔订单:上衣,包装后 0.5 千克,送达国家为俄罗斯。请计算发中邮小包和 e 邮宝运费的价格分别是多少,说明你会选择哪种物流方式并分析这样选择的原因。

4. 调研速卖通平台 3C 类产品跨境物流运费及物流选择,并形成报告。

5. 了解并分析 Wish、eBay、亚马逊三大跨境平台的运费设置。

第六章

跨境电子商务支付

　　跨境电子商务的高速发展,卖家数量激增,跨境支付成为跨境电子商务整个交易过程中比较重要的一个环节,如何开户、如何收款、如何提现、如何降低汇损等问题一直困扰着诸多卖家。但跟境内支付不同,跨境电子商务因为是国(地区)与国(地区)之间买卖双方的交易,所以支付流程更显复杂。目前,面向跨境电子商务卖家的支付手段并不少,每个支付工具优势各异,便捷性和时效性都不同。在众多的支付工具中选择一个合适的手段,是做好跨境电子商务的首要条件。鉴于此,本章详细地介绍了跨境电子商务支付的流程、第三方支付工具的特点、国际支付宝的使用,以及跨境电子商务平台提现操作等内容。

◎ 学习目标

　　通过本章相关知识的学习,学生应了解跨境电子商务中常用的第三方支付工具的流程、特点及区别,掌握收款账户认证的方法,学会创建、绑定和修改国际支付宝账户,学会查询银行的 SWIFT Code,能创建美元收款账户并提款。

◎ 重点难点

　　能够正确进行收款账户认证,学会创建、绑定及修改支付宝账户,创建美元收款账户。重点关注美元账户结汇时应注意的问题。

◎ 关键术语

　　跨境电子支付、Swift Code、国际支付宝、提现。

第一节　跨境电子商务第三方支付

一、第三方支付方式的付款流程

(一)第三方支付系统的概念及特征

1.第三方支付的概念

　　第三方支付,就是一些和产品所在国家(地区)及境外各大银行签约、并具备一定实力和信誉保障的第三方独立机构提供的交易平台。在通过第三方支付平台的交易中,买方选购产品后,使用第三方平台提供的账户进行货款支付,由第三方支付平台通知卖家货款到达、进行发货;买方检验物品后,就可以通知付款给卖家,第三方支付平台再将款项转至卖家账户。

　　第三方支付机构与各个主要银行之间签订有关协议,使得第三方机构与银行可以

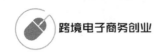

进行某种形式的数据交换和相关信息确认。这样第三方机构就能实现在持卡人或消费者与各个银行及最终的收款人或者是商家之间建立一个支付的流程。

第三方支付系统主要分为支付网关模式和平台账户模式,平台账户模式又分为监管型账户支付模式和非监管型账户支付模式。

2. 第三方支付的特征

(1) 第三方支付平台是一个为网络交易提供保障的独立机构,不仅具有资金传递功能,而且可以对交易双方进行约束和监督。

(2) 第三方支付平台支付手段多样灵活,用户可使用网络、电话、手机短信等多种方式进行支付。

(3) 较之 SSL(secure sockets layer,安全套接层)、SET(secure electronic transaction,安全电子交易)等支付协议,利用第三方支付平台进行支付操作更加简单而易于接受。

(4) 第三方支付平台本身依附于大型的门户网站,且以与其合作的银行的信用作为信用依托,能较好地突破网上交易中的信用问题,有利于推动电子商务的快速发展。

(二) 第三方支付方式的交易流程

(1) 消费者选购产品,买卖双方达成交易意向。

(2) 消费者选择第三方支付平台,将货款划到第三方账户,并设定发货期限。

(3) 第三方支付平台通知商家,消费者的货款已到账,要求商家在规定时间内发货。

(4) 商家收到消费者已付款的通知后按订单发货,并在网站上做相应记录。

(5) 消费者收到货物并确认满意后通知第三方支付平台。

(6) 消费者满意,第三方支付平台将货款划入商家账户,交易完成;顾客对货物不满,第三方支付平台确认商家收到退货后将货款划回消费者账户或暂存在第三方账户中等待消费者下一次交易的支付。

(三) 第三方支付系统的优缺点

1. 第三方支付系统的优点

(1) 第三方支付平台采用了与众多银行合作的方式,方便网上交易的进行。

(2) 促成商家和银行的合作。

(3) 第三方支付平台能够提供增值服务。

(4) 第三方支付平台可以对交易双方的交易进行详细的记录,从而防止交易双方对交易中可能存在的抵赖行为,以及为在后续交易中可能出现的纠纷问题提供相应的证据。

2. 第三方支付系统的缺点

(1) 第三方支付还不适宜在 B2B 中进行。

(2) 交易中出现纠纷时,买卖双方往往各执一词,相关部门取证困难。

(3) 支付平台流程有漏洞,不可避免地出现人为耍赖、不讲信用的情况。另外有些第三方支付平台存在安全漏洞,这些不足已成为第三方支付发展道路上必须要完善和改进的地方。

二、常用的国际第三方支付工具

（一）PayPal

PayPal，就是通常说的"贝宝国际"，是一个总部在美国加利福尼亚洲的互联网第三方支付服务商，针对具有国际收付款需求用户设计账户类型，允许使用电子邮件来标识身份的用户之间转移资金。PayPal 是 eBay 旗下的一家公司，致力于让个人或企业通过电子邮件，安全、简单、便捷地实现在线付款和收款。PayPal 账户是 PayPal 公司推出的最安全的网络电子账户，使用它可有效降低网络欺诈的发生。PayPal 账户所集成的高级管理功能，使您能轻松掌控每一笔交易详情。

PayPal 也和一些电子商务网站合作，成为它们的货款支付方式，是目前全球使用最为广泛的网上交易工具之一，但使用这种支付方式转账时，须交一定金额的手续费。PayPal 能够帮助卖家进行便捷的外贸收款、提现与交易跟踪，安全的国际采购与消费，快捷支付并接收包括美元、加元、欧元、英镑、澳元和日元等 25 种国际主要流通货币。

1. PayPal 支付流程

付款人通过 PayPal 欲支付一笔金额给商家或者收款人时，可以分为以下几个步骤。

（1）只要有一个电子邮件地址，付款人就可以开设 PayPal 账户，通过验证成为其用户，并提供信用卡或者相关银行资料，增加账户金额，将一定数额的款项从其开户时登记的账户（例如信用卡）转移至 PayPal 账户下。

（2）当付款人启动向第三人付款程序时，必须先进入 PayPal 账户，指定特定的汇出金额，并提供收款人的电子邮件账号给 PayPal。

（3）接着 PayPal 向商家或者收款人发出电子邮件，通知其有等待领取或转账的款项。

（4）如商家或者收款人也是 PayPal 用户，其决定接受后，付款人所指定之款项即移转予收款人。

（5）若商家或者收款人没有 PayPal 账户，收款人得按照 PayPal 电子邮件内容指示进入网页注册取得一个 PayPal 账户，收款人可以选择将取得的款项转换成支票寄到指定的处所、转入其个人的信用卡账户或者转入另一个银行账户。

从以上流程可以看出，如果收款人已经是 PayPal 的用户，那么该笔款项就汇入他拥有的 PayPal 账户；若收款人没有 PayPal 账户，网站就会发出一封通知电子邮件，引导收款者至 PayPal 网站注册一个新的账户。所以，也有人称 PayPal 的这种销售模式是一种"邮件病毒式"的商业拓展方式，从而使得 PayPal 如滚雪球般占有越来越大的市场。

2. PayPal 优势

（1）PayPal 全球用户广泛，在全球 200 多个国家和地区，有超过 2.2 亿用户，已实现 26 种货币间的交易。

（2）品牌效应强，PayPal 在欧美普及率极高，是全球在线支付的代名词，强大的品牌优势，能让网站轻松吸引众多境外客户。

（3）资金周转快，PayPal 独有的即时支付、即时到账的特点，能够实时收到境外客

户发送的款项,最短仅需 3 天,即可将账户内款项转账至境内的银行账户,及时高效开拓境外市场。

(4)安全保障高,完善的安全保障体系,丰富的防欺诈经验,业界最低风险损失率(仅 0.27%),不到传统交易方式风险的 1/6。

(5)使用成本低,无注册费用、无年费,手续费仅为传统收款方式的 1/2。

(6)数据加密技术,当注册或登录 PayPal 的站点时,PayPal 会验证网络浏览器是否正在运行安全套接层 3.0(SSL)或更高版本。传送过程中,信息受到加密密钥长度达168 位(市场上的最高级别)的 SSL 保护。用户信息存储在服务器上,无论是服务器本身还是电子数据都受到严密保护。为了进一步保护用户的信用卡和银行账号安全,不会将受到防火墙保护的服务器直接连接到网络。

PayPal 支持以下银行发行的银联卡:中国工商银行、中国建设银行、中国农业银行、中国银行、交通银行、招商银行、上海浦东发展银行、华夏银行、中信银行、兴业银行、中国民生银行、中国光大银行、中国邮政储蓄银行。

3. PayPal 提现

(1) 将资金通过电汇发送到用户在中国的银行账户(电汇银行)

如果卖家想把账户余额通过电汇汇付到卖家在境内的银行账户,该种方式提现周期较短,费用固定;一般建议用户在有较多余额时,一次性大额提取,可降低提现成本。

(2) 提现至用户的香港账户

如果卖家要把账户余额提现到香港账户,则需要到香港办理银行账户,提现周期短,费用低;但对于客户群不是香港地区的卖家而言,会有较高的汇率转换损失;1000元港币以下的收取 3.5 元港币的手续费,1000 元港币及以上的免收手续费,招商银行一卡通或工商银行亚洲卡都是可以使用的。此外提现到香港,提出来的是港币,同时还会有一个 2.5% 的币种转换费。

(3) 提现至用户的美国账户

如果卖家要把账户余额提现到美国账户,则需要到美国办理银行账户,提现周期短,无费用,但不适合中国大陆用户,因无法办理美国银行账户。

(4) 向 PayPal 申请支票

费用较低,但是提现周期很长,支票可能在邮寄过程中丢失;适合小额提现且资金周转不紧张的人群;每次支票申请需要 5 美元手续费,如果申请没成功,重发还得额外收取每次 15 美元。目前支票提现的方式中国大陆地区已经不能使用,原因是无法入账,建议大家不要再使用支票方式。

4. PayPal 与贝宝

PayPal 和 PayPal 贝宝是独立运作的两个网站。PayPal 贝宝是由上海网付易信息技术有限公司与世界领先的网络支付公司——PayPal 公司通力合作为中国市场量身定做的网络支付服务。由于中国现行的外汇管制等政策因素,PayPal 贝宝仅在中国地区受理人民币业务。若你是从事跨境交易的卖家,建议你使用 PayPal 账户,注册了PayPal 贝宝的邮箱不能用于注册 PayPal 账户。

由于外汇管制,中国用户不能像其他国家(地区)用户那样在 PayPal 账户里添加一个自己的银行账户,PayPal 里的钱就可以直接转入。中国用户取钱的办法是在自己的 PayPal 账户里的金额超过 150 美元后,要求 PayPal 开具支票,支票会寄往注册地址,拿到支票后,到银行去办理托收,整个过程大约 60～80 天;或者直接电汇到银行提现,提现手续费 35 美元一次,一次最高可提 10 万美元。

PayPal 账户被允许在 190 个国家和地区的用户间进行交易。用户可以用该账户接收包括美元、加元、欧元、英镑、澳元和日元等 25 种货币的付款。同时通过添加国际信用卡,用户也可以使用该账户在支持 PayPal 的网站上消费。

5. PayPal 账户详解

PayPal 账户分三种类型:个人账户、高级账户和企业账户。用户可根据实际情况进行注册,个人账户可以升级为高级账户再升级为企业账户,反之企业账户也可以降为高级或者个人账户。

个人账户适用于在线购物的买家用户,主要用于付款,可以收款,但比起高级或企业账户少了一些商家必备的功能和特点,如查看历史交易记录的多种筛选功能、商家费率、网站集成、快速结账等集成工具,因此不建议卖家选择。

高级账户适用于在线购物或在线销售的个人商户,可以付款、收款,并可享受商家费率,可使用网站付款标准、快速结账等集成工具及集中付款功能,帮助商家拓展境外销售渠道,提升销售额,推荐进行跨境交易的个人卖家使用。

企业账户适用于以企业或团体名义经营的商家,特别是使用公司银行账户提现的商家用户。拥有高级账户的所有商家,可以设立多个子账户,每个部门可设立子账户进行收款,适合大型商家使用。另外,企业账户需要添加企业名开办的电汇银行账户进行转账,添加个人名字开办的电汇银行账户可能导致转账失败。

由于账户类型的不同,客户付款时所看到的收款人名字也会有所不同。当一个用户给一个拥有 PayPal 个人账户或者高级账户的人付款的时候,他看到的收款人是收款方注册 PayPal 账户的名字,当给企业账户付款的时候,收款方显示的是一个公司的名字。如果你是一家公司,使用的是公司账户就可以增加客户的信任度。

PayPal 企业账户可以设定不同权限的二级账户。比如在一个企业账户下可以添加另一个 e-mail 地址作为二级账户,设定其权限为只能查看余额,或者只能退款,或者只能提现等。如果是企业账户,具体详情请登录你的 PayPal 账户查看。路径为:"我的账户"—"用户信息"—"账户具体信息查看"。

PayPal 高级账户可以随时添加商家信息并升级到企业账户,企业账户也可以随时降级到 PayPal 高级账户。这个功能主要是为了方便客户提现。因为企业账户必须提现到以企业名为开户名的银行账户里,但是高级账户可以提现到以个人的名字为开户名的账户里。企业账户和高级账户之间可以无限制地进行升级或者降级的转换。

6. PayPal 与支付宝的差异

(1) PayPal 是全球性的支付工具,通用货币为加元、欧元、英镑、美元、日元、澳元 6 种货币;支付宝是中国境内的支付工具,以人民币结算。

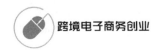

（2）PayPal 偏向于保护买方，支付宝是偏向于保护卖方。也就是说 PayPal 从买家角度考虑问题，买家有任何不满意都可以提出争议，卖家则无法拿到货款；而支付宝超过时效就钱货两清。

（3）PayPal 是一个将会员分等级的机构，对高级账户会收取手续费，当然利益保障也更牢靠。支付宝则不存在这种分等级情况。

（4）PayPal 账户存在投诉率过高会导致账户永久性关闭的问题，因此卖家是很谨慎的。支付宝不会轻易关闭账户。

（5）PayPal 的资金在美国可以提现至银行，中国可以电汇至银行，都是要手续费的。支付宝可直接提现银行，免手续费。

（二）Escrow

国际支付宝（Escrow）由阿里巴巴与蚂蚁金融服务集团联合开发，是旨在保护国际在线交易中买卖双方的交易安全而设计的一种第三方支付担保服务，全称为 Escrow Service。国际支付宝的服务模式与支付宝类似：交易过程中先由买家将货款打到第三方担保平台的国际支付宝（Escrow）账户中，然后第三方担保平台通知卖家发货，买家收到产品后确认，货款放于卖家，至此完成一笔网络交易。

如果你已经拥有境内支付宝账户，只需绑定境内支付宝账户即可，无须再申请国际支付宝账户。

1. 使用国际支付宝的优势

（1）支持多种支付方式

支持信用卡、银行汇款、第三方钱包等多种支付方式。目前国际支付宝支持的支付方式有信用卡、借记卡、QIWI、Yandex. Money、WebMoney、Boleto、TEF、Mercado Pago、DOKU、Western Union 和 T/T 银行汇款。更多符合各地买家习惯的支付方式还在不断地加入中。

（2）安全保障

国际支付宝是一种第三方支付服务，而不只是一种支付工具。对卖家而言，它的风控体系可以保护其在交易中免受信用卡被盗卡的风险，同时也可以避免在交易中使用其他支付方式导致的交易欺诈。可全面保障卖家的交易安全。

（3）方便快捷

线上支付，直接到账，足不出户即可完成交易。

使用国际支付宝收款无须预存任何款项，速卖通会员只需绑定境内支付宝账户和美元银行账户就可以分别进行人民币和美元的收款。

（4）品牌优势

背靠阿里巴巴和支付宝两大品牌，境外发展潜力巨大。

2. 国际支付宝与境内支付宝的区别

国际支付宝的第三方担保服务是由阿里巴巴国际站同境内支付宝（Alipay）联合提供支持的。速卖通平台只是在买家端将 Alipay 改名为 Escrow。这是因为根据买家调研的数据，发现买家群体更加喜欢和信赖 Escrow（意为由第三方保管、待条件完成后方能生效的契约)一词,认为 Escrow 可以保护买家的交易安全。而在卖家端,全球速卖通平台依然沿用国际支付宝一词,只是国际支付宝相应的英文变成了"Escrow"。

在使用上,只要有境内支付宝账户,便无须再另外申请国际支付宝账户。当登录到"My Alibaba"后台(中国供应商会员)或"我的速买通"后台(普通会员),便可以绑定境内支付宝账号来收取货款。

3. 国际支付宝支持的交易

目前,国际支付宝支持满足以下条件的交易:①产品可以通过速卖通平台支持的物流方式进行发货,目前国际支付宝支持速卖通的物流方式有 UPS、DHL、FedEx、TNT、EMS、顺丰、中国邮政、中国香港邮政航空包裹服务及全球速卖通日后制定的其他物流方式,暂不支持海运方式;②每笔订单金额小于 10000 美元(产品总价加上运费的总额)。

4. 通过国际支付宝在线交易的报关及核销退税

如果货物申报价值在 600 美元以下,快递公司会集中报关;如果货物申报价值超过 600 美元,可提供全套的报关单据,委托快递公司代报关。买家使用 VISA 和 MasterCard 信用卡支付时,无法核销退税。买家使用 T/T 银行汇款支付时,卖家报关后可以进行核销退税。

5. 国际支付宝的支付方式

国际支付宝支持多种支付方式:信用卡、T/T 银行汇款、Moneybookers、借记卡等。

(1)信用卡支付买家可以使用 VISA 及 MasterCard 信用卡对订单进行支付,如果买家使用此方式支付,订单完成后,平台会将订单款项按照买家付款当天的汇率结算成人民币支付给卖家。

(2)T/T 银行汇款这种支付方式在国际贸易中使用最多,也比较适合大额的交易。如果买家使用该种支付方式,订单完成后,平台会直接将美元支付给卖家。不过其中会有一定的汇款转账手续费用,收到的金额可能会有一定出入。此外,银行提现也需要一定的提现费用。

(3)Moneybookers 是欧洲的类似于 PayPal 的一个电子钱包公司,而且集成了 50 多种支付方式,是欧洲主流的支付服务商。

(4)借记卡支付,国际同行的借记卡外表和信用卡一样,它的右下角有国际支付卡机构的标注,它通行于所有接受信用卡的销售点。当使用借记卡时,用户没有 Credit Line,只能用账户里的余额支付。

6. 面向买家的国际支付宝介绍

根据市场调研,对于使用过国际支付宝的买家,在第二次购买时,他们更倾向于使用国际支付宝交易,而且当国际支付宝接入更多的支付方式时,买家可以自由选择他们喜欢的支付方式,如果买家支付流程简单,在速卖通平台做生意也会更加容易。因此在交易中,如果你的买家对支付存在困惑,可以同他们沟通解释,以便更好达成你的生意。

对国际支付宝可以简单介绍如下。

The payment service on AliExpress—Escrow, is powered by Alipay.com, a leading third-party online payment platform from Alipay. The payment service allows

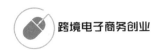

you to pay securely online without exposing your credit card details. You can also track delivery of your order and payment is only released to the supplier after you confirm you've received the order. Alipay payment service is fast, safe and easy to use!

For buyers:

—Payment will only be released to the supplier after you confirm you've received the order.

—Track delivery using a unique tracking number on the shipping company's website.

For suppliers:

—Alipay payment service verifies the credit card details for every transaction.

—Alipay payment service only asks you to ship the order after we confirm payment is safe.

7. 国际支付宝卖家保护指南

为了保护全球速卖通平台买卖双方交易的合法权益,让卖家能够更加放心和顺利地在速卖通平台完成交易,避免不必要的纠纷,国际支付宝特别推出了"国际支付宝卖家保护指南",当买家投诉货物没有收到或者收到的货物与描述不符时,"国际支付宝卖家保护指南"可以协助和保护卖家在最短时间里解决纠纷。

国际支付宝保护速卖通的卖家在速卖通平台上进行合法的交易。国际支付宝对卖家保护主要体现在以下几方面:①遭遇交易纠纷时,国际支付宝的卖家保护指南能够帮助卖家有效解决纠纷;②国际支付宝的风控系统可以有效排除可疑订单,防止买家欺诈。

(1) 国际支付宝卖家保护的范围

①只保护合法卖家在速卖通平台上使用国际支付宝进行的交易,若未使用国际支付宝将不能享受国际支付宝卖家保护。

②只保护合法卖家发布的不违反交易平台禁限售规则的交易产品。

(2) 国际支付宝卖家保护指南保护卖家的方式

国际支付宝卖家保护指南在一些纠纷情况下会有固定的方式保护卖家,尤其在买家投诉没有收到货物时或者买家投诉收到的货物与描述不相符时。

当买家投诉没有收到货时,如果卖家能够向平台提供货物已经送达给买家的证明,卖家将得到平台保护。因为物流等原因,货物可能还在途中,因此当纠纷发生时,卖家需主动积极联系买家,同买家沟通。若双方达成一致,买家确认收到货后,撤除纠纷,平台将全额放款给卖家。

若买家投诉没有收到货物,而卖家能提供清楚的可以显示货物已经送达的证据,包括但不限于:货物的运单号、货物底单、物流妥投证明、货物的运送状态显示"已送达"、送达日期、收件人地址(确保收货地址和买家地址一致)、收件人确认收货的签字回执。平台将会全额放款给卖家。若买家投诉没有收到货,经平台查明货物被扣关,而卖家能够提供物流出具的买家不愿清关导致货物被扣关的证明,平台会全额放款给卖家。

当买家投诉收到的货物与描述不符时,如果卖家能够提供清楚的文件来证明货物的说明是恰当的,卖家可以得到平台的保护。例如,当卖家提供的文件能说明以下问题时,索赔则可能会按对卖家有利的原则解决。

①买家投诉收到的货物为二手货,而卖家在产品描述中已经清楚说明该物品为二手货。

②卖家产品描述正确,比如卖家在产品描述中已经清楚说明了该物品的实际功能及可能存在的缺陷,而买家因为期望值过高等问题不想要了。

③当买家投诉货物数量不对时而卖家能够提供证据证明是按照买家需求发出的订单。

④因货物与描述不符的投诉,由于涉及买家期望值问题,如果卖家能够提供证据来证明对该买家购买产品的描述是清楚的,平台将会根据货物的实际情况同买家协商,对卖家做出全额放款、退货或部分放款的处理。

(3)国际支付宝卖家保护指南常见纠纷问题解决方法

①在买家提交纠纷申请后,该怎么办?

买家向平台提交纠纷申请后,平台会尽快联系卖家。卖家需要积极主动地提供相应证据,可能包括但不限于"运单号""货物底单""物流妥投证明""买卖双方交谈记录"截屏。提供详细的证据有助于平台站在利于卖家的立场上解决问题。

②如果卖家申诉成功,会怎么处理?

如果申诉成功,平台会针对货物的实际情况,协调双方对卖家进行全额退款或者部分退款、退货处理。

③买家提出"未收到货物"纠纷申请时,如果货物仍然在途中,该如何处理?

这时应该积极主动同买家沟通,告诉他货物仍然在途中,希望他耐心等待并且向平台申请撤销纠纷,平台上很多纠纷就是因为买卖双方沟通不畅导致的。如果买家撤销了投诉,等到物流妥投,买家确认收货后,平台会全额放款给卖家。

④卖家提供了正确的运单号,但是货物在运输途中丢失了,该如何处理?

你需要积极联系物流公司或者货运公司,确认货物目前状态,同时主动同买家沟通,尽量让买家耐心等待一段时间。若确认货物系物流公司在运输途中遗失,平台会将钱退回,买家可以向物流公司提出索赔。

要确保买家满意需要做到:发布详细的产品描述,在产品描述中讲清楚货物的状况,比如是否是二手货、物货是否有瑕疵,不夸大货物功效,提供清晰、丰富的产品图片。发货后尽快向平台提交货物的订单号,确保买家能跟踪到货物。积极主动地同买家沟通,让买家在整个交易过程中感觉到你的真诚和耐心,很多纠纷通过沟通都可以避免。

第二节　收款账户类型及设置

收款账户类型及设置

一、收款账户的类型

国际支付宝目前支持买家用美元、英镑、欧元、墨西哥比索、卢布支付,卖家收款则

有美元和人民币两种方式。根据付款方式的不同,卖家收到的币种会有差别,目前总体来说人民币收款比例更小。

卖家收到的人民币部分,国际支付宝是按照买家支付当天的汇率将美元转换成人民币支付到卖家境内支付宝或银行账户中的。买家支付当天的汇率由收单银行确定,是清算日的汇率,而非支付日的,一般在支付后两个工作日左右清算。要注意的是速卖通普通会员的货款将直接支付到境内支付宝账户。收到的美元部分,如果卖家设置了美元收款账户,国际支付宝则会将美元直接打入卖家的美元收款账户。

二、创建、绑定和修改支付宝收款账户的流程

如果以前没有设置过支付宝收款账户(可以通过创建或登录支付宝的方式进行绑定),具体操作流程如下。

登录全球速卖通,点击"交易"按钮,在左侧菜单"资金账户管理"下,点击"支付宝国际账户"进入,如图 6 - 1 所示。进入支付宝国际账户管理页面。可以通过"提现账户管理"设置,管理你的人民币提现账户。如果还没有支付宝账户,可以在"收款账户管理"界面选择"人民币收款账户",点击"创建支付宝账户";如已有支付宝账户,点击"登录支付宝账户"登录进行设置。

支付宝账户登录界面如图 6 - 2 所示。依次填写"支付宝账户姓名""登录密码"等必填项,填写完毕后点击"登录"按钮。登录成功后,即完成收款账户的绑定,也可以对收款账户进行编辑。

资金账户管理 ⊖

放款查询

提前放款保证金查询

平台垫资还款

资金记录批量导出

资金记录查询(新)

支付宝国际账户

速卖通账户

启用PayPal账户

我的信用额度

图 6 - 1 资金账户管理界面

图 6 - 2 支付宝登录界面

如果还没有支付宝账户,可以点击"创建支付宝账户"按钮,填写相关信息,注册支付宝账户。如图 6-3 所示,输入注册信息时,请按照页面中的要求如实填写,否则会导致支付宝账户无法正常使用。点击"填写全部"按钮可以补全信息。

图 6-3 创建支付宝账户界面

三、注册和激活支付宝

可以使用 e-mail 地址或者手机号码来注册支付宝账户。一种是使用 e-mail 注册。

若要单独注册支付宝账户,建议登录支付宝网站注册,要在淘宝网上购物建议从淘宝网站进行注册。登录支付宝网站注册,首先要进入支付宝网站 https://www.alipay.com,点击"免费注册"按钮就可以按提示注册了。

选择使用 e-mail 注册时,第一步是填写注册信息,第二步是进入邮箱查收邮件并激活支付宝账户。输入注册信息时,请按照页面中的要求如实填写,否则会导致你的支付宝账户无法正常使用。点击"填写全部"可以补全信息。进入邮箱查收激活邮件,激活成功后,补全支付宝账户基本信息就可以进行付款、充值的操作了。

支付宝账户分为个人和公司两种类型,请根据自己的需要慎重选择账户类型。公司类型的支付宝账户一定要有公司银行账户与之匹配。

四、支付宝账户认证流程

1. 个人支付宝账户认证流程

打开 http://www.alipay.com,登录支付宝账户,进入"账户设置"—"基本信息"—"实名认证"板块,点击"立即认证"按钮,如图 6-4 所示。

请仔细阅读支付宝实名认证服务协议后,按照提示步骤来通过认证。

图 6-4　支付宝实名认证界面

2. 企业支付宝账户认证流程

打开 http://www.alipay.com,找到认证入口,填写认证信息,确认后,进入填写信息页面。请正确填写公司名称、营业执照注册号和校验码。公司名称需与营业执照上完全一致,填写后即进入具体信息提交页面,如申请人不是公司法定代表人,请下载委托书。组织机构代码、企业经营范围、企业注册资金、营业执照有效期等非必填项可以选择填写。请核对提交的信息是否正确。确认无误后,点击"下一步"按钮,进入审核页面,审核次数为两次。审核成功后,请等待客服工作人员对营业执照信息的审核。

卖家信息审核成功后,平台将在 1～3 个工作日内给卖家的银行卡打款,请确认后继续操作。

确认支付宝给账户付款的金额,点击"继续",点击"继续"查询近期对公银行账户中支付宝打入的小于 1 元的金额。确认金额成功后,即完成整个卖家认证过程。

五、查询银行的 SWIFT Code

（一）SWIFT Code 的含义

SWIFT(Society for Worldwide Interbank Financial Telecommunication,环球银行金融电信协会)Code(银行国际代码)其实就是 ISO 9362,也叫 SWIFT-BIC、BIC Code、SWIFT ID,是由计算机可以识别的 8 位或 11 位英文字母或阿拉伯数字组成的、用于在SWIFT 电文中区分金融交易中的不同金融机构的代码。

（二）SWIFT Code 的 11 位数字或字母的构成及意义

1. 银行代码(第 1～4 位)

由 4 位英文字母组成,每家银行只有一个银行代码,由其自己决定,通常是该行的名字或缩写,适用于其所有的分支机构。

2.国家代码(第5～6位)

由两位英文字母组成,用以区分用户所在的国家和地理区域。

3.地区代码(第7～8位)

由0、1以外的两位数字或两位字母组成,用以区分位于所在国家的地理位置,如时区、省、州、城市等。

4.分行代码(第9～11位)

由3位字母或数字组成,用来区分一个国家里某一分行、组织或部门。

例如,中国银行上海分行,其SWIFT Code为BKCHCNBJ300,含义为:BKCH(银行代码)、CN(国家代码)、BJ(地区代码)、300(分行代码)。

如果银行的SWIFT Code只有8位而无分行代码时,其初始值为"XXX"。

(三)SWIFT Code的查询

银行的SWIFT Code可以通过拨打银行的服务电话查询,选择人工客服,提供给对方银行名称,告知其是收汇还是付汇即可查询。境内各大主要银行的服务电话和银行国际代码(不含分行代码)如表6-1所示。

表6-1 境内银行服务电话及银行国际代码

银行	服务电话	国际代码	银行	服务电话	国际代码
中国银行	95566	BKCHCNBJ	中国工商银行	95588	ICBKCNBJ
民生银行	95568	MSBCCNBJ	中国建设银行	95533	PCBCCNBJ
招商银行	95555	CMBCCNBS	中国交通银行	95559	COMMCNSH
华夏银行	95577	HXBKCN	中国农业银行	95599	ABOCCNBJ

也可以登录SWIFT国际网站(http://www.swift.com/biconline)来查询我国某个城市某家银行的SWIFT Code。打开浏览器,输入SWIFT Code查询,进入后,在首页搜索框中,输入城市、银行及其分行,然后就可以查看到代码了。如图6-5所示。

图6-5 SWIFT Code查询界面

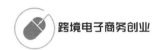

以中国银行上海分行为例,登录 SWIFT 国际网站,根据提示填入要查询的银行信息。在"BIC or Institution name"中填入中国银行的统一代码:BKCHCNBJ;在"City"一栏中填入要查询的银行所在城市的拼音:Shanghai;在"Country"一栏的下拉菜单中选择"CHINA";最后在"Challenge response"中填入所看到的验证码,如图 6 - 6 所示。

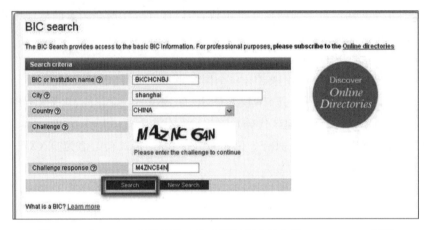

图 6 - 6 在 SWIFT 国际网站查询中国银行上海分行 SWIFT Code 界面

完整填写要查询的银行信息后,点击"Search"按钮,如图 6 - 7 所示。

图 6 - 7 SWIFT Code 查询结果界面

六、创建美元收款账户

速卖通卖家如果要收取买家通过信用卡(美元通道)、西联汇款、T/T 汇款等支付方式的交易款项,就必须开通美元收款账户。

美元收款账户需要。速卖通卖家在银行开一个账户即可,就像平时生活中在银行开通中国境内银行储蓄卡一样。

(一)在设置速卖通美元收款账户前确认设置要求

1. 公司的美元账户的设置要求

(1)可接受新加坡花旗公司账户的美元打款。

(2)在中国大陆地区开设的公司账户必须有进出口权才能接收美元并结汇。且必须办理正式报关手续,并在银行端完成相关出口收汇核查、国际收支统计申报之后,才能顺利收汇、结汇。

2. 个人美元账户的设置要求

个人美元账户必须能接收新加坡花旗银行公司对个人的美元的打款。收汇没有限制,个人账户年提款总额可以超过5万美元。注意结汇需符合外汇管制条例,每人5万美元结汇限额。

两种账户设置的美元账户银行卡必须是借记卡,不能是信用卡等。若你的公司有进出口权,并能办理报关手续等,建议设置公司的美元收款账户;若没有,建议设置个人的美元收款账户。

(二)设置操作步骤

(1)登录到"我的速卖通",依次点击"交易"—"资金账户管理"—"支付宝国际账户"。

(2)在"我的账户"首页点击"设置银行账号提现",输入美金银行账户资料:账号、开户人名字(若是在中国大陆开户的用户请填写中文名的拼音,例如,张三就写 Zhang San)、SWIFT Code 等信息即可。请不要使用中文填写信息,否则将引起放款失败,从而产生重复放款,损失手续费。填写完毕后,点击"保存"按钮即可。

(3)若银行信息不明确的,请联系开户行工作人员确认。

目前在支付宝国际账户中,不能直接修改已添加的美元收款账户,可以先删除已设置的提现账户,再重新添加新账户即可。要删除时,登录到"我的速卖通",在"支付宝国际账户"—我要提现—"提现银行账户设置"选中要删除的银行账户信息,点击删除即可。

📍 相关链接 6-1:速卖通美元收款账户相关问题

1. 哪些卡可以接受美元?我没有能接受美元的外币账户,怎么办?普通银行卡可以接收外币吗?

境内的银行都有外币业务,可以接收外币,但是需要本人带上有效身份证件去银行开通个人外币收款功能。如果你的卡本身就是双币卡(人民币和美元),就可以直接接收美元了。

2. SWIFT Code 是什么?怎么知道我的银行卡的 SWIFT Code?

SWIFT Code 相当于各个银行的身份证号。从境外往境内转账外汇必须使用该码。因为每个地区每家银行的 SWIFT Code 都不同,需要拨打银行服务电话或登录

SWIFT Code 国际网站查询。

3. 我创建的美元账户有误,想修改,可以吗?

不可以。内地可以删除后重新创建一个新的美元收款账户。

4. 是否必须是中国内地的美元账户,中国香港的美元账户可以吗?

可以。

5. 我只设置了美元收款账户,没有设人民币收款账户,能否做交易?

不可以。

6. 我刚刚通过注册且创建了一个人民币收款账户,为什么无法创建美元账户?

这很可能是系统同步的原因,可以几个小时后再设置。

7. 我有一个中国银行的私人账户,既可以收人民币,也可以收美元,我已经绑定了支付宝人民币提现账户,同时又把它填在个人账户的美元账户中应该没有问题吧?

请向发卡银行确认,是否能接收境外的美元汇款。因为速卖通是从新加坡花旗银行汇款进你的账户的。

8. 我设置了美元个人收款账户,收款超过 5 万美元的限制了该怎么办?

有两种解决方案:如果一次提现已经超过 5 万美元,可以分年结汇;还可以在金额未超过 5 万美元时提现一次,下次提现时更改个人收款账户,分开提现。

9. 我设置了美元收款账户,提现要手续费吗?

美元提现手续费用按提取次数计算,每笔提款手续费固定为 15 美元,已包含所有中转银行手续费。建议卖家减少提款次数,当可当资金累积到一定金额时再进行提现操作。

七、速卖通收费标准及栏目年费

(一)速卖通收费标准

速卖通会在交易完成后对卖家收取手续费,买家不需要支付任何费用。每笔交易产生之后速卖通对卖家的每笔订单收取 5% 的手续费,比如买家向你支付了 100 美元,那么你账户只会收到 95 美元,而速卖通平台会收取 5 美元的平台佣金,所以在计算产品成本的时候不要忘了把这 5% 的佣金计算进去。目前这是全球同类服务中最低的费用。

(二)速卖通栏目年费

除了速卖通手续费以外,卖家要入驻速卖通平台需要按行业栏目交付年费才能申请开店,不同的行业年费不同,大部分的行业年费为 10000 元人民币,具体可以参考速卖通 2018 年类目年费表。

速卖通平台针对店铺业绩有一个返还年费的政策,经营到自然年年底的速卖通卖家,返还年费分为两部分:退还年费(卖家未使用月份年费)+奖励年费(卖家年销售达标奖励年费)。

八、卖家提现

(一)卖家提现方式

卖家提现采用余额提现方式,分为美元提现与人民币提现。美元提现将提款到卖家的美元银行账户中,人民币提现将提款到卖家的支付宝境内账户中。

卖家可以先登录国际支付宝,到"我要提现"功能下的"提现银行账户设置"中确认是否已经设置了美元和人民币提现银行账户,如果没有的话需要先设置完成才能操作提现。

(二)卖家提现具体操作步骤和注意事项

1.操作步骤

(1)查看"我的账户"信息,可以看到可提现的人民币金额和美元金额,已冻结的人民币金额和美元金额,以及人民币账户总金额和美元账户总金额。如图6-8所示。

图6-8 "我的账户"界面

(2)点击人民币或美元账户后对应的"我要提现"按钮。

(3)输入你要提现的金额,点击"下一步"按钮,到达提现信息确认页面。

(4)确认提现信息后,输入支付密码,点击"确认"按钮后,系统会进行手机验证。输入正确的验证码后确认提交,即可提现成功(注:手机验证码的有效期是30分钟)。

美元提现金额至少需16美元,人民币提现金额至少需0.01元;美元提现每次收取15美元的手续费,人民币提现无须手续费。

2.注意事项

速卖通提现如果没有注意某些小细节,可能导致提现美元不成功,款项或者卡在银行,或者被退回,白白浪费了15美元的提现费。为了保证能够及时收到货款,卖家注意以下几点。

(1)尽量选择平台支持的货运方式,并在发货期内填写真实有效的运单号。

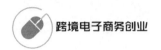

（2）如运单号在货途中发生变更，请及时更新运单号。

（3）若存在纠纷问题，请卖家及时配合服务人员并提供相应的证明资料。

（4）在买家确认收货或者确认收货超时，且货运信息正常的情况下，卖家会在3~5个工作日内收到相应的订单款。

本章小结

我国跨境电子商务发展前期，主要采用比较传统的支付方式，比如邮政汇款、银行转账及信用证等。但是，在跨境电子商务迅速发展的背景下，出现了大批量包裹、海外仓的物流模式，推动了第三方支付平台不断完善及跨境支付方式的不断创新，主要采用PayPal、国际支付宝、信用卡等支付方式。

跨境支付作为跨境电子商务重要的环节之一，选择合适快捷的支付方式显得尤为重要。跨境支付需要考虑汇率、币种、收款时间、买家所在国（地区）等诸多因素。本章详细阐述了常用跨境电子商务第三方支付及操作流程，并介绍了速卖通平台收款账户的类型及收款账户的设置。

思考与实训

1.试阐述速卖通收款账户的类型及特点。

2.速卖通收款账户的设置流程是怎样的？在账户设置过程中要注意哪些问题？

3.速卖通平台常见的买家支付方式有哪些，并用表单的方式罗列出相应的各国（地区）通用的支付方式和特点。

4.了解跨境电子商务四大平台的收费标准。

第七章

跨境电子商务营销

　　跨境电子商务的快速发展,在一定程度上形成了不同的营销模式,在具体的贸易环境下,采用恰当的营销模式,有助于跨境电子商务企业的稳定健康发展。面对不同的商业环境及客户群体,优化营销策略,才能促进跨境电子商务的发展。本章对跨境电子商务营销手段的介绍侧重 B2B 这种方式,主要介绍电子邮件营销、SNS 营销、SEM 营销和 SEO 营销。

◎ **学习目标**

　　通过本章的学习,了解电子邮件营销的含义;理解电子邮件营销流程及效果评估指标,SNS 营销含义,SEM 常见形式和推广策略;掌握 SEM 营销和 SEO 营销含义,SNS 营销核心策略和基本流程。

💡 **重点难点**

　　电子邮件营销、SNS 营销、SEM 营销和 SEO 营销的含义、特点及营销策略,并能够在跨境电子商务经营中选择适当的营销方法,采取合适的营销策略推广店铺和产品。

◎ **关键术语**

　　电子邮件营销、SNS 营销、事件营销、红人营销、SEM 营销、竞价排名、关键词广告、SEO 营销、站内链接、站外链接。

第一节　电子邮件营销

一、电子邮件营销含义

　　电子邮件营销(e-mail direct marketing,EDM),是在用户事先许可的前提下,通过电子邮件的方式向目标用户传递价值信息的一种网络营销手段。e-mail 营销有三个基本因素:用户许可、电子邮件传递信息、信息对用户有价值。三个因素缺少一个,都不能称之为有效的 e-mail 营销。可以说,电子邮件营销是利用电子邮件与受众客户进行商业交流的一种直销方式。

电子邮件营销

　　相对于传统邮件,互联网时代的用户显然是更青睐于使用电子邮件。庞大的用户基数和较高的使用频率,为 EMD 提供了大量的目标群体。同时,对于商家而言,电子邮件营销还具有费用低、目标明确、高效、便捷等特点,且营销推广效果也比较容易获得

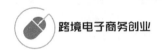

反馈和评估。另外,电子邮件营销也为企业推送多元化的营销信息提供了便利。借助 EDM 软件,企业可以为用户发送电子广告、产品信息、销售信息、市场调查、市场推广活动等营销推广内容。

二、电子邮件营销推广

(一)建立电子邮件地址数据库

EDM 是直接与用户进行信息连接,因此首先需要获得大量的邮件地址和用户姓名,以建立网站或企业的电子邮件地址数据库。一般而言,商家或网站可以通过三种方式来获取邮件的地址信息。

(1)直接购买第三方的邮件数据库。

(2)与其他的邮件地址数据库进行资料共享,以扩展数据库的邮件数量。

(3)通过多种优惠措施,鼓励用户在注册邮箱时订阅网站或商家信息。

电子邮件地址数据库的构建是进行邮件营销的前提。其中又以第三种方式最为理想。因为选择信息订阅的用户,一般都会对网站或商家感兴趣,可以直接成为 EDM 的目标群体。

(二)分类数据库

互联网时代人们更加注重多元化、个性化的需求体验,这对企业营销提出了更高的要求。因此,网站或企业还要对数据库的用户信息进行分类、细化和定位,从而根据用户的不同需要,在邮件推送中提供对用户有价值的信息,提高用户的阅读忠诚度。

比较有效的做法是,在用户订阅或退订时,提供一个比较详细的信息分类列表,让用户选择自己感兴趣的内容。如此,就可以把信息需求进行分类,有针对性地发送用户需要的营销邮件。

在信息极度膨胀的互联网时代,用户每天都面临着信息过多和筛选的困扰。因此,针对用户需求的信息分类推送,是 EDM 成功的重要保障。而那些在营销推广中一刀切式的邮件滥发的做法,不仅达不到营销效果,还会引起用户的极度反感,甚至被判定为垃圾邮件。

(三)避免垃圾邮件风险

实质而言,任何垃圾邮件都是营销推广邮件。只是这些营销邮件并没有对用户的潜在需求进行分类调研,而只是进行无差别的大量发送,因此不能为用户带来有价值的信息,也容易引起用户的反感。

因此,用户许可和信息对用户有价值,是 EDM 顺利开展的基本因素,也是避免成为垃圾邮件的关键。用户许可,就是企业在进行邮件营销之前,已经得到了目标用户的许可,用户对邮件的内容信息比较感兴趣,或者至少不会排斥这些邮件。对用户有价值,就是企业对营销的目标群体进行了细化分类,所推送的产品、服务、促销等信息,都是目标用户感兴趣的内容。

(四)控制邮件发送周期

邮件发送周期的确定与以下两个因素相关。第一,邮件的营销内容。时效性要求比较高的营销信息,需要优先发送,周期也较短;而时效性长的信息,可以适当推迟发送,邮件的发送周期也可以相对较长。第二,用户的阅读习惯。过于频繁的邮件发送容易引起用户的反感,而邮件发送周期太长,也不利于培养用户的邮件阅读习惯。因此,企业需要通过事先的用户调研和阅读行为分析,制定出一个最适宜的邮件发送周期。

（五）撰写邮件标题和内容

1. 吸引读者打开和阅读邮件的因素

每一封成功的电子邮件不仅有自己的特点,而且有一些共同的特点。根据美国一家机构进行的一项有关影响用户打开和阅读电子邮件因素的调查,结果表明,有59.2％的被调查者打开邮件是由于发件人是收件人熟悉的人或朋友。其他影响用户打开邮件的因素依次是：41.1％的人因为邮件主题打开邮件,33.6％的人倾向于打开就可以正常阅读的邮件,30.1％的人愿意打开有价值的邮件,19％的人被预览窗口的内容吸引而打开邮件,还有因为看到打折信息、免费信息而打开邮件等。根据这项调查结果可以总结出一些成功的电子邮件所具有的特点。

2. 成功的电子邮件的特点

（1）邮件标题

一封成功的邮件首先要具有一个能够给收件人留下深刻印象的标题。这样的标题要有吸引力,但不能太过于夸张,要具有自己的个性化特点,这样才能吸引收件人打开邮件,查看邮件内容。

（2）邮件内容

要合理设计邮件的内容,才能在标题吸引收件人之后,让收件人打开邮件进行阅读。邮件内容要注意以下几个方面。

①发出的邮件应该注意版本的格式

可以采取纯文本版和 HTML 版本双重文本的方式。所有的邮件系统都支持HTML 文本文件,但有时候收件人可能更喜欢纯文本文件。纯文本文件下载时间更短,内容更加简单。而且如果遇到某些不支持 HTML 格式的情况,纯文本文件可以直接自动显示,这样可以保证在各种情况下邮件都可以正常显示。

②注意控制邮件的大小

电子邮件应该简洁,下载时间短,尽量减少多媒体、影音、图像这种大型邮件形式。企业发出的邮件最好控制在几十 kb(千字节),这种小型化的邮件在宽带条件下或在移动网络条件下,比如在手机上都可以有良好的实现效果。

③邮件尽量不要添加附件

邮件不要添加附件的原因首先跟控制邮件大小有关,如果下载附件需要花费较多的时间,那么收件人就很有可能不会打开邮件;另外一个重要原因是,网络安全受到越来越多人的重视,而很多人考虑到网络安全不会轻易打开陌生邮件中的附件。

④邮件的宽度要控制

有些企业所发的邮件由于内容宽度过大,在收件人打开邮件时,不能很顺利地在页面上看到具体内容,还需要左右拉动屏幕。凡是给阅读带来不便的形式,都有可能影响

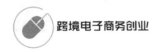

邮件营销的效果。

（六）提供退订

在创新求变的互联网时代，用户的兴趣很容易发生转移，注意力也总是会被不断出现的新事物和信息所吸引。因此，为了避免成为垃圾邮件，企业在进行 EDM 时，需要设置合理的用户退出机制，以方便用户可以随时退出订阅。

一般来说，企业在每次营销邮件的结尾部分，都会提供邮件退订的流程说明。不过，需要注意如下两点。

（1）退订的方法应该尽量简便快捷，比如，通过简单地回复，或者点击相关的链接便可退订。

（2）可以设置一些简单的问题，通过用户的回复分析退订的原因，比如内容价值不高，不喜欢邮件的整体设计，邮件发送过于频繁，个人兴趣的转移，等等。通过这些因素的分析，可以更精确地定位用户，推动邮件营销推广的完善。

（七）使用邮件发送工具

EDM 的效果，在一定程度上遵循"大数法则"。除了高质量的内容之外，发送的数量对邮件营销推广来说也十分重要。群发邮件是 EDM 最常用的方式，即借助邮件群发软件，向邮件地址数据库中的大量用户发送信息。这种发送由于并不一定需要用户的许可，因此对邮件内容的设置应该更加谨慎，以避免成为垃圾邮件。

例如，比较常见的群发软件 SendCloud，对群发的邮件就有严格的要求。那些被举报经常发送垃圾邮件的账户，SendCloud 会不断降低其信誉度，甚至进行封号处理。

三、邮件营销效果评估的三大数据指标

营销效果易于反馈评估，这是 EDM 的优点之一。通过对邮件推送的有效率、邮件的点击率和阅读率进行评估，可以及时获得相关的效果反馈，从而发现问题，进行优化完善，实现邮件营销的最终目标。

（一）有效率

有效率即邮件推送的成功率。不论是企业自己构建的邮件地址数据库，还是从第三方购买的数据库，都很难保证地址的真实性。因此，需要对 EDM 发送邮件的有效率进行评估，以及时筛除虚假地址，提高 EDM 的效率。

（二）点击率

点击率涉及营销邮件的具体内容，反映的是用户对邮件内容的兴趣度。内容是邮件营销的核心要素。内容对用户越有价值，点击率才会越高。同时，通过对邮件内容中不同链接的点击统计，企业还可以把握到用户对不同内容的兴趣程度，从而使以后的邮件营销更有针对性。

点击率的计算公式为：点击率＝点击量÷打开量×100%。

（三）阅读率

阅读率主要是用来评估用户对营销邮件的接受度和兴趣度，这主要取决于邮件的展示形式，是否有足够的吸引力和创新性。

阅读率的计算公式为：阅读率＝打开量÷成功发送数量×100％。

打开量是指接收到营销邮件后，打开邮件的用户数量。另外，由于用户可能存在多次打开邮件的情形，因此在统计时需要注意区分打开次数和打开用户数。

其中，点击量是指用户打开邮件阅读后，所触发的相关链接的点击数量。

总体来看，EDM 是一种低成本、广覆盖、快速、便捷的营销模式。但是，EDM 要想取得满意的效果，需要企业在邮件营销过程中运用多种途径，有效提升用户的阅读和点击欲望，并以用户为中心，不断为用户提供新的价值体验。如此，才能与用户建立起关系，实现品牌塑造、产品促销等营销目的。

📍 相关链接 7－1：EDM 营销：亚马逊海外购 VS 京东全球购

1. 亚马逊"海外购"商店

亚马逊"海外购"商店为境内消费者提供中文海外购物服务，其产品涉及服装、家具、母婴、电子、保健、餐饮等多个领域，而且保证产品全部出自亚马逊（美国），向中国地区的消费者提供优质低价、便捷高效的一站式海外购物体验，而支撑这一体系的是亚马逊强大的全球采购能力及配送能力。

2. 京东全球购

京东全球购旗舰店上线的"国家馆"，可以让用户根据地域选择自己所需产品，通过为消费者提供富有地域特色的产品来满足消费者的需求，而且保证产品的质量与售后服务，让消费者免除以往海淘模式的诸多烦恼。

3. 亚马逊 VS 京东：日常价格营销推广邮件

亚马逊的邮件营销发展较早，并且在邮件营销上投入了大量的资源，目前已建立起了十分完善的邮件营销体系。邮件内容涵盖产品推广、顾客评论收集、产品售后服务等，而且应用大数据分析技术所进行的精准营销也使亚马逊占据了巨大优势。

向用户发送产品推广、优惠促销邮件也是京东一直以来的营销策略。京东通过长时间的经营积累了庞大的用户数据后，也开始推行精准营销，根据用户的搜索习惯、兴趣爱好、职业等向用户推送其感兴趣的产品。而且，京东还尝试在电子邮件中向用户推送性价比极高的产品作为节日祝福，提升邮件营销的人性化体验。

4. 亚马逊 VS 京东：巧妙创意专题邮件

邮件营销的创意设计是衡量营销推广人员能力的重要方面，尤其是在日常生活中营销人员尝试利用当下的时事热点与自己的创意进行结合，挖掘出用户的潜在需求、提升付费欲望，从而使邮件营销为企业带来巨大的收益。

比如，京东在情人节期间推出"情人节定制鲜花"专题邮件，让广大的消费者眼前一亮；亚马逊的"全球尖货 TOP 榜"专题邮件也产生了良好的效果。

第二节　SNS 营销

一、SNS 营销含义

（一）含义

SNS(social network services)是指社交网络服务,国际上以 Facebook、Twitter、Instagram、Pinterest、VK 等 SNS 平台为代表,专指旨在帮助人们建立社会性网络的互联网应用,也指社会现有的已成熟普及的信息载体,如 SNS 服务。SNS 营销就是利用 SNS 网站的分享和共享功能,在六维理论的基础上实现的一种营销。通过病毒式传播方式,企业的品牌和产品能够被更多的受众所了解。

（二）特点

1. SNS 营销资源丰富

SNS 中的人员分布广泛,全国各地、各行各业都有,这就使得 SNS 网站拥有了无限的资源,由广大用户在使用中慢慢帮助 SNS 网站积累资源。

2. SNS 用户众多

用户很容易在网站上找到自己需要的信息,SNS 用户还可以与网站中的其他用户进行交流,利用其他用户所提供的资源解决自己的问题。例如,用户可能会在 SNS 认识一些志同道合的人,每天在线交流,逐渐形成一定的用户群体,并且这样的用户群体具有较高的用户黏度。

3. SNS 营销的互动性极强

虽然 SNS 并不是即时通信软件,但也可以达到即时通信的效果。SNS 还允许用户将自己写的一些文章或消息发给好友。在 SNS 平台上,用户可以根据自己喜欢的或者当下的热点话题进行讨论、发起投票或提出问题,这样的方式能够充分调动所有人的智慧。

4. SNS 网站的价值在于其丰富的资源

SNS 的用户分为许多种,有些想通过 SNS 多认识朋友,有些是想通过在 SNS 上发软文来推广自己的网站等。这些都体现了 SNS 网站的价值所在,也是 SNS 营销的价值所在。

二、营销的七大工具

（一）Facebook

Facebook(脸书)是全球排名领先的社交网站,每月的活跃用户数高达 22 亿人,平台上每天被发送出去的消息数量高达 120 亿条。Facebook 的发展引来众多电商从业者的关注,跨境电子商务大鳄兰亭集势、DX 等纷纷在 Facebook 上创建了自己的官方账户。

值得注意的是,如果跨境电子商务的目标市场是俄罗斯,那么应该选择 VK,VK 在俄罗斯及东欧的影响力相当于 Facebook 在欧美国家的影响力。

（二）Twitter

Twitter（推特）作为微博客的典型应用，是全球互联网访问最大的网站之一。用户通过 Twitter 可以发布不超过 140 个字符的"推文"。各大企业纷纷在 Twitter 上发布产品信息进行营销来吸引消费者。

除此之外，跨境电子商务也可以通过名人的 Twitter 账号营销自己的产品，可以在第一时间评论名人的推文，或者多次评论，让消费者对企业的产品有印象，最终成为自己的客户。

2014 年 9 月，Twitter 又新增加了购物功能，为跨境电子商务的发展提供了便利。

（三）Tumblr

成立于 2007 年的 Tumblr（汤博乐），目前是全球最大的轻博客网站，有 2 亿多篇博文。轻博客是随着互联网的发展而产生的一种新的媒体形态，它既注重表达，也注重社交及个性化设置。因此，跨境电子商务在 Tumblr 上进行营销时需要特别注意其"内容的表达"。

例如，在营销产品时，可以将产品的信息隐含在一个故事中，消费者在了解故事的同时，也会对产品的信息形成一定的印象，并且有趣味性的故事，消费者还愿意主动去传播，从而扩大产品的覆盖面积，提高品牌的知名度。因此，跨境电子商务在通过 Tumblr 营销时，不妨从自己的产品中探索出一些引人入胜的故事，实现品牌化效应。

（四）YouTube

YouTube 是全球最大的视频网站，用于用户分享影片及短片。与其他视频网站相比，YouTube 的影响范围更广泛。2012 年，鸟叔的《江南 style》在 YouTube 上被大范围传播，一时之间引起世界范围的关注。

考虑 YouTube 巨大的影响力和传播力，跨境电子商务卖家可以在 YouTube 平台上营销产品。例如，在 YouTube 上开通一个频道，并上传一些有吸引力的视频，以吸引用户关注。在视频中可植入产品广告或者让意见领袖评论影片，达到宣传的目的。

（五）Vine

Vine 是一款基于地理位置的 SNS 系统，类似于 Twitter 服务，2012 年被 Twitter 收购。用户可在 Vine 上发布 6 秒的短视频，并可配上文字说明，能够分享给世界各地的朋友。2014 年，美国社交媒体平台服务商 8th Bridge 对 800 家电子商务零售商进行访问、调查，结果发现 38% 的商家会将 Vine 作为拓展市场份额的渠道。2016 年 12 月 16 日，Twitter 宣布将其变为 Twitter 平台上一款简单的工具，改名为"Vine Camera"。

对于跨境电子商务卖家来说，通过 Vine 进行产品营销，既可以利用短视频全方位的展示产品的优良性能，又可以利用缩时拍摄，将同一类型的不同产品以连续播放照片的形式展示出来，以此提高企业品牌的知名度和影响力。

（六）Pinterest

Pinterest（拼趣）是全球最热门的十大社交网站之一，也是最大的图片分享网站，共有 300 多亿张图片。Pinterest 可以称得上是图片版的 Twitter，用户可以在 Pinterest

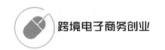

保存自己感兴趣的图片,同时其他网友可以关注或者转发。Pinterest 平台更适合跨境电子商务的发展。

对于大多数消费者来说,在见到实物之前,都是通过网上的图片来了解产品的外观。因此,电子商务企业在 Pinterest 建立自己的主页,制作精美的图片,并上传到公司的主页上,以吸引消费者的注意力。

2014 年 9 月,Pinterest 推出广告业务。卖家可以在制作图片时加上产品的信息,消费者只要查看图片,就能够看到卖家的广告。所有用户的注册信息,都被 Pinterest 获取下来,并建立了相关的数据库,分析出消费者的喜好,从而帮助商家精准投放广告。此外,跨境电子商务也可以购买 Pinterest 的广告,进行品牌宣传,与之相类似的网站还有 Snapchat、Instagram 以及 Flickr 等。

(七)其他 SNS 营销方式

除了以上几大社交网站之外,论坛营销、博客营销、问答社区营销等也是常见的社交媒体营销方式。这三种营销方式比较适合专业化程度高的产品,如电子类、开源硬件等。

SNS 营销含义和技巧

例如,DX 主要经营 3C 电子产品,它的门槛较高,不是任何人都可以经营,并且专业化程度也较高,那么就可以采取论坛营销的方式。此外,如果电子商务企业将毕业生或职场人士作为产品的目标对象,那么就应该选择全球最大的商务社交网站 LinkedIn 作为营销的平台,也可以选择全球第二大社交平台 Google+。

三、SNS 营销核心策略

(一)营销 4H 法则

1. Humor(幽默)

只要在自己的社交站个人资料里写点幽默文字和添加些幽默图片,或者仅仅是一段自己的简介,就可以吸引很多朋友从而拓宽你的影响力。

2. Honesty(诚实)

自始至终必须坚持诚实原则,这样才会保持正面的影响力。

3. Have Fun(有趣)

社交网站重要的一点是能做许多有趣的事情,认识新朋友,学习新知识,与此同时利用流量拓展业务。

例如,在 Facebook 有人分享了一篇《15 个只能在中国沃尔玛才能买到的东西,第 14 个最怪异》的文章,配上在中国沃尔玛超市司空见惯的猪头,在美国人看来就是奇闻。

4. Help People(助人)

助人如助己,可以在个人资料里加些有用的链接和建议,给别人指出正确的方向,给留言的人或者给和你联络的人解答任何问题。例如,Coffee Review(咖啡评鉴)是 Facebook 上的咖啡分享网站,坚持分享食谱、趣闻,进行促销互动,帮助客户了解到更多关于咖啡的知识和口味。

(二) 营销技巧

1. 事件营销

事件营销是指企业通过策划、组织和利用具有名人效应、新闻价值及社会影响的人物或事件，引起媒体、社会团体和消费者的兴趣与关注，以求提高企业或产品的知名度、美誉度，树立良好品牌形象，并最终促成产品或服务的销售的手段和方式。简单地说，事件营销就是通过把握新闻的规律，制造具有新闻价值的事件，并通过具体的操作，让这一新闻事件得以传播，从而达到广告的效果。事件营销是国内外十分流行的一种公关传播与市场推广手段，集新闻效应、广告效应、公共关系维护、形象传播、客户关系维护于一体，并为新产品推介、品牌展示创造机会，建立品牌识别和品牌定位，是一种能快速提升品牌知名度与美誉度的营销手段。20 世纪 90 年代后期，互联网的飞速发展给事件营销带来了巨大契机。通过网络，一个事件或者一个话题可以更轻松地进行传播和引起关注，成功的事件营销案例开始大量出现。

2. 红人营销

红人营销是指依托互联网特别是移动互联网传播及其社交平台推广，通过大量聚集社会关注度，形成庞大的粉丝和定向营销市场，并围绕网红 IP(intellectual property,知识产权)衍生出各种消费市场，最终形成完整的网红产业链条的一种营销手段。这种红人，往往不是指某一个自然人，而是指某个社交平台的大号，比如 Facebook 的大 V。红人营销的发展可以分成两个阶段。

第一阶段，红人营销的历史演变由传统营销的社会公众人物代言(如影视明星)，在互联网上逐步演变成互联网意见领袖型网友进行有偿代言推广。这部分人群多数聚集在各大社交媒体站点，由于是线上业务，通过线上直接代言推广可以带来十分明显的流量和订单，同时伴随着极高的订单转化率。

第二阶段，在手机普及后，全球主流国家的移动互联网进入爆发式增长期，用户的购物需求从过去的 PC 端迅速转移到移动端，极大促进了电子商务发展。据 Google 推广测试数据显示，移动端流量占比 68%。这个阶段的红人已经不再是单兵运营，往往是一个团队运营，所谓的红人就开始变成了社交媒体上的一个账号。有团队运营的账号，通常会有细分而又具体的内容生产，一次吸引更多的粉丝关注。这种红人账号一旦推荐某一个产品，即可瞬间产生大量订单。所以，和红人团队的合作，具有目标消费群体精准、品牌效果显著的特点。跨境电子商务的运营，尤其是准备进入品牌运营的公司应该更加重视这种合作关系。

四、SNS 营销步骤

(一) 步骤一： 选择潜在客户聚集的社交平台

SNS 营销步骤

在互联网及其设备的飞速发展的时代，社交网络层出不穷，花样繁多，然而随之而来的一个问题就是同质化严重。因此，提高对社交网络的利用效率的重要方法就是，找准对自己和用户有用的社交网络，防止广撒网，针对社交网络不同的风格和用户特征进行选择。

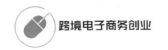

社交网络的选择需要考虑以下几个因素。

首先,要考虑的就是在社交媒体上的投入时间。尤其是在跨境电子商务运营的初级阶段需要客户量的积累,需要每天在社交媒体上投入至少1小时。

其次,要考虑资源是否适用的问题。社交平台上所值得挖掘的资源是多种多样的,比如新的技术、人员、对内容质量的侧重等,所以要针对自身需要的资源进行筛选。

最后,要考虑用户的精准定位。不同类型的跨境电子商务的潜在客户分别是哪些,这些客户又分别存聚于哪些社交平台,这都是需要关注的。

(二)步骤二: 保证自己在社交平台上的信息完善

在社交媒体上的信息是电子商务企业的"门面",因此每个月都要对包括简介、头像、简历等信息进行查看,确保信息的完整并更新的及时。信息的完整能够表现出一个品牌的认真态度和专业性,能够给访客留下良好的第一印象。

通常来说,信息包括视觉和文字两部分。视觉部分要尤其注意在不同平台上的一致性,以培养其在访客眼中的舒适度。举例来说,在 Twitter 和 Facebook 上的头像信息就最好保持一致。这些图像的制作需要选择格式恰当的图片,这一点可以借助 Canvas 工具来进行模板生成。

而对于文字部分则需要对简介和信息进行个性化处理,使得内容产生有别于其他产品的吸引力。做好社交媒体简介一般要遵循以下几个规则。

①以生动的展示代替平板的说教。

②重视关键词的明确和强调作用。

③始终让语言处于新鲜的状态,跟得上时代,但又要避开被广泛使用的"高频词"。

④关注潜在客户的兴趣。

⑤永远不要放弃自己的个性和品性。

⑥注意自己页面的更新和维护及信息的流动。

(三)步骤三: 为自己的营销路径定调

在做好社交网站选择及完善好应有的信息之后,接下来就要开始进行社交网络分享。在分享之前需要找准营销调子。为了做到这一点,就需要对客户及各种营销细节进行充分的考虑,可以从以下几点着手。

①确定自己品牌的性格。

②定位品牌与客户的关系。

③用形容词来说出非公司个性的部分。

④有哪些公司在哪些方面与你的公司相似。

⑤客户对公司看法的预期。

通过对这些问题的回答,就可以收获与公司经营策略有关的形容词,根据这些形容词就能定下营销的基调。用始终保持一致的基调来与客户对话,有助于树立良好的企业形象。

(四)步骤四: 指定搭配有效的发帖策略

在正式进行发帖的过程中要考虑发帖数量、发帖时间、合适的发帖内容等。这些问题都要根据具体情况随时做出调整,最重要的影响因素就是客户和信息的受众群。

1.内容

在社交媒介的传播内容中,相比较文字来说,图片往往能获得更多的关注量。在对Twitter、Facebook 等信息内容进行浏览时,在一定的时间内图片信息可能会被迅速浏览一遍,而文字却做不到。数据显示,在 Facebook 里图片信息获得的赞、评论及点击量分别比文字信息高出 53%、104%和 84%。Twitter 也是如此,在 200 万条推文中,图片信息所占的比例远远高于文字。

所以,在进行发帖内容选择时应当注意内容的合理分配,基本上应当注意以下营销策略:刚开始从五个最基本的形式着手——文字、图片、链接、引用和转发;确定一个最主要的类型,使得大多数发帖以该类型为主;内容与形式按照 4:1 的比例进行穿插式调节,也就是说以一种形式和发布四条内容之后,就应当穿插进一条其他形式的内容。

2.频率

社交媒体的更新会不时出现一些数据因素,包括行业、资源、内容质量等,这些数据可能会与内容相适合,也可能相悖,所以发帖频率也要随时进行调整。所使用的社交平台必定会有自己的发帖频率,也就是说一般发帖的频率在多少会获得最好的效果。当然,如果发帖内容受到欢迎,就可以持续增加发帖量。适合各种社交平台的发帖频率如图 7-1 所示。Facebook 是每周 5~10 篇,Twitter 是每天至少 5 篇,LinkedIn 最适合工作日每天 10 篇,而 Google+每天发帖量要控制在 5 篇以下。

图 7-1 适合各大社交平台的发帖率

3.发帖时间

有很多工具能告知 Facebook 和 Twitter 发帖的最佳时段。这些工具观察你的关注者和发帖历史记录,看到你的用户什么时候在线和往期发布的时间。对于刚刚开始

社交媒体运作的人来说,没有用户和发帖历史怎么办? SumAll 在线分析平台提供了很有用的图表数据,其发现的结果如图 7 – 2 所示。

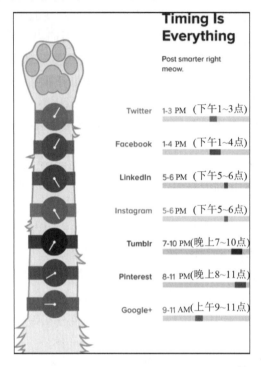

注:图中所示为美国东部时间。

图 7 – 2   SumAll 统计的各社交平台发帖最佳时间

(五)步骤五: 反复分析、测试

社交媒体分享是一个非常具体的和独立的工作。随着发帖增多,就会发现适合自己的内容、时间和频率。如何获取这些信息? 主流社交媒体页面内多数都提供数据分析模块,如果有第三方的完善的数据信息当然更好。这些工具可以给你详细的数据,包括每个发帖带来了多少浏览点击量、分享量、点赞和评论等。得到数据后,需要一定的方法来更好地利用它们。

1. 设定标杆

在两个星期或一个月的运营之后,你可以回顾数据,找到点击量、分享量、点赞、评论的平均数,这将是继续运营的一个标杆。当然随着运营的继续,这个数字需要及时更新。

2. 尝试新工具

因为很难在一开始就确定某种社交媒体工具是否就是最适合的,因此运营过程中需要不断尝试新工具,比如经过优化的图片会不会比没有优化的图片得到更多点击量? 大小写是否重要? 把测试中得到的结果与标杆数据进行对比,如果测试结果积极,就可以把这些变化加入到日常策略。反之则需要进行新的测试。

(六)步骤六: 自动化和参与互动

社交媒体营销的最后一步,包括建立一个可以跟踪效果的系统,帮你保持与社交媒体社区的互动。首先,把更新活动自动化,利用工具可以把预先建立好的内容一次性设置完成。然后,按照预定的顺序安排发送。当然,自动化并不一劳永逸,所以,最后你还需要参与和互动。你需要及时回复,跟进社交媒体正在发生的话题,这些对话里隐含着潜在客户、推荐人、朋友和同事。这是绝对不能忽视的一点。所以,也需要通过各种方式得到新话题和新回复的通知。

第三节　SEM 营销

一、SEM 含义和特点

SEM 营销

(一)SEM 含义

SEM(search engine marketing)是指搜索引擎营销。搜索引擎营销是一种营销方法,它根据用户使用搜索引擎的习惯,采用付费形式或者技术手段,使网页在关键词搜索结果中排名靠前,引导用户动机,从而达到品牌展示和促进销售的目的。

搜索引擎营销的基本思路是让用户发现信息,并通过搜索引擎搜索点击进入网站进一步了解其所需要的信息。简单来说,SEM 所做的就是以最小的投入在搜索引擎中获得最大的访问量并产生商业价值。

(二)SEM 特点

1. 使用广泛

搜索引擎在某种程度上解决了信息获取和信息筛选的问题。一方面,搜索引擎帮助用户找到想要的资料;另一方面,搜索引擎又通过自身的算法,努力使与用户搜索请求更相关的内容出现在搜索结果靠前的位置。让自己的网站被用户搜索到,已经成为各类企业新的营销方向。

2. 用户主动查询,针对性强

广告商在找客户,客户也在找广告商。网络用户是自己主动查询,针对性强。在搜索的时候,客户的需求已经通过关键词表现出来,搜索引擎根据客户需求,给出相应结果。搜索引擎是绝大多数网民经常使用的网络服务,是大多数网民查找自己所需要信息的重要工具,从注意力经济的原则来看,肯定会有很好的营销效果。并且,使自己出现在搜索结果的前面,是取得好的搜索引擎营销效果的前提。搜索引擎是建立在互联网基础上的,它继承了互联网没有时间、空间、地域限制的优点,同时又具有传统媒体广告所无法比拟的低成本、高针对性的优点,因此,搜索引擎可以说是迄今为止最优秀的推广方式。

3. 动态更新,随时调整

根据企业产品和服务内容的变化,可以随时调整与更新广告发布的内容和网站内容,为客户提供及时的资讯,吸引更多客户,留住更多老客户。

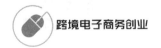

4. 门槛低,投资回报率高

网络营销的门槛低,谁都可以在搜索引擎上推广宣传,并且机会均等,发布的信息都有可能排在前面。另外,与传统广告和其他的网络推广方式相比,搜索引擎网站推广更便宜,更有效。

5. 竞争性强

每个企业或网站都希望自己的信息出现在搜索结果中靠前的位置,否则,就意味着被用户发现的概率比较低,因此,对搜索引擎检索结果排名位置的争夺成为许多企业网络营销的重要任务之一。如果客户通过搜索引擎找到你的网站,而非竞争对手的网站,你就已经在互联网的竞争上战胜了对手。

二、SEM 的含义及形式

(一)竞价排名

1. 概述

顾名思义就是网站付费后才能被搜索引擎收录,付费越高者排名越靠前;竞价排名服务,是由客户为自己的网页在搜索引擎上购买关键字排名,搜索引擎按点击量收费的一种服务。客户可以通过调整每次点击付费价格,控制自己在特定关键词搜索结果中的排名,并可以通过设定不同的关键词捕捉到不同类型的目标访问者。

2. 竞价排名的特点和主要作用

(1)按效果付费,费用相对较低。

(2)出现在搜索结果页面,与用户检索内容高度相关,增加了推广的定位程度。

(3)竞价结果出现在搜索结果靠前的位置,容易引起用户的关注和点击,因而效果比较显著。

(4)搜索引擎自然搜索结果排名的推广效果是有限的,尤其对于自然排名效果不好的网站,采用竞价排名可以很好地弥补这种劣势。

(5)企业可以自己控制点击价格和推广费用。

(6)企业可以对用户点击情况进行统计分析。

(二)关键词广告

关键词广告也称为"关键词检索",简单来说就是当用户利用某一关键词进行检索,在检索结果页面会出现与该关键词相关的广告内容。由于关键词广告是在用户检索特定关键词时,才出现在搜索结果页面的显著位置,所以其针对性非常高,是一种性价比较高的网络推广方式。

SEM 的运营人员主要的工作职责是不停地拓展产品的长尾关键词。越是长尾的关键词,点击单价低,转化率高。比如搜索引擎里推广"牙刷"和"儿童牙刷","牙刷"的点击单价会明显超过"儿童牙刷",前者的点击量也远超过后者,所以最后的结果却是,商家花费了大量的资金,引入了大量的流量,而订单量非常少。因此运营人员就需要不停地拓展长尾关键词。用"6 岁儿童安全牙刷""哪个成人牙刷品质最好"这样的词来不停地拓展,建立关键词库。Google AdWords 的关键词分析师工具,能够为 SEM 工作带来极大的帮助。指定的产品行业,可以下载大量的关键词数据文件 CSV(comma-seperated values,字符分隔值),可以从这些数据里进行筛选。

第四节　SEO 营销

一、SEO 含义和目标

(一)含义

搜索引擎优化(search engine optimization,SEO)就是通过对网站优化设计,使网站在搜索结果中排名靠前,又包括网站内容优化、关键词优化、外部链接优化、内部链接优化、代码优化、图片优化等。

SEO 采用易于搜索引擎索引的合理手段,使网站各项基本要素适合搜索引擎的检索原则并且对用户更友好(search engine friendly),从而更容易被搜索引擎收录及优先排序。通过总结搜索引擎的排名规律从而对网站进行合理优化,网站在百度和 Google 的排名可以逐步靠前,进而为网站带来更多的客户。它可以为网站提供生态式的自我营销解决方案,让网站在行业内占据领先地位,从而获得品牌收益。SEO 有其特有的优势,不仅可以避免过多的无效点击,节省成本,而且花费成本低,能够让自己的产品在客户最喜欢看的位置进行展示。其排名稳定,能够在 24 小时内轻松找到客户,甚至可以打造品牌。其稳定的自然排名能获得同行和客户的信任。

(二)SEO 目标

1. 提升网站访问量

提升网站访问量最简单的办法是使自己的网页排名靠前,这也是搜索引擎优化最常见的目标,就是在搜索引擎许可的优化原则下,通过对网站中代码、链接和文字描述的重组优化,加上后期对该优化网站进行合理的反向链接操作,最终实现被优化的网站在搜索引擎的检索结果中得到更靠前的排名,进而提高点击率,让产品展示在用户面前。

通过搜索排名的不断提升,网站可以获得更多的流量,让更多有需要的用户进行访问。需要特别指出的是,好的排名不一定产生好的流量,经常会有排名一样的网站,但有的网站点击转化率高至 5%,而有的不到 0.5%,这也敦促我们要改变以排名为目的的思想。

2. 提升用户体验

除获得更多的访问量外,搜索引擎优化还需要通过对网站功能、网站结构、网页布局、网站内容等要素进行合理设计,使得网站内容、功能、表现形式等方面更好地满足用户体验的需求,让访问者和潜在客户获得自己想要的信息,从而突出网站自身的价值。

用户体验方面的优化点很多,大体而言,经过用户体验优化的网站,访问者可以方便地浏览网站的信息、使用网站的服务。具体表现形式很广,如以用户需求为导向的网站设计、网站导航的方便性、网页打开速度更快、网页布局的合理、网站信息的丰富、网

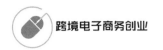

站内容的有效和网站形象有助于用户产生信任等方面。

3. 提高业务转化率

搜索引擎优化的最终目标是提高业务转化率,给企业带来生意,提高企业的利润。排名和用户体验都要为业务转化让步,但是 SEO 人员,特别是一些新手,往往只是考虑排名或者用户体验,而忽视根本目的。

（三）SEO 与 SEM 的功能区别

SEM 和 SEO 这两块需要结合起来操作。SEM 先迅速获取流量,后期 SEO 再努力获取免费流量。SEM 通常指搜索引擎的付费流量优化,以更低的成本获取更多的流量。SEM 相比 SEO,获取流量更加迅速。新品上线后,推广的首选手段就是付费。而 SEO 是一个漫长的过程,形成稳定的销售后,SEO 也仅仅是运营流量的一个补充,是一种用来摊薄流量成本的手段。

二、SEO 推广策略

（一）选择与产品相关的目标关键词

目标关键词是经过一系列的关键词分析,最后确定下来的产品"主打"关键词,通俗地讲,是指网站产品和服务的目标客户可能用来搜索的关键词。也可以叫核心关键词,通常每个网站页面的目标关键词有一个,最多不能超过两个,一般第二个目标关键词和第一个目标关键词比较相近。比如,apparel wholesale 是第一个目标关键词,那么第二个目标关键词可能是 fashion apparel wholesale。目标关键词具有四点特征:一般是由 1～4 个单词组成;目标关键词有一定的搜索量;网站的内容会围绕着目标关键词来展开和内容布置;目标关键词会出现在标题、详情描述(页面主体中看不到此内容)中,而在页面主体中,关键词会出现在标题、副标题和文字段落中。

在选择目标关键词时,还需要考虑词根和长尾关键词两个要素。词根,就是目标关键词中最核心的词。比如,apparel wholesale,这个目标关键词的词根就是 apparel。

长尾关键词比目标关键词还要更细分,定位更精准的词,长度一般比目标关键词要长。比如,free shipping apparel wholesale,就能更进一步地表达采购者的需求,即最好可以是免运费的。

（二）编辑内容和写产品资料

为了增强用户体验,应结合产品特点,恰当地将关键词应用于文案中。关键词要自然地出现,不要为了增加关键词而增加,这样会影响可读性和用户体验。关键词的密度要适当,如果密度过强,综合排名分值反而会下降。关键词的密度安排,可通过分析竞争对手的比率及运用 Google 关键词分析工具,找到一个均衡值,一般每 100 个单词,出现 2～3 个词比较合理。

（三）站内链接策略

站内链接也称内链,是网站域名下的页面之间的相互链接,自己网站的内容链接到自己网站的内部页面,都称之为站内链接。站内链接的主要作用有:第一,实现网站内部之间的权重传递;第二,推动网站页面的搜索引擎排名;第三,提高"蜘蛛"(搜索引擎用来爬行和访问页面的程序)对网站的索引效率,增加网站的收录;第四,提高用户体验度,让访客留得更久。如果想要打造一款热销产品,最简便的方法就是链接上这个产品对应的关键词链接。

(四)站外链接策略

站外链接策略是指通过其他网站链接到你的网站的链接。外链,就类似于街头小广告。互联网上能触及的地方,尽可能多地发布外链,可在 SNS、Yahoo、各大博客、维基百科等发布。做好外部链接需要从以下几个方面入手。

1. 网站目录提交

(1)要找到能提交的网站目录

第一种方法,最简单最有效,就是在百度或者 Google 搜索与网站目录相关的关键词。

第二种方法,是看竞争对手都在哪些目录中被收录。这可以通过查询竞争对手外部链接找到。

第三种方法,很多网站目录收录有其他网站目录和网址,尤其是与站长或网站建设、网络营销相关的网络目录,所以,找到一个网站目录,就可以找出一长串可以提交的网站目录。

(2)要选择分类提交的网站

网站目录都是按特定的方式进行分类的,提交时一定要在与自己网站最相关的那个分类中提交。如果不确定应该在哪个分类中提交,可以搜索一下主要竞争对手是在哪个分类中收录的。找到合适的提交类别后,通常网页上有一个提交网址的链接,在提交页面上填写事先准备好的标题、说明、关键词,还有最重要的网站 URL(uniform resource locator,统一资源定位符)。提交一两个月如果没有回信,网站也没有在相应类别中出现,可以再提交,或者寻找其他的目录即可。

2. 友情链接

友情链接又叫交换链接,是外链建设中最简单也最常见的形式。相互链接,给对方带来一定的点击流量,也有助于搜索排名。中文网站交换友情链接比英文网站要普遍得多。正规的英文网站就算交换友情链接也很少会在首页上交换,通常是开设一个交换链接页面,把友情链接都放在专用的友情链接页面上。

除了首页外,友情链接也可以放在内页,即专门开设用于交换友情链接的页面。另一种方式是在正常分类页面上留出友情链接位置,把友情链接直接加在分类页面上。这样友情链接就自然成为网站的一部分。

3. 链接诱饵

随着 SEO 观念和知识的普及,近几年传统外部链接建设手法变得越来越难。链接诱饵是目前比较有效的,运用得当时能快速、自然获得链接的方法。目前,最常见的吸引链接的诱饵方法有以下几种。

(1)新闻诱饵

行业内有任何新闻,如果能首先报道,这本身就是链接诱饵。以新闻为诱饵,必须具备两个特点。一是够快够新,无论事情大小,第一个报道的总是获得眼球和链接最多

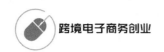

的网站。二是够专业化,聚焦于某个垂直领域,切记贪多,专业快速的新闻报道最终将使用户产生依赖性。

(2)资源型链接诱饵

这也是最简单最有效的一类链接诱饵。提供某一个话题的全面、深入的资源,就能成为吸引外部链接的强大工具。所谓"资源",既可以是一篇深入探讨的教程或文章,也可以是链接其他资源的列表。

(3)争议性话题诱饵

争议性的话题显然能吸引到眼球,而且经常能吸引到争议双方你来我往进行辩论,围观者加以传播和评论。当然,作为链接诱饵的争议性话题,还得在理性的基础上讨论。另外,争议性话题也一定要很严肃。

(4)线上工具诱饵

这是 SEO 最熟悉的链接诱饵,也是最常用的。网上 SEO 工具种类繁多,诸如查询PR 值(Page Rank,用来表现网页等级的一个标准)、查询收录数、计算页面关键词密度、查询百度指数、查询相关关键词等,工具既有搜索引擎提供的工具,也有站长们自行开发的工具。

三、SEO 优化策略

(一)内部优化策略

网站内部优化技术已经被越来越多的人所重视,内部优化的定义是指针对网站进行搜索引擎优化时对网站内部做出的符合搜索引擎算法的改变。

1. 对 URL 路径的合理设计

合理的 URL 设计不仅美观,而且更加方便搜索引擎的收录,提高了搜索引擎的亲和度。如果一开始对路径设计不合理,势必造成对以后的优化工作不利的影响,所以一定要把 URL 优化放第一的位置,因为它是最重要的。

2. 导航结构优化不仅能为关键词带来权重,同时也给能用户带来很好的体验

比如做博客、企业站这样的小站的站内优化,一般采用扁平树形结构,采用三次点击原理,减少"蜘蛛"爬取的深度,让文章更容易被搜索引擎收录,同时用户也能够轻松地阅读,提高了网站的优化效率。

3. 丰富网站的关键词

其作用主要体现在引导,为文章设定的关键词将有利于搜索引擎的"蜘蛛"爬行文章索引,提高了网站的质量,在这里应该考虑消费者在搜索时的搜索习惯,关注他们平时常用的那些关键词,而不是任意堆砌过多的关键词。这些关键词应该在文章中被频繁地提到,有时候在第一段话的第一句中就放入,并且经常出现在网页标题标签里面。

4. 有规律地尽可能多地更新网站

这样做可以使搜索引擎"蜘蛛"爬行得更频繁,更有益于文章出现在索引中,而不用等太久的时间。这是网站内部最好的 SEO 策略。

（二）外部优化策略

网站的外部优化定义为网站的外部链接和网站的品牌推广。

（1）从搜索引擎着手，首先要看竞争对手的排名情况，是否排在最前面，看看对手网站是否是业内著名的网站。

（2）资源站为商家提供了更好地平台，这需要商家发布有质量的文章，并且是原创的文章，审核一旦通过，就会被百度等搜索引擎快速收录，还有可能在其网站内转载，同时带来一定数量的外链，效果也非常明显。

（3）关注竞争对手的流量情况，因为企业能够从流量中看到竞争对手的盈利情况，然后再来判定自己能不能超过对方，所以预估流量是非常重要的分析动作。

（4）从别的渠道了解竞争对手的口碑，从各个行业的人气论坛等其他渠道进行了解，从而给自己的网站优化带来更直接的帮助。

本章小结

随着互联网的发展，营销的导向也在发生变化，"用户至上"成为各大行业的销售理念，商家与消费者之间的距离逐渐缩短，时间、空间的限制逐渐被打破，搜索引擎、邮件等营销方式的出现改变了消费者获取信息的渠道，而 Facebook、Twitter 等社交网站的崛起，则带动企业营销进入了以互动为核心的营销时代，即 SNS 营销。

电子邮件营销的存在及兴起并非偶然。一方面，电子邮件营销对互联网产业起着积极的推动作用；另一方面，对于厂产品牌的拓展具有积极影响。电子邮件营销通过多媒体等手段传输产品信息，实现厂商传统品牌的网络化，厂商传统品牌的影响力在虚拟网络世界中得到延伸，从而利用互联网的触角把企业的品牌拓展至更广阔的空间。

SNS 营销从本质上说就是关系营销，社交的重点在于建立新关系，巩固老关系。任何销售都需要建立新的强大关系网络，以支持其业务的发展，而 SNS 营销无疑是种不错的选择。

SEM 营销是互联网衍生的营销模式，它的效果远远不止在网络上销售产品，它不仅能够对传统营销模式给予急需的补充，而且能通过网络推广商家品牌，为商家开拓线下市场打开方便之门。

随着搜索引擎技术的发展和网民的进步，搜索引擎在外贸营销中占据了越来越多的互联网流量，成为全球买家的入口。在这种情况下，企业网站的自然排名在互联网营销中占据的地位也越来越重要，SEO 营销逐渐进入大众的视野，成为主流的营销手段之一。

思考与实训

1. 跨境电商 B2B 跨境营销推广手段有哪些？各有何特点？

2. SEM 和 SEO 的区别有哪些？

3. 列举 SNS 营销的几大工具。

4. 寻找自己感兴趣的产品，试写一篇适于 SNS 营销的推广方案。

第八章

创业企业的经营管理

　　企业经营管理是对企业整个生产经营活动进行组织、计划、控制、协调、决策,并对企业成员进行激励,以实现其任务和目标一系列工作的总称。创业企业的经营管理则更侧重于企业创业初期和成长期的特殊性,需要合理确定企业的组织机构,配备团队人员;培植企业文化,发挥其导向、凝聚、激励和稳定的作用;搞好市场调查,掌握经济信息,进行经营预测和经营决策,确定经营方针、经营目标和生产结构;加强财务管理和成本管理,处理好收益和利润的分配;分析企业成长风险,进行分类风险管理。企业运营管理亦可理解为企业生存盈利的关键要素和要素之间的逻辑关系,它决定着一个企业的市场经营成果。从短期来看,合理与否的经营管理决定了企业初创时能否尽快立足;从长远来看,能否找到适合企业经营需要的企业运作模式并不断完善决定着一个企业能否有未来。

◎ **学习目标**

　　通过本章学习,学生应掌握创业企业的组织结构与设计内容,团队文化与不同阶段的团队管理,企业创业阶段的特点与相关经营管理,财务制度的制定与财务分析及创业企业的风险管理,并能将以上知识运用到实际跨境电子商务创业企业的经营管理中。

💡 **重点难点**

　　创业企业的组织结构与设计,团队文化的建设,不同阶段的团队管理,企业创业阶段的经营管理,财务分析,创业企业的风险管理。

✓ **关键术语**

　　创业企业组织结构、团队文化、企业经营管理、财务分析、风险管理。

第一节　创业企业的组织结构和设计

🎥 创业企业的组织结构和设计

一、组织结构概述

　　组织结构是表明组织各部分排列顺序、空间位置、聚散状态、联系方式及各要素之间相互关系的一种模式,是整个管理系统的"框架"。组织结构是组织的全体成员为实现组织目标,在管理工作中进行分工协作,在职务范围、责任、权利方面所形成的结构体系,其本质是为实现组织战略目标而采取的一种分工协作体系,同时随着组织的重大战略调整而调整。

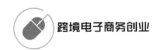

跨境电子商务企业组织结构通常具有扁平化、网络化、虚拟化、分散化等特征,在组织结构设计时应考虑组织结构与信息技术系统之间的一致性,使跨职能工作团队成为企业组织结构的基础,并加强企业组织之间的虚拟运作。

二、组织结构特征

(一)扁平化

扁平化是电子商务环境下企业组织变革最显著的特征。传统的工业时代的组织结构多为金字塔式的层级结构,分工明确、等级森严、便于控制,也存在人力资本过高、机构间互相推诿责任、内部信息传递不畅等问题,造成管理效率低下,不适合电子商务环境下的决策和管理,为了克服传统组织的这些缺点,开始出现扁平化趋势。组织结构的扁平化精简了结构层次,有利于信息的传递,大大提高了组织效率。

(二)网络化

企业组织结构的网络化主要体现在以下两个方面。

第一,广义的组织网络化是指一些独立的相关企业通过长期契约和股权的形式,为达到共享技术、分摊费用、发挥各自专长等目的,基于现代信息技术而联结起来形成的一种合作性企业组织群体。即各个独立的企业组织之间的联盟,它具有强大的虚拟功能。

第二,狭义的组织结构网络化是指企业中的多个部门组合成相互合作的网络,各网络结点通过密集的多边联系、互利和交互式的合作来完成共同追求的目标。即企业自身由若干独立的经营单位组成的网络制组织。

(三)虚拟化

电子商务企业组织要想具备竞争力,必须要有快速而强大的研发能力,有随市场变化而变化的生产和制造能力,有广泛而完善的销售网络,有庞大的资金力量,有能够生产出满足顾客需求的产品的质量保证能力和管理能力等,只有集上述各种功能优势于一体的组织才具有强大的市场竞争能力。事实上,大多数企业组织只有其中某一项或少数几项比较突出,具有竞争优势,而其他功能则并不具备竞争优势。为此,企业组织在有限资源条件下,为了取得最大的竞争优势,可仅保留企业组织中最关键、最具竞争优势的功能,而将其他功能虚拟化。虚拟化了的功能可通过借助各种外力进行弥补,并迅速实现资源重组,以便在竞争中最有效地对市场变化做出快速反应。

(四)分散化

电子商务的发展要求企业组织由过去高度集中的决策中心模式改变为分散的多中心决策模式,组织的决策由基于流程的工作团队来制定。决策的分散化能够增强组织员工的参与感和责任感,从而大大提高决策的科学性和可操作性。

三、组织结构设计内容

组织结构作为组织内部各个职位、部门之间正式确定的、比较稳定的相互关系形式,具体包含以下几个方面的内容。

（一）单位、部门和岗位的设置

企业组织单位、部门和岗位的设置，不是把一个企业组织分成几个部分，而是企业作为一个服务于特定目标的组织，必须由几个相应的部分构成。它不是由整体到部分进行分割，而是整体为了达到特定目标，必须有不同的部分。这种关系不能倒置。

（二）各个单位、部门和岗位的职责、权力的界定

这是对各个部分的目标、功能、作用的界定。如果某一构成部分，没有不可或缺的目标功能和作用，就一定会萎缩消失。这种界定就是一种分工，但却是一种有机体内部可于特定情况下兼容的分工。如嘴巴的常规功能是吃饭和说话，但也可以在游泳时用于呼吸。

（三）单位、部门和岗位角色相互之间关系的界定

这就是界定各个部分在发挥作用时，彼此间如何协调、配合、补充、替代的关系。这些问题是紧密联系在一起的，在解决第一个问题的同时，实际上就已经解决了后面几个问题。但作为一项重大工作，以上关系又彼此承接。

（四）企业组织架构设计规范的要求

对于这个问题，如果没有一个组织架构设计规范分析工具，就会陷入众说纷纭、莫衷一是的境地。企业组织架构设计规范化，也就是要达到企业内部系统功能完备、子系统功能担负分配合理、系统功能部门及岗位权责匹配、管理跨度合理四个标准。

组织结构大致分为三个部分：①分工，即横向专业部门划分；②纵向等级系统，包括权利的层级系统和职责的划分；③协调机制，包括制度规则、沟通网络与程序等。

第二节　创业企业的团队管理

一、创业团队文化

（一）概述

创业团队文化是组织文化的一个重要组成部分，是创业团队在建设发展过程中形成的，为创业团队成员所共有的工作态度、价值观念和行为规范，是一种具有创业团队个性的信念和行为方式。一个创业团队文化的状况，对创业团队工作的效能有着重大的影响。

创业企业的
团队管理

创业团队文化作用的大小与创业团队文化是否浓郁、创业团队的共同愿望是否明确、创业团队成员是否具有进取心和合作性相关。一个具有鲜明的集团意识和明确的共同愿景而团结向上的创业团队，具有适应外部环境变化及处理内部冲突和竞争的能力。良好的创业团队文化可使得创业团队成员明确理解创业团队的目标，认可和接受创业团队的共同价值观，并在实践中发展创业团队的价值观。

（二）创业团队文化的作用

在企业管理理论中，创业团队文化的作用也被给予了相当的重视。创业团队文化的作用主要表现在如下几个方面。

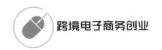

1. 导向作用

它指明了创业团队的努力发展方向,把创业团队成员引导到创业团队所确定的创业团队目标上来。

2. 凝聚作用

被创业团队成员认同的创业团队文化,会使创业团队成员在其氛围之中自觉沉浸,同时也会对创业团队合作伙伴和服务对象产生磁石效应。

3. 激励作用

有效的企业创业团队文化会产生一种巨大的推力,鼓舞创业团队成员进行努力,并让创业团队外部的合作者产生合作欲望,激发其信心。

4. 稳定作用

正确的文化存在着一种同化力量,削弱消极因素的影响,从而使正确理念得以在企业中贯彻,这就使创业团队处于有序状态,利于企业平稳而有力地运行。

5. 提升作用

先进的文化理念可提高创业团队形象的美感度,增加创业团队品牌的附加值。

(三)阿里巴巴的创业团队文化示例

电子商务使企业内部资源得到重新整合,为企业带来了降低交易成本、提高效率、缩短生产周期等优势,同时也在企业产生了一种新的价值观,形成了自己独有的企业文化。阿里巴巴是 1999 年成立的,目前已成为全球企业间电子商务的第一品牌,也是全球国际贸易领域最大的网上交易市场和商人社区,是全球电子商务企业的代表。阿里巴巴的领导者在企业的发展过程中十分重视企业文化的建设,将阿里巴巴定位于一家有价值观、有使命感、把企业文化放在最高、强调结果、注重结果、强调流程的公司。阿里巴巴的领导者成功地在企业使命、价值观层面上发挥领导力,"促进'开放、透明、分享、责任'的新商业文明"的使命与企业的用人机制、商业模式等紧密相连。他们充分认识到要实现企业的使命,引导企业价值观才是最高境界。

作为企业文化构成的内容,如企业的使命、企业的愿景和价值观,阿里巴巴将其作为"制度化"建设提出,使其成为一个诉诸文字的"基本法",体现阿里巴巴企业文化战略的重要性。在阿里巴巴工作的每一个员工都知道企业的愿景是成为:分享数据的第一平台,幸福指数最高的企业,活 102 年。在阿里巴巴全国各地公司的墙上都贴着阿里巴巴的价值观:客户第一,关注客户的关注点,为客户提供建议和资讯,帮助客户成长;团队合作,共享共担,以小我完成大我;拥抱变化,突破自我,迎接变化;诚信,诚实正直,信守承诺;激情,永不言弃,乐观向上;敬业,以专业的态度和平常的心态做非凡的事情。同时管理理念的创新不断丰富企业文化的内涵。在阿里巴巴流传很广的管理理念就是"东方的智慧,西方的运作"。阿里巴巴的领导者认为东方人有深厚的智慧积淀,但在商业运作能力上有所欠缺,充满家族作风、小本本主义,而西方很多东西都是用制度来保证的,因此,在公司的管理、资本的运作、全球化的操作上,阿里巴巴毫不含糊地"用制度说话"。"东方的智慧、西方的运作,面向全世界的大市场"是阿里巴巴的精髓。正是这样的企业文化造就了伟大的企业,谱写着电子商务的神话。

二、创业团队不同阶段的管理策略

创业团队是一种为共同目标而组建的团队，创业团队的创建和发展与一般团队一样有自己的过程和阶段。著名的布鲁斯·塔克曼团队发展阶段模型认为，任何团队的建设和发展都需要经历组建期、激荡期、规范期、执行期和休整期五个阶段，创业团队也不例外，它的创建与发展同样要经历这五个阶段。虽然不同阶段之间并不一定界限分明，但每一阶段创业团队成员呈现出的心理特征还是有明显差异的，对应的创业团队建设的侧重点也就有所不同。

（一）组建期

这一阶段创业团队成员心理处于极不稳定的状态，成员对自己在创业团队中的角色和职责、对创业团队的目标、其他成员及未来的同事关系等都表现出极不稳定的情绪，创业团队管理在这一阶段的管理工作如下。

1. 应该积极讨论并明确各项工作制度

当创业团队成员明确项目目标要求及各自的分工和职责后，应在公平平等的环境下让创业团队成员共同讨论并明确各项需要共同遵守的制度。

2. 明确创业团队成员以共同目标为导向

以项目的成功效益来鼓励和引导每位成员，产生美好的期望，还要不断向创业团队成员宣传公司企业文化。

（二）激荡期

这一阶段创业团队成员的心理处于一种剧烈动荡的状态，情绪特点是紧张、挫折、不满、对立和抵制。在这一阶段需要充分容忍不满的出现，解决冲突和协调关系，消除创业团队中的各种震荡因素，引导创业团队成员调整自己的心态和角色，使每个成员能够更好地了解自己的工作和职责及自己与他人的关系，只有这样才能够使创业团队的成员顺利地度过这一阶段。这一阶段应该主要在以下几个方面多做工作。

第一，对创业团队成员要理解、支持和包容。

第二，鼓励创业团队成员参与管理、共同决策。

第三，培养和鼓励坦诚开放的创业团队精神。

（三）规范期

规范期是经历了激荡期的考验后，创业团队正常发展的阶段。这一阶段，创业团队成员对工作和环境已经接受并熟悉，成员之间的关系也已理顺。创业团队的文化氛围和凝聚力已经形成，相互间信任、合作和友谊的关系已经建立，各项规章制度均正常运行。在这一阶段公司要督促创业团队成员按照规章制度的各种规范去改进和规范自己的行为，使项目全体成员拥有一定的凝聚力、归属感和集体感，从而提高整个创业团队的工作效率。

（四）执行期

这一阶段创业团队在项目中积极工作并不断取得成绩，创业团队成员间相互信赖、关系融洽，工作绩效更高，创业团队成员集体感和荣誉感更强，更具有项目认同感，能够

发挥个人潜力,提高工作效率。在这一阶段公司要对每个创业团队成员进一步授权授责,以使创业团队成员更好地自我管理和自我激励。

(五)体整期

这一阶段反映了团队成员的一种"失落感",团队成员动机水平下降,关于团队未来的不确定性开始回升。

第三节　创业企业的经营管理

在中国,创业期的企业起步阶段往往偏重于经营,而轻视管理。创业型企业好不过3年,活不过5年似乎已经成为惯例。要活下来,必须要过两道坎:第一是生存关,第二是管理关。

一、企业创业初期的管理

(一)创业初期的企业特征

除非是企业家的二次创业,一般企业在初创期都面临很多问题,如企业生存、资金流、人才缺乏等问题。创业初期的企业存在如下特征。

1. 以生存为首要目标

创业初期的首要任务是在市场中生存下来,让消费者认识和接受自己的产品。因此创业初期就是要通过各种手段和方法,提炼产品特点,让消费者记住并能够免费推广你的产品,想尽各种办法使企业生存下去。

2. 销量大而利润薄

创业初期,销售是此时最重要的任务。创业初期的销售有时甚至是不赚钱的,为了吸引顾客从其他产品和服务转移到自己的产品和服务上,即使不赚钱,甚至赔钱也要销售。所以创业初期的销售收入增长很快,但由于成本增加更快,加上价格往往与成本持平,所以会出现销量很大,但却没有利润的情况。

3. 资金不充足

创业初期大部分企业依靠自有资金创造自由现金流,资金流的控制非常重要。为了迅速铺开市场必须考虑吸引投资的问题,现在电子商务创业企业为了获得未来的客户均采用免费体验的营销策略,前期对资金的需求比传统创业企业要大。打造自己的产品,包装自己的想法,成为电子商务创业公司吸引风投很重要的手段。

4. 人员不足

创业初期很多公司存在员工不足的情况,呈现出一个充分调动"所有的人做所有的事"的群体管理阶段;很多时候需要创业者亲力亲为,也是一个"创业者亲自深入运作细节"的阶段。

(二)创业初期的营销管理

营销就是满足消费者需求获取利益。不同行业、不同规模的企业,在营销手段上,所采取的方法都大相径庭。任何形式的营销手段,最终目的是把企业的产品卖出去,并创造利润。有了利润,企业才能生存、发展。

1. 创业初期的营销方式

(1)企业家营销

企业家营销就是在塑造企业家个人品牌的基础上,建立企业家与企业、品牌一对一的联想,从而深化并优化公众对企业、品牌的认知。企业家的个人品牌是企业形象和品牌形象的感性体现,个人品牌的塑造不仅仅是个人职业生涯的需要,也是企业品牌塑造的需要,它能的将企业家的个性和形象恰当地传播出去,与企业形象、品牌形象形成合力,以争取公众的认同与理解。

现在很多非常成功的企业,最初的营销都是创业者个人自己推销自己的产品,一步步争取客户创造的。每个企业在创建之初,都经历了一个艰苦奋斗的过程。最初的营销过程,是对创业者心理素质的极大挑战。创业者自己对自己的产品最自信,创业者自己对自己的产品最了解,创业者自己可以在谈判中独立决策。在自己亲自推销的过程中,创业者可以掌握客户的第一手资料。唯有了解这诸多细节,才会知道真正的营销管理。

(2)惯例式营销

惯例式营销是企业发展的结果。企业做大,必须要团队出击。细分市场是企业营销的基础。构建营销网络和队伍,是企业长大的必经过程。

(3)协调式营销

协调式营销要求部门经理或品牌代表与顾客面对面进行交流,以掌握市场最新信息,让企业的产品应更好地满足客户的要求。

(4)依附式营销

依附式营销通常被称为"傍大企业的小伙伴",即以巧取胜,取长补短,依附大企业成长。找到与大企业的共同利益,主动与他们结盟,变竞争对手为合作伙伴,借船出海,借梯登高,用大企业的竞争和市场优势来发展自己。

2. 发展正确的营销理念

(1)创业者最初的目标大多是独立生存

所谓经营理念,就是企业的经营目标。空洞的经营理念不过是一句随处可见的口号,太雷同和抽象的经营理念不能让员工完全理解。创业初的经营理念相对简单而实在:为了生存。随着企业的发展,经营理念发生变化。

(2)创业者从"为自己"变成"为职工"

有了员工们的辛勤劳动和付出,才有公司的繁荣和未来。为了员工的利益,也必须让企业做大、做强。随着企业的发展,创业者的经营理念,就从"为自己"而逐渐发展成"为员工"。

(3)创业者形成为社会做贡献的理念

企业的初创与发展得益于国家政策和社会上众人的帮助和提携,没有国家的稳定和繁荣富强作保障,企业就无法发展壮大。企业向国家缴税做贡献,是为了国家的强

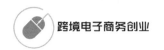

大。此时,企业理念的内涵有了进一步发展,"为社会"成为创业者的自觉行动力量。

(三) 创业初期的人力资源管理

人力资源管理的内容是制订人力资源管理战略和计划,并在其指导下,进行人员安排、业绩评定、员工激励、管理培训及确定报酬和劳资关系等。许多大型企业如今逐渐以"人力资源业务合作伙伴"取代之前的"人力资源经理"。对他们而言,人力资源部门不仅是企业所需人才的输送者,更是企业实现战略目标必不可少的商务伙伴,既要知道传统的招人流程,更要了解企业各事业部的发展战略、目标和业务开展情况,才能有的放矢地寻找合适的人才,用富有竞争力的薪酬、培训和发展空间吸引人才。创业初期的企业要学习成功的大型企业,将人力资源管理列为战略规划的重要组成部分,作为企业进行各项管理工作的基础和依据及维持可持续发展的重要手段。

1. 创业初期的人力资源规划

企业规模小,组织结构层次简单,决策权在主要创业者手中,决策简单,只要经营班子制定出可行性方案,便可迅速执行;决策与执行环节少,使得决策集中高效,执行快速有力,对于市场变化能够迅速做出反应;在用人机制上,创业企业有充分的用人自主权,能够吸引大批的人才加盟。创业初期的人力资源规划需要注意以下几方面。

(1)创业初期的人力资源规划,主要应该从业务开展的层面(包含技术、生产、营销等几个主要方面)及企业整体运营来进行思考,同时结合企业的长远发展来进行规划。

(2)根据企业开展的业务,思考清楚成立哪些机构或部门? 需要配备什么样的人才? 需要配备多少这样的人才? 需要的人才来源在哪里? 如何才能引进这样的人才? 如何让这些人才在企业能够安心工作并发挥作用? 企业在人才方面所做的预算是多少? 一般员工的人数、来源、工作分配是怎样的?

(3)企业要建立一个比较完善的薪酬分配制度,即利益分配机制。

(4)对企业的业务规模定位。提前预估,对企业生产能力和销售前景的合理预期是比较关键的,如果预估失准,可能会造成人力资源的浪费,或人员的紧缺。

2. 创业初期的人力资源制度

一个新公司,制度并非大而全就好,只是一些关键性的制度不能少。作为初创企业,通常需要制定以下人力资源制度。

(1)基本的薪酬分配制度。

(2)考勤制度。

(3)人员招聘制度(不能把一些根本不符合要求的人招到公司里来)。

(4)奖惩制度。人力资源制度一定要结合企业的实际情况来制定,而不是到网上下载一堆东西来凑数。尤其是薪酬制度,一定要花时间和精力来制定,要确实能够起到激励员工的作用。

(四) 创业初期其他职能管理

系统相对集权,有可能使系统之间严重失衡,缺乏计划和控制系统下高度的灵活性甚至是随机性,没有实施专业化管理的土壤,如果各个部门之间协调不好会降低工作效率。

1. 计划方面

需要在计划领导控制方面做好规制。创业初期的企业更注重于对市场机会的开发、把握，以现有可以利用的市场机会确定经营方向，包括远景目标（3～20年）和实现远景目标的战略（1～3年）。

2. 领导方面

通过与所有能提供合作和帮助的人们进行大量的沟通交流，并提供有力的激励和鼓舞措施，率领大众朝着某个共同方向前进。

3. 控制方面

初创期企业需要尽量减少计划执行中的偏差，确保主要绩效指标的实现。

（五）创业初期的管理认识

1. 要对公司运作和管理有正确的理解和思考方向

规范管理并不意味着公司必须有一大套繁文缛节的规章制度，创业期更是如此。任何管理的目标一定是使公司运作更加有效，而非纸面文章或者形式架构做得如何漂亮，它的衡量标准是成果而非过程。所以，重点的思考方向应该是，公司如何能够盈利、如何能够生存下去、如何能够取得自身独特的竞争优势等。另外，规范管理并非一朝一夕能够建立的，它需要通过长期磨合才能形成。

2. 要建立一套务实的、简单的公司运作管理的基本制度和原则

任何公司的运作和发展都需要一个系统的流程和体制，可以较简单，也可以很复杂，关键是视公司的具体情况而定。但任何公司在创业期，它的管理体制一定要讲究简单和务实。一般来说，公司运作都离不开资金、人才、技术和市场等要素，即使热衷于技术，也必须认识到单靠技术是无法取胜的，还必须有一套基本的管理制度，主要是抓好人和财两个方面，如制定一本员工手册，规定道德准则、考勤制度、奖惩条例、薪资方案等方面的条文，这方面有许多样本可以参考，并根据公司自身特点选择重要的方面去制定。其要点和原则在于形成简单务实的基本管理框架，并尽量遵照执行，且随着公司发展逐步修改完善，一定不要一开始就贪大求全且事无巨细，主要精力仍然要坚定不移地放在公司的生存方面，只有当某些管理条例随着公司发展显得滞后时，才有必要再去讨论完善或修改增补。

二、企业创业成长期的特征、挑战与管理

（一）企业成长期的特征

一般认为企业成长是指企业由小变大、由弱变强的发展过程。而企业成长性是对企业成长状态的描述，指企业持续发展的能力，反映企业未来的经营效益与发展状况。高成长的公司通常表现为公司产业与所属行业具有发展性，产品前景广阔，公司规模逐年扩张，经营效益不断增长。企业的成长性水平不仅可以反映企业的发展状况，更能为企业制定未来战略规划提供参考信息，因此也成为企业管理者、投资者等相关利益方关注的重点。成长性企业的特征包括：立足朝阳行业或新兴行业，如跨境电子商务就是朝阳行业和新兴行业；具有强大的市场开发能力；具有强大的技术开发和科研转化能

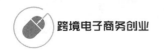

力;具有明确的发展方向,主营业务突出等。

(二)成长期企业的挑战

1. 不确定性对成长期企业的挑战

(1)外部环境

高速变化带来的是高度不确定性,由于原材料价格波动,金融资本市场动荡,政府有关管制放松,市场多样化,加剧了国际竞争,使得企业在最近 10 年中所面对的不确定性显著增加。低估不确定性,即认为环境是确定的,无须对未来做预测,这可能会导致企业无法及时识别对自身构成威胁的产业结构性变化,或是错失不确定性给企业带来的市场机会。而高估不确定性,即认为环境是完全不可预测的,从而放弃分析规划,仅以直觉制定应急措施,企业则可能会为此付出巨大的代价。所以,正确应对企业运行中的不确定性,对于企业制定竞争战略至关重要。

(2)内部环境

内部环境可能面临以下一些变化和挑战。

①团队能否稳定。如企业内部在创业初期没有明确的书面合作协议,对企业成长缺乏规划,进而在扩张过程中出现了利益冲突等方面的问题;由创业元老组成的创业团队成员在企业发展方向及重大经营决策等方面存在严重分歧而引发的创业团队裂变问题等。

②持续创新和战略规划能力与企业发展速度能否保持一致。富于创新是推动企业成长的主要动力,缺乏战略是制约企业成长的关键因素。生存的压力迫使新创建企业更加注重行动而非战略思考,甚至许多人认为新创企业和中小企业没有战略也不需要战略,而这种思路到了企业的成长期可能就会成为制约企业发展的瓶颈。

③创业者角色的转变。随着企业的成长发展,创业者在企业经营中的决定性作用能否转换,充满着不确定性。

2. 快速成长导致的复杂性

环境的复杂性加大了企业的经营风险,同时对企业的经营管理工作提出一系列新的要求。企业家的一项经营决策失误往往会导致整个企业经营的失败,此时要求企业能够强化基础和规范化管理,但绝不能以丧失灵活性和对环境的适应能力为代价。

(三)成长期企业的管理

1. 注重整合外部资源,追求外部成长

创业初期企业的人力、财力、物力资源通常都相对匮乏,注重借助别人(既包括竞争对手也包括合作者)的力量,发展壮大自身,便显得更加重要,这也是快速成长企业特别擅长的策略。

2. 管理好保持企业持续成长的人力资本

快速成长企业的一个共同成功要素是其强有力的人力资源管理。快速成长企业的经营者并不一定要受过高等教育,但他们要雇佣一大批有能力的下属,他们通过构建规模较大的管理团队以便让更多的人参与决策。

3. 从创造资源到管好、用好资源

新企业的成长是靠资源的积累实现的,需要从注重创造资源转向管理好已经创造出来的资源,即从资源"开创"到资源的"开发利用"。因此需要采取必要的措施,管理好客户资源,管理好有形和无形资产,通过现有资源创造最大价值。

4. 形成比较固定的企业价值观和文化氛围

大多数快速成长企业都有比较固定的企业价值观,用于支持企业的健康发展。快速成长企业的创建者非常热爱他们自己所从事的事业,他们审时度势,制定符合社会发展的价值观念,并倾注全部心血使企业的价值观延续下去。

5. 注重用成长的方式解决成长过程中出现的问题

注重在成长阶段主动变革,善于把握变革的切入点,重视人力资源的开发,注重系统建设。

6. 从过分追求速度转到突出企业的价值增加

当企业发展到一定程度时,其关注点就不是表面的销量快速增长,而需要向价值增加快的方面转移和延展,以获得最大的价值增加。突出价值的增加的另一方面就是企业品牌的打造。

第四节 创业企业的财务管理

创业企业的财务管理

随着经济全球化和信息技术的飞速发展,传统的财务管理已经不适用于电子商务时代的需求,这种环境的变化使得新的财务管理思想、财务管理模式、实施途径和网络系统功能出现并完善。

本节论述了电子商务对传统财务管理的内容、职能的冲击,在此基础上给出了电子商务企业财务管理的定义和目标。然后从财务管理的战略角度出发来研究电子商务企业的财务管理,并对电子商务经营模式下财务管理的战略环境、战略目标、战略内容及战略实施程序进行了研究。

一、财务管理模式

财务管理(financial management)是在一定的整体目标下,对资产的购置(投资)、资本的融通(筹资)和经营中的现金流量(运营资金),以及利润分配的管理。财务管理是企业管理的一个组成部分,它是根据财务法规制度,按照财务管理的原则,组织企业的财务活动,处理财务关系的一项经济管理工作。

电子商务企业财务是指以财务管理为核心,将业务管理与财务管理一体化,通过网络技术支持电子商务经营,实现财务在线管理与业务协同,进行各种远程管理操作与处理的一种全新的财务管理模式。

传统的财务管理模式主要有:集权型财务管理模式、分权型财务管理模式、集权和分权相融合型财务管理模式。但传统的财务管理模式没有实现在线办公,没有使用电子货币、电子支付等手段,造成财务管理及各个环节的工作滞后,消耗人力、物力,不适应电子商务发展的需要。另外,传统的财务管理模式没有充分借用内部和外部网络,使

得管理分散,这不仅造成信息的反馈滞后,也使得对下属机构监管不力,最终降低了办事效率,不能适应网络经济发展的需求。显而易见,传统的企业财务管理模式跟不上电商发展的脚步。

在新环境下,企业全程的业务管理都可由计算机来完成,不需要过多的人为干预,因此它要求在财务管理方式上实现在线管理、业务协同及集中式的管理模式。在办公方式上,它支持在线办公,同时要求处理电子单据、电子支付等新介质。而传统的财务管理仅局限于内部的局域网,只是实现内部在线控制,没有打破时间和地域的限制,企业各部门信息传递慢,资源配置与业务安排不能协调同步,这些都给企业运作带来不便。

二、财务报表解读

在激烈的市场竞争中,竞争战略的选择与竞争力的大小息息相关,而竞争战略的制定离不开财务数据的支持,财务数据的分析可以让竞争战略更加理性化,从而可以提高企业竞争战略选择的正确性。虽然财务报表的重要性不言而喻,但要真正很好地掌握和利用这一堆枯燥的看似毫不相关的数据并不容易。因为财务报表所反映的内容是浓缩的、高度概括和抽象的,很多报表项目分开反映同一项经济内容,报表使用者要能够综合各项知识积累和自身判断力来剖析和挖掘报表数据背后所隐藏和传递的经济内容,这就需要使用一些科学的分析方法,这一分析方法背后所涉及的知识结构和能力也具有很强的综合性,它是在公司战略分析、财务管理、财务会计、审计和经济学等学科的基础上形成的一门综合性学科。

(一)财务报表分析的基本理论

企业财务报表是企业对外提供的反映企业某一特定时期的财务状况及特定期间的经营成果和现金流量等会计信息的文件。现行国际上通常将财务报表分析的概念分为狭义和广义两种。狭义的财务报表分析就是单纯的财务分析,即采用专门方法有针对性、有重点地分析和考察企业财务报表相关数据的质量,评价企业一直以来的经营业绩、财务状况、资产质量及未来的成长性,帮助报表使用者做出相应的经济决策。而广义的财务报表所包含的范畴更广,在狭义财务报表的分析基础上还包括对公司的SWOT分析、战略分析、未来发展前景预测及证券投资分析等。财务分析就是要将枯燥的、表面上看毫无意义的报表数据翻译成对特定报表使用者有用的相关信息,为其经济决策提供重要的信息支持,减少决策的不确定性,改善其经济决策。

(二)财务报表分析的作用

财务报表分析是为满足不同信息使用者的需求而进行的,克服了财务报表的一般局限性,充分发挥了财务报表的作用。科学合理的财务报表分析,可以帮助公司投资者、债权人以及其他利益相关者了解上市公司的整体财务状况,在深入分析的基础上进行相关预测和决策。

具体来说,财务报表分析的作用主要体现在以下两个方面。

第一,通过财务分析,可以考核企业内部各职能部门和单位的工作业绩、相关计划指标的完成情况,揭示企业生产经营活动和管理中存在的问题,总结经验教训,帮助企业经营管理者改善企业的经营管理,提高管理水平。

第二,通过财务分析,可以了解企业一定会计期间的财务状况、经营成果和现金流量情况,为投资者、债权人和其他外部利益相关者提供全面、系统的财务分析资料,便于他们更加深入地了解企业的真实经营状况,以做出相关的经济决策。

(三)影响企业竞争战略的财务报表指标

企业竞争战略的选择一般受产业的吸引力和相对竞争地位两方面因素的影响。产业吸引力由企业的获利能力决定,这种获利能力必须是长期的,因为不是每个产业都会赢得长期且持续的获利机遇。这种获利能力对于一个产业来讲具有决定性意义,是企业发展必须具备的因素之一。相对竞争地位是由一个企业在行业内所处的相对竞争地位来决定的。在众多因素中,财务指标是衡量竞争地位强弱比较直观的一个因素。综合以上企业竞争战略的两个中心问题,财务分析对企业战略的影响尤为重要。

1. 衡量合理负债策略的偿债能力指标

合理负债策略在企业的经营过程中通常有着举足轻重的作用。公司应该有效地利用杠杆作用使公司效益最大化,这是合理负债策略的核心。负债资金太少,会造成流动资金浪费;负债资金太多,又会造成偿还困难,危及企业自身的信誉。所以,作为企业的经营者,分析企业偿还债务的能力是很有必要的,在企业的经营运作过程中要学会确定合理的负债率,合理地利用资金。

(1)短期偿债能力分析

短期偿债能力是指企业对流动负债的偿还能力。短期偿债能力的高低取决于其流动资产的流动性,即资产变现的速度,也就是转换成现金的速度。企业流动性强代表变现能力强,意味着企业在短期内偿还债务的能力也强;流动性弱,意味着短期偿债能力也弱。短期偿债能力分析主要有流动比率的同业比较、历史比较和预算比较分析。主要指标如下。

①流动比率

流动比率是指企业流动资产与流动负债的比率。计算公式为

$$流动比率＝流动资产÷流动负债×100\%$$

流动比率是一个重要的财务指标,它可以用来判断企业的短期偿债能力。比率越高说明企业偿还流动负债的能力越强,意味着流动负债得到偿还的保障能力越强。但是,如果流动比率比正常情况下要高,可能造成企业在流动资产上有过多的滞留资金,未能将其作用最大化发挥,利用效果差,有可能会影响企业的获利能力。经验表明,流动比率维持在 2∶1 左右比较合适,我国目前较好水平为 1.5∶1。最低一般不低于1.25∶1,如果低于1.25∶1,则企业的短期偿债风险较大。当然,对流动比率的分析还应该结合不同的行业特点和企业流动资产结构等其他因素。

②速动比率

速动比率又称"酸性测验比率",是指企业速动资产与流动负债的比率。速动资产包括货币资金、短期投资、应收票据、应收账款、其他应收款项等可以在较短时间内变现的资产。计算公式为

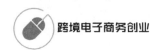

$$速动比率＝速动资产÷流动负债×100\%＝(流动资产－存货)÷流动负债×100\%$$

一般来说,流动资产扣除存货后称为速动资产。因为在流动资产中,存货经过销售才能转变为现金,若存货滞销,则其变现就成问题。速动比率是衡量企业流动资产中可以立即变现用于偿还流动负债的能力。通常认为速动比率一般应保持在1以上。行业不同,速动比率会有很大差别。

③现金比率

现金比率是指企业现金类资产与流动负债的比率。计算公式为

$$现金比率＝现金÷流动负债×100\%＝(货币资金＋有价证券或短期投资)÷流动$$
$$负债×100\%＝(速动资产－应收账款)÷流动负债×100\%$$

现金类资产包括企业所拥有的现金数额,包括资金和现金等价物。现金比率最能反映企业直接偿付流动负债的能力,比率越高,说明企业偿债能力越强。但是,如果企业拥有过多的现金类资产,导致现金比率过高,也就意味着企业的流动负债未能合理地运用,这会导致企业机会成本的增加。通常现金比率保持在30%左右为佳。

(2)长期偿债能力分析

长期偿债能力是企业对债务的承担能力和对债务偿还的保障,其能力的强弱是反映企业财务安全和稳健程度的重要标志。

①资产负债率

资产负债率是指企业资产负债表中负债总额和资产总额的比值。计算公式为

$$资产负债率＝负债总额÷资产总额×100\%$$

资产负债率揭示企业所有者对投资人债务方的保障程度强弱。资产负债率应该小于1。资产负债率是衡量企业负债水平及风险程度的重要标志。一般认为资产负债率应该保持在40%～60%,但是不同的行业及企业所处的时期不同,企业对债务的态度是有区别的。

②产权比率

产权比率指企业负债总额与所有者权益总额的比例,此比率又称权益比率或资本负债率。该指标属于企业长期偿还债务能力的指标,衡量资金结构是否合理,此指标有重要的评估作用。计算公式为

$$产权比率＝负债总额÷所有者权益总额×100\%$$

产权比率是一种相对关系,表明由债权人提供资金来源和投资者提供的资金来源的相对关系,反映企业长期资本结构,是衡量企业财务结构是否稳健的重要风向标。同时也表明债权人投入的资本受到股东权益保障的程度。该比率越高,说明企业偿还长期债务的能力越弱;该比率越低,表明企业所有者权益占总资产的比重越大,企业在资产方面的构架越合理,长期偿债能力越强。

③利息保障倍数

利息保障倍数又称已获利息倍数,是企业息税前利润与利息费用之比,反映企业获利能力对债务活动偿付的保障程度。其计算公式为

$$利息保障倍数＝息税前利润÷利息费用$$

$$息税前利润＝净销售额－营业费用＝税前利润＋利息费用$$

利息保障倍数反映企业经营收益为所需要支付的债务利息的倍数,倍数越大,利息支付越有保障,同时也意味着企业的长期偿债能力越强。通常认为,当利息保证系数在3或4以上时,企业付息能力是有保证的。

2. 衡量资产时效管理的营运能力指标

企业的营运能力主要指企业营运资产的效率与效益,通过用反映企业资产营运效率与效益的指标来判断和衡量企业对资产的管理营运水平,为企业提高经济效益指明前进的方向。首先营运能力分析可评价企业资产营运的时效,其次可发现企业在资产营运中存在的问题和不足,再次该指标分析是盈利能力分析和偿债能力分析的基础和有效补充。主要有以下指标。

(1)总资产周转率

总资产周转率是指主营业务收入与全部资产平均额的比率,反映的是全部资产利用时效,该指标越高表明企业资产管理效率高,运营效益好。其计算公式为

$$总资产周转率＝销售收入÷全部资产平均额$$

$$总资产周转天数＝计算期天数(365)÷总资产周转率$$

(2)流动资产周转率

流动资产周转率是指企业在一定会计期间主营业务收入和流动资产平均额的比率,表明流动资产的使用经济效益。流动资产周转率是既反映其周转的速度,又反映流动资产有效利用的基本指标。其计算公式为

$$流动资产周转率＝销售收入净额÷平均流动资产总额$$

$$流动资产周转天数＝计算期天数(360)÷流动资产周转率$$

在一定时期该指标越大越好,指标大表明周转速度越快,资产运营能力越好;周转速度慢,其运营能力就越差。资金周转加快,可使一定的产出所需要的流动资金减少,同时又可以使一定的资产所取得的收入增加。

(3)存货周转率

存货周转率是指存货这项资产每循环周转一次所需要的时间天数,即在一定时期内存货占用资金可周转循环的次数,这个比例是个正指标,周转率越高越好。该指标和存货周转天数计算公式为

$$存货周转率＝主营业务收入÷平均存货余额$$

$$平均存货余额＝(期初存货＋期末存货)÷2$$

$$存货周转天数＝计算期天数(360)÷存货周转率$$

影响存货周转率的主要因素有生产产品的原材料的周转率、库存产品周转率等。

(4)应收账款周转率

应收账款周转率是指企业在一定会计期内主营业务收入与应收账款平均余额的比率,表示企业在一定时期内应该回收的账款周转的次数,是一个流动性指标,用来衡量应收账款变现速度与管理的效率。其计算公式为

$$应收账款周转率＝主营业务收入÷应收账款平均余额$$

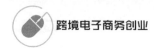

应收账款平均余额＝（期初应收账款＋期末应收账款）÷2

应收账款周转率高,意味着应收账款回收速度快,可以节约资金,同时还说明企业信用状况好或信誉等级高,不易发生坏账损失。反映款项回收速度还可以用应收账款周转天数表示,周转天数越短越好。计算公式为

应收账款周转天数＝计算期天数(360)÷应收账款周转率

3. 衡量经营方针策略的盈利能力指标

盈利是指企业在一定时期内赚取利润的能力,是企业经营的主要目标。盈利能力是企业内外各个关联方都关心的核心问题,围绕这一宗旨企业创造的利润率越高,代表企业盈利的能力越强;反之,企业创造的利润率越低,代表企业的盈利能力越差。盈利能力是经营管理者经营业绩和效能的集中表现,是投资者取得投资收益、债权人收取本金和利息的资金来源,也是职工集体福利设施不断完善的重要保障。因此,盈利能力分析是财务分析中的一项重要内容。反映企业盈利能力的指标,主要有营业利润率、总资产净利率、销售毛利率、销售净利率。

（1）营业利润率

营业利润率是指企业一定时期营业利润与全部业务收入的比率,反映企业每100元销售净收入所实现的营业利润额。其计算公式为

营业利润率＝营业利润÷全部营业收入×100％

营业利润＝销售净额－销售成本－营业费用－财务费用

营业利润率越高,表明企业的获利能力越强,营业销售额提供的营业利润越多;反之,营业利润率越低,说明企业盈利能力越弱。营业费用反映了企业全部业务收入扣除成本费用后的获利能力,用来衡量经营活动获利能力的大小。

（2）总资产净利率

总资产净利率是指净利润与平均资产总额的比率。该指标用来衡量公司运用全部资产所获得利润的水平高低,即公司每占用1元的资产平均能获得多少元的利润。其计算公式为

总资产净利率＝净利润÷平均资产总额×100％

平均资产总额＝（期初资产总额＋期末资产总额）÷2

总资产净利率越高,表明公司投入产出水平越高,资产运营管理越有效,成本费用控制水平越高。总资产净利润率体现出企业管理水平的高低和发展潜力的大小。

（3）销售毛利率

销售毛利率是企业销售毛利总额与企业销售净收入比率,该指标反映构成主营业务的产品生产和经营的获利能力。表示每1元销售收入扣除销售成本后,有多少钱可以用于各项期间费用并形成公司的盈利销售毛利率计算公式为

销售毛利率＝（销售净收入－产品成本）÷销售净收入×100％

分析者主要考察企业主营业务销售毛利率,计算公式为

主营业务销售毛利率＝（主营业务收入－主营业务成本）÷主营业务成本×100％

该指标越高表明企业通过销售获取利润的能力越强,该指标越低表明企业通过销

售获取利润的能力越差。销售毛利率是企业销售净利率的基础,只有毛利率足够大,公司才会有盈利。

（4）销售净利率

销售净利率又称净利润率,是指企业在一定时期的净利润与销售收入的比率。该指标反映企业每1元销售收入带来的净利润是多少,表示销售业务收入的好坏。其计算公式为

$$销售净利率＝净利润÷销售收入×100\%$$

该指标用来判断企业主营业务的获利能力大小,是评价企业经营效益盈利能力的主要指标之一。销售净利率是评价企业销售的最终获利能力的指标,该比率越高越好,比率越高说明企业获利能力越强。企业销售收入额增加的同时,净利润相应获得更多,才能使销售净利率保持不变或有所提高。还应该注意,盲目扩大生产和销售规模未必会为企业带来正的收益,因为企业在扩大销售的同时,销售费用、财务费用、管理费用三大费用支出也会增加,企业净利润并不一定会增长。

4. 衡量企业发展能力的相关指标

发展能力是企业在生存的基础上,扩大规模,壮大实力的潜在能力。企业的发展能力,换言之就是企业的成长性问题。具体的发展能力是指企业通过自身的生产经营活动或提供的服务,能够不断扩大资本积累而形成的未来发展的潜能和能力。企业能否健康发展取决于多种因素,包括外部经营环境、企业内在素质及资源条件等。在分析企业发展能力时,主要考察以下指标。

（1）每股收益

每股收益即每股盈余（earnings per share,EPS）,又称每股盈余,是指企业净利润和股本总数的比值。该比率反映了每股创造的净利润,比率越高表明所创造的利润越多。其计算公式为

$$每股收益＝期末净利润÷期末股本总数$$

该指标是普通股股东对所持股票价值的衡量,表明每一股能分享的利润是多少,如果企业亏损,承担的亏损额是多少。该指标通常被用来判断普通股的盈利能力及承担的风险系数,是预测企业成长潜能进而做出相关投资战略决策的财务指标。分析该指标时还应该注意:如果公司只有普通股,其股份数是指企业发行在外的普通股股数。如果企业存在优先股,还应需要将优先股股东的利息从税后净利润中予以扣除。

（2）每股净资产

每股净资产是指股东权益与总股数的比率,反映每股股票所拥有的资产现值。该指标越高则股东拥有的资产现值越多,该指标越低则股东拥有的资产现值越少。其计算公式为

$$每股净资产＝股东权益÷股本总额$$

该项指标表示的是发行在外的每一普通股股份所能分配的公司账面净资产的价值。账面净资产是指公司总资产减去负债后的股东权益总额。该指标反映在会计期末每一股份在公司账面上到底值多少钱,股票的投资价值越大则公司发展潜力越强,投资者所承担的投资风险就越小。

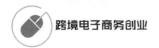

（3）净资产收益率

净资产收益率是企业净利润与平均股东权益的比率，反映股东权益收益状况，衡量公司自用资本的效率。该指标是最具综合性与代表性的指标，反映了企业资本发展的综合效益。其计算公式为

$$净资产收益率＝净利润÷平均股东权益×100\%$$

净资产收益率越大，说明公司的获利能力越强，竞争能力也越强。该指标不受行业的限制和规模的限制，反映资本的增值能力及投资者投资报酬的实现程度，因而是备受投资者关注的指标。净资产收益率指标对公司的筹资方式、筹资规模有一定的影响，从而影响公司的未来竞争策略。

（4）资本积累率

资本积累率是本年所有者权益增长额与年初所有者权益的比率，本年所有者权益增长额是所有者权益年末数与所有者权益年初数的差额。该指标越高，表明企业的资本积累越多，企业资本保全性越强，增长性越好，企业持续发展的能力越大。其计算公式为

$$资本积累率＝当年所有者权益增长额÷年初所有者权益×100\%$$

资本积累率反映的是企业当年股东所有者权益总的增长率，该指标揭示了企业所有者权益在当年的变动水平，反映了投资者投入企业资本的安全性。该指标可以表示企业当年资本的积累能力，是衡量和判断企业是否有发展潜能的一个重要指标。资本积累率是企业扩大再生产的源泉，是企业发展强盛的标志，也展示了企业的发展活力。

（5）总资产增长率

总资产增长率是企业本年总资产增长额同上年资产总额的比率。该指标反映企业资产规模的扩充情况及扩张的速度，可以用来评价企业经营规模总量上的增长程度。该指标越高则表明在一个经营周期内或在一个会计期间企业资产经营规模扩张的速度就越快。其计算公式为

$$总资产增长率＝本年总资产增长额÷年初资产总额×100\%$$

在一个企业中，企业资产是取得收入的保障，在资产收益率保持在同一水平的情况下，一般来说，资产规模与收入之间呈现的是正比关系。总资产增长率指标从企业资产总量扩张角度衡量企业的发展能力，表明企业规模增长水平对企业发展能力的潜在影响。同时也应注意资产规模扩张的质与量的关系，进而避免盲目扩张浪费。

（6）利润增长率

利润增长率是企业在会计期实现的利润与上期实际利润的比率，即利润增减变动额与上期实际利润之比，利润增减变动额是报告期实际利润与上期实际利润的差额。其计算公式为

$$利润增长率＝利润增减变动额÷上年利润总额×100\%＝$$
$$（本年利润总额－上年利润总额）÷上年利润总额×100\%$$

该指标计算两个年度利润额的变动额及变动率，以此对报告期利润的完成情况进行评价和分析。该指标涉及的实际利润可以是税后净利润、经营利润、利润总额等，具体分析应该结合实际需要而确定。

5. 衡量现金流控制策略的现金流量指标

现金流量是指企业在一定会计期间的现金和现金等价物的流入和流出的数量。现金流量分为三大类：投资活动现金流量、筹资活动现金流量和经营活动现金流量。经营活动是指企业直接生产产品、销售产品或提供劳务的活动，是企业取得净利润的主要交易事项。投资活动是指企业长期资产的构建和不包括现金等价物范围在内的投资及其处置活动。筹资活动是指导致企业的资本及债务规模和构成比例发生变化的活动。

（1）现金流入结构分析

该结构分析是用来衡量企业中现金的流入情况，如经营、投资、筹资三大活动，其各自活动的现金流入占全部现金流入的比例，以及每项业务活动在现金流入方面的项目结构状况等，可以了解企业现金的主要来源，为增加现金流入可以采取的措施提供参考。

（2）现金支出结构分析

现金支出结构分析是反映企业的经营、投资、筹资三大业务活动现金的流出，如三大活动现金流出在全部现金流出中的比重，以及各项业务活动现金流出中具体项目的构成情况。

（3）现金流量与总资产的比率

该指标是指企业经营所得现金占其资产总额的比重，反映企业以现金流量为基础的资产报酬率。其计算公式为

$$现金流量与总资产的比率＝经营所得现金÷净资产总额×100\%$$

该比率反映企业关于总资产的营运效果和效率。现金流量与总资产的比率越高，说明企业的资产营运效率越好。对于较高总资产收益率的企业，如果该指标较低，则说明企业销售收入中的现金流量成分较低，企业的收益会比较低。

（4）现金流量与流动负债比率

现金流量与流动负债比率是指年度经营活动产生的现金流量同流动负债之比，表明现金流量对流动负债情况的偿还程度，一般认为其标准值为1。其计算公式为

$$现金流量与流动负债比率＝经营活动现金净流量÷流动负债×100\%$$

该指标值越高，说明企业的流动性越好，现金流入对当期债务清偿的保障系数就越强；反之则表明企业的流动性比较差，其财务风险高。

（5）每股经营现金流量

每股经营现金流量是指用公司经营活动的现金流入减去经营活动的现金流出的数值除以总股本，又称每股经营活动产生的现金流量净额。该指标反映每股发行在外的普通股票平均占有的现金流量，或者说是反映公司为每一普通股获取的现金流入量的指标。其计算公式为

$$每股经营现金流量＝经营活动产生的现金流量净额÷年末普通股总股本$$

每股经营现金流量的正负各自代表企业的收益与亏损。每股经营现金流量是最具实质的财务指标，主要反映平均每股所获得的现金流量，衡量是否有能力发给股东最高现金股利金额。现金流量理想的情况下，公司的每股收益会变高或者每股未分配利润会很高，现金流量差的情况下，意味该上市公司没有足够的现金来保障股利的分红派息。

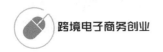

（6）净利润现金含量

净利润现金含量是指生产经营中产生的现金净流量与净利润之比。该指标也越大越好，表明企业销售回款能力较强，成本费用低，财务风险较小。其计算公式为

$$净利润现金含量＝经营活动产生的现金净流量÷净利润$$

净利润现金含量反映在企业实现的收入中现金所占的收益比重是多大，也就是说当期实现的净利润中有多少是有现金保障的，对衡量企业的利润质量很有意义。

（四）财务报表分析的常用方法

随着财务会计理论和实务的不断发展，目前在我国会计实务界已经形成了一套固定、成熟的财务报表分析方法。纵观这些分析方法，共同的精髓就是比较，通过比较来发现问题、分析问题并解决问题。具体而言主要有三种不同的分析方法：比率分析法、比较分析法和因素分析法。

1. 比率分析法

比率分析法是财务分析中最重要、最常用的一种分析方法。具体而言，是指对比企业同一时期财务报表中的相关项目，运用专门方法计算出一系列的能够反映企业不同方面能力的财务比率，通过这些比率的计算结果，敏锐地捕捉到其背后所隐藏的经济含义，继而揭示企业真实的财务状况。这一系列财务比率按其反映的内容不同可划分为以下三大类。

（1）偿债能力比率

即反映企业偿还到期债务的能力，主要包括短期偿债能力分析和长期偿债能力分析，如流动比率、速动比率、现金比率、资产负债率和利息保障倍数等。

（2）营运能力比率

即企业运用各项资产以赚取利润的能力，揭示了企业资金运营周转的情况，反映了企业对经济资源的管理和运用效率，如存货周转率、应收账款周转率、流动资产周转率和总资产周转率等。

（3）获利能力比率

即反映企业获取利润的能力。获利能力指标主要包括销售利润率、成本费用率、盈余现金保障倍数、总资产报酬率、股东权益报酬率等。需要注意的是，这些财务指标并非是孤立存在的，在运用这些比率进行具体评价时，一定要结合各指标综合分析。如评价企业短期偿债能力时需要考虑存货周转和应收账款周转情况，这样会使评价结果更值得信赖。另外，还应认识到会计信息质量的可靠性、相关性、可比性等都可能会影响比率分析的准确性。

2. 比较分析法

比较分析法是将同一企业不同时期的财务状况或不同企业之间的财务状况进行比较，从而揭示企业财务状况存在差异的分析方法，是最基本的财务报表分析方法，没有研究对象之间的比较，分析就无从谈起。比较分析的作用主要表现在：通过比较分析，可以发现差距，找出产生差异的原因，进一步判定企业的财务状况和经营成果；通过比较分析，可以确定企业生产经营活动的收益性和资金投向的安全性。使用比较分析法

时,要注意对比指标之间的可比性,这是用好比较分析法的必要条件,否则就不能正确地说明问题,甚至得出错误的结论。所谓对比指标之间的可比性,是指相互比较的指标必须在指标内容、计价基础、计算口径、时间长度等方面保持高度的一致性。如果是企业之间进行同类指标比较,还要注意企业之间的可比性。

3.因素分析法

因素分析法,又称为连环替代法,是根据财务指标与其驱动因素之间的关系,将所分析指标分解为各个可以单独计量的因素,依次用各因素的比较值(通常为实际值)替换基准值(通常为标准值或计划值),从数量上确定各因素对分析指标的影响程度。

(1)因素分析法的四个步骤

①确定分析对象,即确定需要分析的财务指标,比较其实际数额和标准数额(如上年实际数额),并计算两者的差额。

②确定该财务指标的驱动因素,即根据该财务指标的形成过程,建立财务指标与各驱动因素之间的函数关系模型。

③确定驱动因素的替代顺序,即根据各驱动因素的重要性进行排序。

④按顺序计算各驱动因素脱离标准差异对财务指标的影响。

(2)传统综合分析方法

上述几种常用方法所采用的分析方法和财务指标都比较孤立,在某种程度上具有一定的片面性或不足,它们都只是针对企业某一方面的财务状况进行分析,很难从总体上评价企业的财务状况、经营成果和现金流量,而随着经济的发展、企业竞争的不断加剧,财务报表分析也日趋复杂,因此财务报表综合分析方法应运而生。这一方法克服了前三种方法的缺陷,结合几个或多个侧面分析,立足于企业财务会计报告等会计资料,将各项单独的财务指标统一起来,全面、综合、系统地剖析企业整体的财务状况和经营成果。传统的综合分析方法有沃尔比重评分法与杜邦分析法。

①沃尔比重评分法

沃尔比重评分法是一种横向比较企业间财务指标的综合评价方法,是由美国学者亚历山大·沃尔(Alexander Wole)于1928年提出的。该方法将所选定的、互不关联的财务指标用线性关系结合起来,并分别给定其在总评价中的比重,确定标准比率,计算各项指标的得分及总体指标的累计分数,并与实际比率相比较,从而直观和客观地判断和评价企业的总体水平。

当然,任何分析方法都有不可避免的缺陷和不足之处,都不是尽善尽美的,沃尔比重评分法也不例外,在其实际应用中也存在如下问题。

第一,运用该方法的一个重要步骤是选择所评价指标并分配相应权重,而对于如何选择评价指标及分配权重,理论上还没有一个比较全面的解释。

第二,由于该方法的计算特殊,当某一个指标严重异常时,会对总评分产生不合逻辑的重大影响。

②杜邦分析法

a.杜邦分析法概述

杜邦分析法(DuPont Analysis)是美国杜邦公司于20世纪20年代创建的财务报

表综合分析方法,是对所选取的综合性较强的财务比率,即股东权益报酬率进行层层分解,利用几种主要财务比率指标之间的内在联系,解释指标变动的原因和变动趋势,将一个关系体系用不同的多个比率和数据联系在一起,综合分析和评价企业真实的财务状况和经营成果,为企业的有效运行出谋划策的分析方法。杜邦分析法主要涉及以下几种主要的财务比率关系,公式为

$$股东权益报酬率=总资产净利率\times权益乘数\times100\%$$
$$总资产净利率=销售净利率\times总资产周转率\times100\%$$
$$销售净利率=净利润\div销售收入\times100\%$$
$$总资产周转率=销售收入\div资产平均总额$$
$$股东权益报酬率=销售净利率\times总资产周转率\times权益乘数\times100\%$$

杜邦分析法主要利用现有财务指标进行分解,并不需要另外建立新的财务指标。该方法的原理是以股东权益报酬率为核心,将其分解为多个不同的财务比率,分别反映企业经营业绩的各个不同方面,同时各个比率之间可以互相转换,所采用的财务指标都是资产负债表和利润表中的指标,从而将企业的资产负债表和利润表联系在一起,考察分析企业的资本结构、资金运作、销售能力及获利能力。根据各个财务比率所代表的经济含义,股东权益净利率实质上就是销售净利率、总资产周转率和权益乘数三者的乘积。在不同企业之间,这些指标也许存在着显著差异,通过对这些差异的分析比较,了解本企业不同于其他企业的经营战略和财务政策。具体而言,销售净利率和总资产周转率是反映企业经营战略的重要指标,企业经营管理者需要根据竞争环境和自身经营状况选择适合本企业的经营战略。两个指标相辅相成,通常呈反方向变化,应综合起来进行考虑,单独考虑销售净利率的高低无法真正判断出企业业绩的好坏,应把它与总资产周转率相联系。真正重要的是两者共同作用所得到的总资产净利率,总资产净利率可以反映管理者运用受托资产赚取盈利的业绩,是最重要的评价盈利能力的指标(见图8-1)。

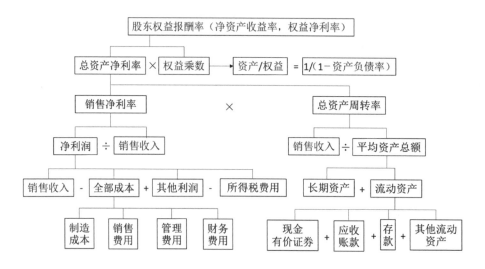

图8-1 杜邦分析法

权益乘数指标反映了企业财务杠杆的高低,是企业财务政策的直观体现。在总资产净利率保持不变的情况下,提高财务杠杆可以提高股东权益报酬率,但同时也会增加财务风险,如何配置财务杠杆是企业重要的财务政策,企业必须使其经营战略与财务政策相匹配。

b.运用杜邦分析法的注意事项

在实际运用杜邦分析法进行分析时需要注意以下三个方面。

第一,股东权益报酬率是一个综合性极强、最富有代表性的财务比率,是杜邦系统的核心。股东权益报酬率的高低取决于总资产净利率和权益乘数,总资产净利率主要反映企业在运用资产进行生产经营活动的效率,而权益乘数则主要反映了企业的筹资情况,即企业资金来源情况。

第二,资产净利率反映了企业的获利能力,是影响股东权益报酬率的关键指标,它揭示了企业生产经营活动的效率,综合性也极强。总资产净利率的高低直接影响着股东权益报酬率的高低,而总资产净利率又受到销售净利率和总资产周转率两个指标的影响。销售净利率的高低,主要受销售收入和销售成本两方面因素的影响。因此,要提高销售净利率,必须双管齐下,开源节流。一方面要积极开拓市场,促进销售额持续稳定增长,另一方面要加强成本费用控制,优化生产管理流程,减少一切不合理不必要的开支,降低耗费。总资产周转率是反映企业营运能力的重要财务比率,能反映企业运用资产产生销售收入的能力,是销售收入与资产平均总额之比。在分析企业资产方面,主要应该分析以下两个方面:资产的各组成部分在总量上是否合理,即企业的资产结构是否合理;同时结合销售收入,分解总资产各个组成部分,结合存货周转率、应收账款周转率、流动资产周转率和固定资产周转率的计算分析结果,继而了解企业总资产的周转情况。

第三,权益乘数是一个具有杠杆作用的财务指标,它主要受企业资产负债情况的影响。在总资产不变的情况下,适度增加负债比例,充分利用举债经营的优势,可以为企业带来较大的杠杆收益,大幅提高股东权益报酬率,但同时也会给企业带来很大的财务风险。

c.杜邦分析法的不足

杜邦分析法虽然在实务中被广泛使用,但仍然存在以下不足。

第一,杜邦分析法侧重于对企业财务方面的评价,分析资料主要来源于报表数据,对于未能在报表中反映而在实际中对企业的长期竞争力影响很大的一些因素(如人才、创新等因素)加以考虑和分析,不能全面反映企业真实的经营状况。

第二,杜邦分析法主要是依据几种财务指标之间的关系进行分析,而这些指标结果具有短期性,有可能助长管理者的功利心理,滋生一些短期行为,忽略企业的长期发展,不利于企业的长期发展,并不能真正实现股东财富最大化的目标。

第三,杜邦分析法侧重于评价企业过去的经营成果,局限于事后的财务分析,而对分析企业未来的发展前景和增长潜力无能为力,这一缺陷在当今这个日新月异的社会更加凸显。

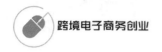

三、财务分析规划

财务分析需要花费较多的精力来具体分析,其中就包括现金流量表、资产负债表及损益表的制备。流动资金是企业的生命线,因此企业在初创或扩张时,对流动资金需要有预先周详的计划和进行过程中的严格控制;损益表反映的是企业的盈利状况,它是企业在一段时间运作后的经营结果;资产负债表则反映某一时刻的企业状况,投资者可以用资产负债表中的数据得到的比率指标来衡量企业的经营状况及可能的投资回报率。

一份好的财务规划对评估风险企业所需的资金数量,提高风险企业取得资金的可能性是十分关键的。如果财务规划准备得不好,会给投资者以企业管理人员缺乏经验的印象,降低风险企业的评估价值,同时也会增加企业的经营风险。

(一)制订利润计划及编制方法

1. 概述

利润计划是利润管理的一种形式,是规定企业计划期内应实现的目标利润的书面文件,以计划利润额及其组成和计划利润率表现。

其内容包括:确定计划期内的产品销售利润、其他销售利润和营业外收支净额。制订利润计划的主要指标是计算计划期内的利润总额和利润率,用于反映企业实现利润的绝对数和相对数。编制利润计划的目的是促使企业合理组织其生产经营活动,厉行增产节约,努力增加利润。

2. 编制年度利润的方法

编制年度利润计划,首先应做好基础准备,了解各分公司本年经营情况,掌握存在的潜在盈利、潜在亏损因素。由集团公司有关职能部门统一确定下一年度各分公司产品的产量、销量、价格等因素,分公司据此进行计划年度的产销平衡。年度利润计划具体的编制方法目前主要有增减因素法和顺算法。

(1)增减因素法

增减因素法是以本年利润情况为基数,测出下年度产品产量、产品销量、产品价格、原料消耗、原料价格、制造费用等因素的增减变动,加上管理费用、财务费用等的增减变化,再考虑当年潜在盈利、潜在亏损因素后,得出下一年度利润计划的方法。该方法的优点是步骤简单,编制速度较快,能清楚反映下年度影响利润的有关增减因素。缺点是影响下一年度利润的一些因素有被遗漏现象,特别是那些今年发生而明年不再发生的因素往往没有考虑到。

(2)顺算法

顺算法是按照基础准备工作考虑下一年度产品产量、产品销量、产品价格等因素,预计下一年度原料消耗、原料价格等变化,计算出有关损益情况,再考虑当年潜在盈利、潜在亏损因素,得出下一年度利润计划的方法。该方法的优点是测算过程比较全面,适合在下一年度将实际经营情况与利润计划的各方面进行对比,发现管理中存在的问题。缺点是计算复杂,工作量大,有些因素如上一年度库存产成品的影响等无法考虑到。

（3）增减因素法与顺算法的比较

有些集团公司为了使利润计划编制准确，要求分公司按增减因素法和顺算法两种方法编制，认为当两者计算结果一致时，测算利润就比较准确了。这种做法虽然在一定程度上能提高测算的准确率，但加大了工作量。而且从理论上来说，这两种测算方法的计算结果也只有在满足一系列复杂的特定条件后才能相等。

综上所述，由于编制方法本身的问题，从理论上说顺算法与增减因素法测算的利润是难以相等的。实际工作中测算结果相等，并不是因为满足了有关特定条件，而是人为调整的缘故。两种方法相比较而言，顺算法更系统全面一些，便于今后的分析比较；增减因素法虽然测算比较简单，但因素考虑不周全也会产生误差。所以，编制工作应该以顺算法为主，以增减因素法为辅，为提高效率减少工作量也可以只按顺算法测算。

（二）确定企业的财务结构

财务结构是指企业资产负债全部项目的构成，以及它们之间的比例关系等。财务结构主要由以下几个组成部分。

1. 资产

资产就是一个企业所拥有的东西。为了核算目的，又可分为流动资产和固定资产。

（1）流动资产

流动资产就是指可以在 1 年内转化（也就是从一种形式转化成另一种形式）的资产。

①现金包括出纳机内的钞票和硬币、经常账户内的存款和其他可以立即转化成现金的存款。一定数量的现金对于企业经营是必要的，但是现金本身不能带来收入，所以持有太多的现金会减少收入。

②应收账款是由于向顾客提供不满 1 年的信用所产生的。信用销售可以维持较高的销售量，但选择顾客时要小心，要求他们必须能在一个合理的期限内偿还。

③存货为采购、生产和销售提供了一个缓冲，所以必须保持一定量的存货，来为顾客服务。但是保留的存货太多，会占用资金，使其不能用于其他营利性资产。因此，持有的存货取决于收入和成本之间的平衡。

④其他流动资产账户通常被称作短期投资和待摊费用，通常仅占企业流动资产账户的一小部分，不需要太多注意。

（2）固定资产

固定资产是企业希望长期拥有的物品，包括使用期超过 1 年的物品，比如建筑物、机器、固定设备、汽车和土地等。不同类型的固定资产有不同的使用寿命（即这类资产平均预期的使用时间）。其成本作为折旧每个时期都在减少，其结果也就是全部成本要分摊到资产的整个使用寿命之中。新创企业可能发现租用固定资产要比自己购买更划算。

2. 负债

新创企业可以由业主通过投资或贷款获得资金，贷款就产生了需要偿还的义务，称为负债。企业对债务除了偿还本金外，还要支付利息。来自于债权人的借款可以分成

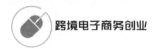

流动负债和长期负债。

（1）流动负债

流动负债是需要在 1 年内偿还的债务，包括应付账款、应付票据、预提费用（如薪水），这些都可以为企业提供服务，但却是企业尚未支付费用的物品。

①应付账款是为购买的物品和劳务支付款项的义务，期限一般是 30～60 天，主要依据信用的期限而定。由于任何企业都应该保持充分的流动资产用于支付这些账款，所以维持较高的应付账款水平要求有较多的流动资产。因此应该决定企业原先的支付是否是可获利的，有些售货者为较早的付款打折扣。比如，为 10 天内的付款打折1％～2％。这是促使企业所付款的一个很好的方法。

②应付票据上面标有偿还的义务，还款期限要比应付账款长些，如 90 天票据。债券和抵押是常见的长期负债，期限都在 1 年或 1 年以上。企业购买固定资产时，经常会产生这种债务。长期贷款可以用来购买固定资产并提供适当数量的营运资本，后者等于流动资产减去流动负债。这种类型的借款要求经常偿还利息。忽视这些负债，会增加不能应付其他偿还义务的风险。所以，企业要采用结合短期和长期负债的方式。

③预提费用是指企业从成本费用预先支付但尚未实际支付的各项费用，如银行借款的利息费用、预提的固定资产修理费用、租金和保险费等。

（2）长期负债

长期负债是指偿还期在一年或一个营业周期以上的债务，主要有长期借款、应付债券、长期应付款等。长期负债与流动负债相比，具有数额较大，偿还期限较长的特点。

3. 所有者权益

所有者权益就是企业主占企业资产净值（资产减负债）的份额。企业主可以以现金或分红的形式从利润中获得收入，或者随着未分配利润的增加，其在企业所占的份额也相应增加。如果企业出现亏损，那会减少他们的权益资本。

企业主向股份制企业投资，他们会得到股份，并且企业主所有者权益的数量（普通股）也会在企业的资产负债表上增加。

未分配利润是指留在企业而不是分给业主的利润。大多数企业都保留一些收入用作必需资金或提供发展资金。许多小企业的破产是由于企业主给他们自己支付了太多的利润，从而减少了其资产。应该制定限制性数量，决定企业的收入哪些应该留在企业，哪些分配为收入。

4. 企业的获利活动

企业的获利活动影响了其财务结构，这些活动反映在收入和支出的数量上，公式为

$$净收入（利润）＝收入（收益）－支出（成本）$$

在一个给定的时期内，企业从事对外服务，从而可以获得收入。对于别人所提供的产品和服务，则要支付费用。这些收入和支出都显示在损益表上。收入也称为销售收入，是企业通过提供服务和销售产品所获得的回报。企业获得收入的方式可以是现金或应收账款。

成本可以是为企业的员工或为向企业提供的产品或服务所支付的成本，包括原料、

工资、公共设施、运输、折旧、税收和广告等，成本的发生导致收入的减少。有两种类型的成本：固定成本和可变成本。固定成本是那些无论企业是否经营，都会发生的成本，包括折旧、租金、保险费等。可变成本是随着经营水平而变化的成本，包括用于生产的劳动力、原材料及销售产品的成本，加上促销费用和运输成本等，如果企业不经营，就没有可变成本。

利润也称为收益，是赚取的收入与付出的成本之间的差额。根据扣除的成本类型，利润可以被称作总收益、经营利润、税前利润和净利润。企业的利润表示了收入和成本之间的关系，因此，利润如果减少了，需要寻找原因，原因可能是成本上升、打了折扣或定价错误引起的单位销售收入下降，或者由于企业的基本经营面发生了变化。

（三）制订企业的财务计划

1.什么是财务计划

财务计划是指企业以货币形式预计计划期内资金的取得与运用和各项经营收支及财务成果的书面文件。它是企业经营计划的重要组成部分，是进行财务管理、财务监督的主要依据。财务计划是在生产、销售、物资供应、劳动工资、设备维修、技术组织等计划的基础上编制的，其目的是为了确立财务管理上的奋斗目标。在企业内部实行经济责任制，使生产经营活动按计划协调进行，挖掘增产节约潜力，提高经济效益。

（1）长期计划

长期计划是指1年以上的计划，通常企业会制订为期5年的长期计划。制订长期计划时应以公司的经营理念、业务领域、地域范围、定量的战略目标为基础，长期财务计划是实现公司战略的工具。

（2）短期计划

短期计划是指一年一度的财务预算。财务预算是以货币表示的预期结果，它是计划工作的终点，也是控制工作的起点，它把计划和控制联系起来。各企业预算的精密程度、实施范围和编制方式有很大差异。预算工作的主要好处是促使各级主管人员对自己的工作进行详细的思考和确切的计划。

①由企业最高管理当局根据财务决策提出一定时期的经营目标，并向各级、各部门下达规划指标。

②各级、各部门在规划指标范围内，编制本部门的预算草案。

③由财务部门或预算委员会对各部门预算草案进行审核、协调，汇总编制总预算并报企业负责人、董事会批准。

④将批准的预算下达各级、各部门执行。

2.制订财务计划的基本步骤

（1）确定计划并编制预计财务报表，运用这些预测结果分析经营计划对预计利润和财务比率的影响。

这些预测结果还能用于监督实施阶段的经营情况。实施情况一旦偏离计划，管理者能否很快得知，是控制系统好坏的重要标准，也是公司能否在一个变化迅速的世界取得成功的必要因素。

（2）确认支持长期计划需要的资金,包括购买设备等固定资产及存货、应收账款、研究开发、主要广告宣传需要的资金。

（3）预测未来长期可使用的资金,包括预测可从内部产生的资金和向外部融资的资金。任何财务限制导致的经营约束都必须在计划中体现。这些约束包括对资产负债率、流动比率、利息保障倍数等的限制。

（4）在企业内部建立并保持一个控制资金分配和使用的系统,目的是保证基础计划的适当展开。

（5）制定调整基本计划的程序,基本计划在一定的经济预测基础上制订,当基本计划所依赖的经济预测与实际的经济状况不符时,需要对计划及时做出调整。例如,如果实际经济走势强于预测,这些新条件必须在更新的计划里体现,如更高的生产计划额度、更大的市场份额等,并且计划调整得越快越好。因此,此步骤实际上是"反馈环节",即基于实际情况的变化对财务计划进行修改。

（6）建立基于绩效的管理层报酬计划。

3. 编制方式

（1）固定计划,即按计划期某一固定的经营水平编制的财务计划。

（2）弹性计划,即按计划期内若干经营水平编制的具有伸缩性的财务计划。

（3）滚动计划,即用不断延续的方式,使计划期始终保持一定长度的财务计划。

（4）零基计划,即对计划期内指标不是从原有基础出发,而是以零为起点,考虑各项指标应达到的水平而编制的财务计划。

4. 财务计划编制内容

（1）企业财务计划的主要内容

企业财务计划的主要内容包括:生产经营活动中的各项收入、支出和盈亏情况,产品成本(各种主要产品的单位成本及可比产品成本较上年的降低率和降低额)和费用预算,纯收入的分配和亏损的弥补,流动资金来源、占用及周转情况,专项基金的提存、使用及企业依法留用利润的安排使用情况。

（2）企业编制财务计划的原则

①企业主要财务收支活动,应当体现国家计划对企业的指导,符合国家政策、法令的各项规定。

②各项指标既要能够调动职工增产节约、改善经营管理的积极性,又要有切实措施保证其实现。

③财务计划中各项指标要与企业的全部生产经营活动相适应,要与其他各项计划协调一致。

④要按年度、季度和月度分别编制财务计划,以月保季、以季保年。

5. 编制财务计划的作用

财务计划对保证企业财务目标的实现有以下三个作用。

（1）财务计划可使企业目标具体化

在企业的总体目标或规划中,对企业在未来若干年内就达到的各项目标的规定,经过高度的概括和抽象,都比较原则和笼统。企业要完成其规定的经营目标,还要将其目标分解成各部门、各责任人应完成的具体指标。为保证这些具体指标的实施,各部门就要做好反复的预算平衡工作,明确各部门应完成的奋斗目标,以便合理地安排财务活动,做好财务工作。

(2)财务计划可作为控制企业财务行为的标准和依据

财务计划的编制目的是为了约束和控制企业的财务行为。企业的财务部门需要把实际执行情况和计划进行对比以发现差异,找出原因,并采取必要的措施,保证计划的完成。因此,计划是控制日常财务活动的主要纲领。

(3)财务计划是考核各部门工作业绩的依据

财务计划不仅可以约束和控制企业的各项活动,而且还可作为评判企业各部门工作业绩的标准和依据。

6. 编制财务计划应该注意的问题

为了让财务计划更好地发挥作用,在财务计划的编制过程中应注意以下问题。

(1)好的财务计划不是独立的,它与好的营销计划、生产运营计划等商业计划书的其他部分内容相辅相成。要完成财务计划,必须明确下列问题。

①产品在每一个期间的产量、销量有多大?

②企业何时需要进行生产扩张?

③单位产品的生产费用是多少?

④单位产品的定价是多少?

⑤使用什么分销渠道,所预期的成本和利润是多少?

⑥需要雇佣哪几种类型的人?

⑦人工成本预算是多少?

这些问题的回答离不开营销计划、生产运营计划等商业计划书的其他部分。假设企业在生产计划中不能说明其产品生产方式,在营销计划中不能预测其销售量,不能说明清楚其定价策略,那么在财务计划的编制过程中就不可能说明企业未来所能实现的收入是多少,为实现收入所必须支付的成本费用又是多少,同样也不能说明创业企业的资金需求量。但在财务计划的制订过程中,我们也可以通过专门的财务分析方法,比如利用盈亏分析法,根据目标利润来推算企业所需实现的最低销售量,推算企业在经营过程中为保证利润实现所允许的最大成本费用是多少。这些资料的提供又为营销计划、生产计划的修订提供了更切实际的帮助。

(2)财务计划编制过程中应坚持谨慎原则,在对可能实现的收入、可能的现金流入量进行估计的时候要适当保守,并且在条件允许的情况下,可以先设置多种情形的假设,然后再分别进行收入和现金流量的估计。这样做一方面可以为企业的成功前景奠定基础,另一方面又可以让投资者和创业者熟悉影响经营的各种因素,了解这些因素对企业的经营可能会产生怎样的影响。

(3)财务计划编制过程中要注意选择合适的方法和指标。风险投资者所进行的投资往往是长期的,因此在有关财务数据的计算过程中应考虑货币的时间价值,选择考虑

货币时间价值的动态指标比不考虑货币时间价值的静态指标更能说明问题,比如有关资金成本的计算和投资预期回报的计算就应该使用净现值法,通过投资期内现金流入量现值和流出量现值之间的比较对投资方案所做的评价,就会比单纯将回报和与投资额直接相减得到的结论更具有说服力。

(4)财务计划的编制一定要与现代财务系统一致,尽量与国际财务体系接轨,这样可以让商业计划者能有机会接触到更多的投资者。

(5)财务计划编制过程中,为了让数据更有说服力,还可以提供竞争者的相关数据资料作为对比。通过与竞争者的数据对比,让投资者了解创业企业的优势所在,增强投资者的投资信心。

四、财务分析

(一)资金投入

投资者可以以货币形式投资,也可以以一定的实物形式进行投资,重组债权,这些投资将用于企业的初期发展建设。

(二)主要财务假定

例如,某公司的主要利润来源为销售收入,主营业务税金及附加税费包括营业税(主营业务收入×5%)、城市维护建设税(营业税税额×7%)、教育费附加(营业税税额×3%),所得税税率25%(以上税率均以最新标准为准)生产设备估计使用寿命10年,期末无残值,按直线折旧法计算计提。无形资产摊销年限为10年,采用平均年限法摊销。假设应收账款为当年主营业务收入的30%,坏账准备按应收账款1%计提。R&D(研究及开发)费用比率:第1~3年为60%,第4年为50%,第5年为40%。以货币计量、持续经营为假设前提条件。

(三)投资收益与风险分析

投资决策分析是研究项目可行性的重要手段,因此引进了投资净现值法(net present value,NPV)、投资回收期法(payback period method)、内含报酬率法(internal rate of return,IRR)来说明项目方案是否可行。

1. 投资净现值法

所谓的投资净现值,是指投资项目在有效期内或寿命期内的净现金流量按一定的折现率计算累计净现值之和,计算公式为

$$NPV = \sum NCFt(1+i)^{-t}$$

考虑到目前资金成本较低,以及资金的机会成本和投资的风险性等因素,i 取 10%(下同),此时,若 NPV 大于零,计算期内盈利能力好,投资方案可行。NCF 指一个投资项目所产生的净现金流量。

2. 投资回收期法

投资回收期是指以项目的净收益抵偿全部投资所需要的时间。一般以年为单位,开始年数从投资年算起。投资回收期是反映项目财务上偿还总投资的能力和资金周转速度的综合性指标,一般情况下,这一指标越短越好。计算公式为

投资回收期＝累计净现值出现正数的年数－1＋（未收回现金÷当年现值）

通过净现金流量、折现率、投资额等数据用插值法计算，若投资回收期为5年左右，投资方案可行。

3. 内含报酬率法

内含报酬率即项目在整个计算期内各年净现金流量现值累计等于零时的折现率，它反映了项目所占用资金的盈利率，是考察项目盈利能力的主要动态评价指标。它着重评价项目的商业可行性并估算项目所产生的收入能满足其偿还债务的程度，可用财务的现金流量试差法求得，该值越大越好。根据现金流量表计算内含报酬率公式为

$$NPV(IRR)=\sum_{t=0}NCFt(1+IRR)-t=0$$

假定内含报酬率达到30％，大于资金成本率10％，因此该项目可以采纳，而且前几年内市场增长性较好。

（四）财务指标分析

1. 盈利能力分析

企业的盈利能力是指企业利用各种经济资源赚取利润的能力，是企业的重要经营目标，主要分为与投资有关的盈利能力分析和与销售有关的盈利能力分析两大类，主要指标公式为

$$销售净利率＝净利润÷销售收入×100％$$
$$资产净利润率＝净利润÷平均资产总额×100％$$

企业的销售利润率及资产净利润率都比较高，能够给企业带来丰厚的利润，具有较强的权益资本获益能力。

2. 运营能力分析

资产运营是企业在生产经营过程中实现资本增值的过程，也是宏观资源配置和微观经济管理的综合反映。主要指标及其公式为

$$流动资产周转率＝销售收入÷平均流动资产总额$$
$$固定资产周转率＝销售收入÷平均固定资产总额$$
$$总资产周转率＝销售收入÷平均资产总额$$

3. 偿债能力分析

短期的偿债能力，就是企业以流动资产偿还流动负债的能力。它反映企业偿付日常到期债务的实力。企业能否及时偿付到期的流动负债，是反映企业财务状况好坏的重要标志，而我们必须十分重视短期债务的偿还能力，维护企业的良好信誉。主要指标及其公式为

$$流动比率＝流动资产÷流动负债×100％$$
$$资产负债率＝负债总额÷资产总额×100％$$
$$权益乘数＝资产总额÷股东权益总额$$
$$利息保障倍数＝（息税前利润＋利息费用）÷利息费用$$

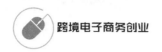

第五节　创业企业的风险管理

风险是在一定的失控条件下，由于各种因素复杂性和变动性的影响，使实际结果与预测发生背离而导致利益损失的可能性。

一、创业企业成长风险的分析

（一）扩张冲动

企业成长期也就是企业扩张期，企业极易掉进战略陷阱。因为从主观愿望讲，任何企业都是追求成长与成功的，这是企业扩张的心理基础。当企业成功地度过培育期，进入成长期后，展现在企业面前的是一片崭新的天地和众多的机会。创业的成功使企业的经营者和整个员工队伍都充满自信，逐渐丰厚的利润回报也使企业具备了扩张的一定实力，同时，银行也因此看好该企业而使融资变得比较容易。这一切都诱发着企业急于扩张的心理。

（二）理念缺失

当今中国企业的共性问题是企业理念苍白无魂，经营观念陈旧，导致企业规模一大，就精神涣散，难以统合。其经营方式、管理手段过于传统，导致在战略选择和企业经营上传统守旧，经验行事。创新是企业获得持续优势和长期成长的保障。一个国家的竞争力在于创新，一个产业的竞争力在于创新，一个企业的竞争力同样在于创新，创新才能立于不败之地。不少企业当初是靠创新起家的，但由于后续创新意识和能力跟不上，仍然归于失败。

（三）模式仿效

在如今的经济环境中，企业要获得经营上的成功，显然比以前更为困难。企业经营环境日益复杂，企业竞争不断加剧，在这种情况下，一些赫然成功的企业就成为众多企业中的佼佼者，其经营模式被套上炫目的光环并为他人所艳羡。于是，渴望成功的企业纷纷套用这些"成功经验"或"成功模式"。而实际情况是，很多采用相同模式的企业，在经营若干年之后，其结果却大相径庭。

（四）素质偏低

对世界优秀企业发展历程的分析可以看出，卓越的领导者在经营企业的过程中，表现出强烈的竞争意识与危机感，对环境的变化非常敏感，积极探索未来环境的可能变化，面向未来开展经营活动。而当前中国由于部分企业管理者素质较低，缺少世界大师级的管理巨匠，管理还停留在经验管理和科学管理阶段，至于风险管理还未真正起步，因此如何适应新的经营环境形势和权衡自身竞争优劣势，做出各自的战略抉择，实现企业可持续成长的目标，是处在调整时期的中国企业所面临的重大挑战。

二、风险分类

(一)企业家精神所产生的风险

企业家精神是企业家在长期生产经营管理活动中所形成的经营理念、价值取向、事业追求和文化定式的总和,它既是企业家个人多方面素质的综合,又体现了企业家对本企业所特有的理想、信念和追求。

创业企业由于各种因素,明显带有创业者本人的色彩:创业者为稳重型性格,则企业表现得稳重;创业者为急进者,则企业一般表现出猛烈扩张的事态。同时,创业者个人的文化、天赋、抱负等素质也可以决定创业企业的发展速度、发展到最后的规模。比如乔布斯,天赋很好,一方面是电脑方面的天才,另一方面又是商业上的好手,所以苹果在乔布斯时代发展飞速。所以,对于创业企业来说,创业者本身的素质的优劣(企业家精神)对企业来说就是一个很大的风险因素。优秀的企业家精神对创业企业来说就是积极因素,企业将得到收益;相反,不具备企业家精神的人创业,对企业来说就是风险,企业随时都可能遭受损失。

(二)创业企业的商机风险

风险项目的商业风险是指由于风险投资环境的变化或者投资水平的差异所形成的未来收益的不确定性。投资环境和投资水平形成风险投资的商业风险。其影响因素有以下几种。

1. 投资项目的类型

不同类型的高科技企业其投资额不一样,年经营费用不一样,年经营收益也不一样。一般来讲,投资消费型高科技企业风险要相对小些,投资阶段越靠后其风险也就越小。

2. 投资项目的管理水平

管理水平高的投资项目,其经营支出低而经营收益高,这样就保证了投资的尽快收回,保证了在外部环境变坏的情况下也能维持其经营。所以管理水平高的投资项目,其抗商业风险的能力就强。

3. 投资项目竞争对手的情况

当相同类型的竞争企业出现后,所投资项目的经营收益必然受到影响,多数都是经营收益下降,这样就加大了商业风险。所以,对于竞争对手是否出现、出现时间的早晚等问题,必须在投资之前进行详细研究。

4. 经济景气与政府政策

风险投资所在地的经济发展情况若是不景气,会导致该地原有发展规划和投资计划发生削减,从而加大了投资的商业风险。同时,政府政策的改变,尤其是调整性政策的出台,必然导致某些项目成为牺牲品,结果导致此类项目的商业风险加大。

(三)创业企业技术创新风险

"创新"是一个经济范畴而非技术范畴,它不仅指科学技术上的发明创造,更指把已经发明的科学技术引入企业之中,形成一种新的生产能力。现代技术创新理论正是在上述创新理论的基础上衍生和发展起来的。当前学术界一般普遍认为技术创新是指将

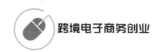

有商业价值的新思想变成商业化产品的活动,是新产品和新工艺设想的产生(获取)、研究开发、应用于生产、进入市场销售并实现商业利益及新技术扩散整个过程的一切技术经济活动的总和。

创业企业,特别是一些依靠高新技术创业的企业,可以说技术是企业的生存之本。这些企业往往是凭着开发某种新技术或者改进某项旧技术,而获得投资者的青睐,得到企业需要的资源的(或者掘到市场的第一桶金)。创业企业在创业成功后为了保持发展速度,加强自己的竞争力,也必须在创业的后续阶段进行技术创新。技术创新是创业企业的主要活动之一,而技术创新又由于是一项对未来不确定性的活动,是一种"创造性破坏",所以风险就会伴随整个技术创新的全过程。

(四)创业企业的营销风险

营销风险是指由于企业制定并实施的营销策略与企业营销环境(包括企业微观环境和企业宏观环境)的发展变化不协调,从而导致营销策略难以顺利实施、目标市场缩小或消失、产品难以顺利售出、盈利目标无法实现的可能性。

营销风险来自于营销环境的变化,重点集中于市场的变化,主要表现在两个方面:一是消费者需求的变化,二是竞争对手力量对比的变化。消费者需求的变化会导致市场上企业现有供给的产品滞销,从而给原有企业带来目标市场选择的风险,同时对于创业企业来说也带来了机会。而竞争对手力量对比的变化将使有竞争优势的企业得以生存和发展,无竞争实力的企业被淘汰出局。

(五)创业企业成长速度风险

创业企业成立后,就会遇到发展速度的问题,有的企业因为对市场不敏感,没有抓住机遇,结果企业发展太慢而被淘汰出局;有的企业由于没有料到市场的风险或对风险估计不足,盲目追求发展速度,投资过大、扩张太快,结果当市场发生较大变化时,"船大难调头",企业转型困难,最后也有可能失败。确定适宜的发展速度,对创业企业是一项困难而且至关重要的工作。

三、分类风险管理

(一)企业家精神的培养

任何一个企业家作为企业经营的最高领导者,作为企业职工的领头人,为了引导企业在激烈的市场角逐中获胜或占领一席之地,必须具备以下一些基本精神素质。

1. 创新精神

企业家的创新精神反映了市场经济的本质要求。企业家时时刻刻都处在机会与风险的包围之中,竞争过程就是适应环境、出奇制胜的过程。以"奇"制胜,就可以在一定程度上理解为以创新制胜,不断地以新的市场、新的产品、新的服务来适应社会的需要,使企业永存长盛不衰的势头。每个企业家都有自己创新的风格。企业家的创新精神不是盲目的、杂乱无章的。它必须具备四个必要条件:第一,永不安于现状,满足现状是创新的最大障碍,不满足则是创新之源;第二,勤奋,创新精神需要勤奋、坚毅和奉献;第三,发扬自己的优势,以企业的优势形成自己的创新特色;第四,适应顾客需要,只有那些面向市场、面向顾客的创新才是最成功的。

2. 冒险精神

冒险精神是企业家特有的一种精神素质,体现了企业家求新求变的心态、永攀高峰的事业追求和强烈的竞争意识。风险性是市场经济的基本特征,市场经济的多变性、开放性和流动性使企业家的活动充满了艰难、曲折与风险。所谓风险,就是在不确定中进行选择,可能成功,也可能失败。企业家就是冒险家。风险既为企业家的成功提供了机会,又为他们的失败埋下了陷阱。企业领导者只有把风险视为压力并转化为冒险精神,充分利用风险机制,才能成长为真正的企业家。冒险精神是企业家(特别是创业的企业家)成功必备的主观条件。但是企业家的冒险精神决不意味着盲目的赌博及无科学的预测和非周密的论证。

3. 求实精神

在生产经营活动中,企业家应该具备的精神素质,最基本的就是求实。所谓求实,即是实事求是,用日本经营大师松下幸之助的话来说,就是"内心不存在任何偏见,它是一种不被自己的利益关系、自己的感情、知识及成见所束缚的实事求是看待事物的精神"。

求实精神在行动上的体现是务实的作风,也就是说能够把企业目标和实际行动结合起来,通过制定有效的措施,使理想转化为现实。因此,企业家必须是一名务实派和一名实干家。企业家的务实作风决不意味着事必躬亲,而是从大处着手,在企业总体目标具体化和制定行动方案上狠下功夫。但作为一个实干家,务实作风还远远不止于此,他还要围绕着在全局起主导作用的重点目标,抓住那些影响全局的细节和小事亲自过问,亲自控制。重行动,重成果,几乎是所有成功企业家的共同特点。

4. 卓越精神

美国管理学家劳伦斯·米勒指出:"卓越并非一种成就,而是一种精神。这一精神掌握了一个人或一个公司的生命与灵魂,它是一个永无休止的学习过程,本身就带有满足感。"追求卓越是一种永不满足地超越自我的进取精神。永无止境地追求卓越是优秀企业家和平庸企业家之间的主要区别。要适应社会的变化,不断采取新的对策,创造出今天比昨天、明天比今天更好的东西,求新求变,日新月异。这种对优化的执着追求,是企业家追求卓越精神的真谛所在。

(二) 创业企业的商机风险管理

在选择商机时,需要测算商业机会的风险收益,依次判断创业者是否值得冒某些风险。只有风险收益达到足够的程度,创业者才值得去抓特定的创业机会。

(三) 营销风险管理

为了防范营销风险,企业的营销管理必须坚持以市场为中心,顾客至上的原则,研究市场变化规律,掌握消费者需求动态,生产那些顾客愿意买的产品并对用户提供包括售前服务、售中服务、售后服务在内的服务。

营销风险直接威胁着现有企业的正常发展。企业可根据其内外环境特点,制定和实施科学的经营策略,防范目标市场变化的风险。任何市场的消费者可以分为若干具

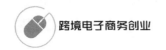

有不同需求、特征、行为的群体,将其中以相似方式对给定营销激励策略做出反应的消费者群体称为市场面。市场细分就是一个将整个市场分成许多不同的市场面的过程。通过市场细分,企业可以深入了解各个市场面顾客的不同需求,并根据对各个市场面购买潜力的分析,研究购买者需求满足程度及该市场的竞争状态,开发新产品,开拓新市场。企业在进行市场细分策略选择时,可以根据自身的特点及外部环境选择以下三种不同的策略,以防范目标市场风险。

1. 无差别营销策略

无差别营销策略是以一种产品去满足不同市场需求的策略。无差别营销策略需要产品有较强的适应性,人们需求的共同性因素居主导地位。采用无差别营销策略能节约成本,但风险较大。

2. 差别营销策略

差别营销策略是指企业在市场细分的基础上选择某几个市场面,根据各个市场面的不同需求,分别设计和生产不同性能和质量的产品,以满足不同消费者需求的策略。这样,即使某一类型的产品发生滞销,对企业的损失也不会太大。但采用差别营销策略,由于企业产品多样化,企业资源被分散用于各个市场面,产品成本较高。

3. 集中营销策略

集中营销策略是从整个市场中选择一个或少数几个特定的市场面,集中自己的优势,实行专业化生产和销售的策略。但这种策略本身风险较大,企业未来的一切都集中于一个或少数几个市场面上,一旦市场变化,企业就可能陷入困境,尤其是时尚产品,更新换代频繁,运用不好,会适得其反。

对于创业企业来说,由于资源有限,企业实力还不够强大,产品种类、知名度不高,不可能追求太大的市场面,可以采用差别营销策略,在某种产品上有比较大的技术优势的创业企业采用集中营销策略则更好,因为这样的话,企业可以在某一个小的市场面上取得近乎垄断的优势,取得更大的利润。

企业在选择了目标市场和确定了市场发展策略之后,就要针对目标市场要求,根据外部环境因素,最有效地利用本身的人力、物力和财力资源,制定企业最佳的营销方案,以便达到企业预期的目标。

(四) 分阶段实施有效的风险控制

1. 创建阶段

在这一阶段实施相应的风险控制时,一方面要确保企业资金的到位,这是产品、技术开发成功的前提,另一方面要注意高级经营管理者的培养和引进,帮助建立企业,并制定详细可行的企业发展规划。

2. 成长阶段

这一阶段企业已完成组织规划与市场分析,并组成相应的管理机构。本阶段除了继续提供给企业较创建阶段更多的营运资金,完善第一代产品外,还应注重市场研究与开拓,建立销售团队及销售网络,避免管理因素成为企业创业发展阶段的制约瓶颈。

3. 扩张阶段

这一阶段企业管理机制趋于完善,产品发展成熟,企业致力于市场开拓与第二代产品的开发,销售市场处于快速增长之中,企业盈利能力增强,此时市场风险和管理风险加大。企业应一方面坚持市场开发,解决好生产增长而市场占有率停滞不前的矛盾,同时保障资金回收渠道的畅通;另一方面抓紧组织建设,尤其要做好组织更新与变革、管理监控和战略定位等工作,确保企业的正常发展。

4. 成熟阶段

这一阶段企业经营规模稳定成长,产品已拥有相当的市场规模,具有一定的竞争力,建立了良好的市场形象并产生了明显的利润,同时企业的经营管理团队亦趋于成熟。企业除了继续加强对各种风险的管理和控制外,实现企业的公开上市或企业间并购、重组也是减小企业经营风险的有效途径之一。

第六节　阿里巴巴的战略及财务分析

本节将以阿里巴巴为例来详述企业战略及财务分析方法。

一、阿里巴巴战略的 SWOT 分析

（一）S(strength 优势)

1. 阿里巴巴内部优势

(1)阿里巴巴汇聚了大量的市场供求信息。

(2)阿里巴巴的类别越来越细分化与全面,更具有针对性和有效性。

(3)阿里巴巴采用本土化的网站建设方式,针对不同国家（地区）采用不同的语言,简易可读。

(4)网站整体布局合理,自助购物,简洁易于操作。

(5)价格差异化大,门槛低。

(6)拥有优秀的管理团队。

(7)会员数量大和会员忠诚度高。

中国的电子商务网站之间存在会员的争夺,阿里巴巴从时间和经验来说,比后来者更有优势,经过多年的发展,阿里巴巴已经积累了庞大的会员数量,同时在合理的运营过程当中培养了一大批忠实的会员,远远超越了前期起步的中国制造网、万国商业网及慧聪网等电子商务网站,会员续签率也基本保持在 70％～80％ 的高水平。

2. 阿里巴巴外部环境

在中国很难找到另外一家能有阿里巴巴那样的品牌影响力和品牌知名度的电子商务网站,对于以信息集散地为基本功能的 B2B 商务网站来说,品牌就是价值。就外部环境来说,阿里巴巴拥有以下优势。

(1)阿里巴巴从 2003 年起就开始针对全球买家进行系统营销和推广,多年经营和

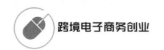

推广在全球买家中建立的知名度和信誉,成为其他竞争对手难以超越的核心竞争力。

(2)阿里巴巴是全球最大的华人"论坛",为全球的商人交流创造了极大的方便,也拉近了各处商人之间的距离,与此同时提高了网站的知名度。

(3)阿里巴巴是全球最有实力的B2B平台之一,访问量很高,排名好。

(4)阿里巴巴是国内最大的网站B2B平台,电子商务界的领头羊。

(5)庞大的会员数目、知名度的提升、品牌的树立使阿里巴巴的信息覆盖面越来越大,吸引了商家的到来。

(6)适度但比较成功的市场运作,比如福布斯评选,提升了阿里巴巴的品牌价值和融资能力。

(7)阿里巴巴有强大的国际互联网企业联盟。通过股权关系,Yahoo(雅虎)、日本软银、阿里巴巴结成了坚定的国际互联网同盟,阿里巴巴能够获得Yahoo先进搜索技术的支持,借鉴日本Yahoo在C2C市场的成功经验,与行业最顶尖企业在技术、商业模式和行业趋势判断领域进行交流,为公司的成长提供了宝贵的经验。

(8)阿里巴巴集团布局全面,已经完成了从B2B、B2C、搜索、支付等各环节到中小企业管理等电子商务领域的全方位布局,并在从产品生产到面对消费者销售整个产品流通环节的电子商务进程中占据了优势。目前,阿里巴巴集团通过掌握商家资料(阿里巴巴和淘宝)、付款机制(支付宝)、实时通信(淘宝旺旺)、内容发布(雅虎中国)和广告拓展(阿里妈妈),横跨商业、媒体业和广告业,形成类似互联网公司Ariba＋eBay＋PayPal＋MSN＋Yahoo的综合体,如此布局已可谓宏伟。

(二)W(weakness,劣势)

1.可模仿性高

阿里巴巴的这种中介平台模式具有可模仿性,这就为其他竞争者进入该行业提供了样本,也就为自己增加了竞争者。阿里巴巴所从事的行业属于服务性行业,行业的准入门槛较低,无论是资本还是技术的限制都不是很高,所以进入较为容易。同时由于现代科学技术尤其是网络技术和通信技术的迅速发展,技术的限制已经不是进入的主要限制因素。阿里巴巴的市场领先地位也极有可能使它成为众多对手的标杆。技术基础和经营模式很容易被模仿和复制。IT产业的迅猛发展,人才和技术的高速流动,市场需求的微细变化都有可能使一个IT企业在短时间内灰飞烟灭。

2.收费会员制度造成一部分顾客流失

阿里巴巴增加了收费会员制度,在转型过程中,会导致已有会员的流失,会给竞争对手创造条件,也会给网站的发展带来困难。中小企业由于受到规模和资金技术方面的制约,难免在选择电子商务的时候高度重视成本问题。收费会员制度的实行对于一些规模小、习惯于享受免费服务的中小企业来说是增加了一笔开支和成本。于是有些企业会选择离开阿里巴巴。这个时候正好给其他的竞争者带来了机会,他们可以通过费用的降低来吸引中小企业。

3.商务平台庞大而杂乱,信息质量不高

阿里巴巴原来的27个行业分类、800～900个行业门类成为其优化商务平台的最大阻碍。阿里巴巴的会员信息量大,这是它的优势,也是它的劣势——信息质量不高。大家可能看到阿里巴巴的海量交易信息,但是其信息质量不高将成为制约其发展的最大障碍。阿里巴巴里面的大量信息难免出现鱼龙混杂的现象。信息质量不高直接带来商业声誉上的问题。而竞争对手则会在这个部分做文章。

4. 对顾客的深层次需求缺乏考虑

阿里巴巴为国内许多企业搭建了一个网络上的 B2B 平台,然而由于成本上的考虑和建设思想上的局限,B2B 平台虽然免费赠送网站(实际上是若干网页),但是这样千篇一律的网页不能对各个企业就其所在的产业特点、竞争对手分析、营销突破点方面给予一对一的指导和设计,更没有单独的营销策略可谈。阿里巴巴的服务从大的方面来说没能真正地切合企业的深层次需求,这也是阿里巴巴需要努力的地方。

5. 介入交易信息,较轻视交易过程,给后入者留下很大的空间

阿里巴巴的服务层面虽然很广,但是这同时决定了阿里巴巴会遗留很多的市场空白。阿里巴巴注重中介,较少向采购商和供应商两端延伸和扩展,这给后来的市场进入者带来了机会。他们成为阿里巴巴在这些细分领域的强劲对手。

(三) O(opportunity 机会)

B2B 市场潜力巨大,主要表现在以下几个方面。

1. B2B 市场的增长

目前,无论是中国境内市场还是境外市场,电子商务 B2B 呈乐观增长趋势。行业领袖阿里巴巴继续保持高市场占有率,第二梯队慧聪网等实现线上支付,整体市场稳步发展。这主要得益于网络设施的不断完善,互联网自身的高速发展,大数量的批发业务转移线上等。

2. 解决中国中小企业融资难的问题

阿里巴巴推出的网络联保将给中小企业带来巨大的发展空间,帮助中小企业解决融资困难。

3. 拓展境外市场

阿里巴巴最早瞄准了中国最大的贸易伙伴日本。阿里巴巴在 2008 年 7 月与其股东日本软银集团建立了一家合资企业;2008 年 8 月公司又与韩国三家合作伙伴签订了谅解备忘录,欲在韩国推出韩语客服。此后,速卖通上线之后阿里巴巴的业务范围已拓展至全球 220 多个国家和地区。

(四) T(threat, 威胁)

从阿里巴巴可能面临的威胁来看,主要有两方面的威胁存在:一方面是在 B2B 内部,阿里巴巴自身并不是非常完善,这也给了其他竞争对手看到超越它的可能性;另一方面 B2B,市场也不是非常完善,随着市场经济的发展,这种行业模式也有可能被新的模式取代,那依赖 B2B 贸易存活的阿里巴巴自然有可能面临被颠覆的威胁。

1. B2B 市场内部威胁

首先分析 B2B 市场,阿里巴巴的盈利渠道主要在中国,但中国 B2B 的商业环境现状制约了阿里巴巴的进一步发展,如电子商务法律不够健全、网上支付安全的漏洞、基

础设施尚欠完善等都不利于阿里巴巴的发展。

(1)盈利对象单一,市场机制不健全

阿里巴巴的盈利主要来自向会员收取的会员费,而阿里巴巴的收费对象主要是中国中小企业,中国政府虽然近年来加强了对中小企业的重视程度,鼓励支持中小企业的发展,但对中企业的网络交易发展等发面还没有建立起一套完整的体制,而且对网络服务行业的法律制定等还不是很规范,这种状况是阿里巴巴作为一个正规的大规模网络服务企业所不想看到但不得不面对的威胁。

(2)竞争对手的多元化发展

阿里巴巴的竞争对手已经拥有比较成熟的体系,这是阿里巴巴不得不面对的威胁。如环球资源网已经在外贸这一块做了近30年,对阿里巴巴的全球化来说是一个巨大的威胁,而像网盛旗下的中国化工网、中国纺织网等垂直经营结构也是比较成熟的,并拥有一批忠诚的客户,阿里巴巴想做细分市场战略的威胁不小。而且阿里巴巴线下贸易是它的一个短板,相对而言其竞争对手的多元化发展是其重大威胁。

2. B2B 的外部威胁

B2B 模式的商务网站近几年不仅在全球快速发展起来,而且逐渐形成一种趋势——电子商务联盟,也就是兼并和合作趋势,这将会导致竞争越来越激烈。目前各家企业都在打并购牌,大小企业间的并购和强强联合已经成为一种趋势,阿里巴巴单独面对其中任何一家都不惧怕,但对于产生互补效应的联盟来说,其存在本身就是对 B2B 行业的冲击,加之强强联合的实力并不一定会让阿里巴巴的优势继续存在,所以,对于阿里巴巴来说,这是其必须要警觉的威胁之一。

二、阿里巴巴的财务分析

财务分析是整个分析体系中的核心内容,也是透视公司经营情况、预测股票价值的必要工具,现采用阿里巴巴财务数据及其他相关资料,采用横向分析、纵向分析和财务比率分析三种方法对阿里巴巴的财务状况进行剖析。

(一)阿里巴巴财务状况的横向分析

横向分析是对相邻两期财务报表间相同项目的变化进行比较。

企业的营业收入直接体现了企业的市场占有情况,也表明企业经营和竞争能力的强弱。对企业营业收入情况的分析,可以从营业收入的构成及其变动,以及营业收入的增长情况等方面进行。

阿里巴巴的营业收入主要来自国际(地区间)交易市场,国际(地区间)市场营业收入约占总收入的70%,但我们从数据中也可以得知境内交易市场的增长率明显大于总营业收入的增长率,境内增长态势良好。

(二)阿里巴巴的纵向分析

纵向分析又称结构百分比分析,是指同一期间财务报表中不同项目间的比较与分析。

经分析,阿里巴巴的流动资产比重很高,其资产的流动性和变现能力较强,企业的抗风险能力和应变能力较强,但缺乏雄厚的固定资产作为后盾,可能稳定性会略差,但对于成长型企业,出现这种情况是正常的。流动资产比重上升,说明企业应变能力提高,企业创造利润和发展的机会增加,加速资金周转的潜力较大。这也明显反映出阿里巴巴于2007年进行了大量的融资,为今后公司扩张、市场开拓、产品开发及员工培训的费用奠定了基础。

阿里巴巴资本结构的变化正由激进型的资本结构向适中型的资本结构变化,积极型的资本结构会导致过高的负债比率,会使企业的所有者权益比重下降,所有者权益对债务的保证程度下降,引起债务危机的可能性增大。所以当阿里巴巴已经步入盈利能力很好的时候,就赶紧调整了资本结构以便降低风险。

阿里巴巴经营活动产生的现金流量已经处于良好的运转状态,不但能够支付因经营活动而引起的货币流出、补偿全部当期的非现金消耗性成本,而且还有余力为企业的投资等活动提供现金流量支持,对企业投资规模的扩大起着重要的促进作用。企业投资活动产生的现金净流量处于小于零的情况,这表明企业正处于市场扩张的发展期。

(三)阿里巴巴财务比率分析及其与竞争对手的比较

阿里巴巴在2007年前后偿债能力发生了巨大的变化,企业提高了偿债声誉,为以后的融资奠定了良好的基础。

1. 运营能力分析

阿里巴巴对全部资产的使用率基本保持稳定,但闲置资金较多,导致流动资产周转率下降,从而影响总资产周转率。

2. 增长能力分析

单从净利润增长率来看,可知阿里巴巴经营业绩突出,盈利能力大幅度上升,具备良好的增长势头。再结合销售增长率,可知虽然销售增长率呈下降趋势,但净利润增长率近两年都大于销售增长率,这也同样表明阿里巴巴产品获利能力在不断提高,而且正处于高速成长阶段,具有良好的增长能力。

3. 流动比率比较

阿里巴巴依旧是境内发展最快的企业之一;环球资源一直保持较稳定的状态,这也体现出环球资源是处于稳定增长期的大企业,具有较强的偿债能力。北京慧聪国际资讯有限公司(以下简称慧聪国际)开始有下滑趋势,这是业绩不佳的一种表现,值得重视;浙江网盛生意宝股份有限公司(以下简称网盛)发展比较平稳,只是不如环球资源的偿债能力强。

4. 资产负债率比较

阿里巴巴在2007年前采用高风险、高债务的资产结构,由于企业处于高速成长阶段,企业的前景比较乐观,预期的现金流入也比较高,适当的高资产负债率可以充分利用财务的杠杆作用。经过这些年的发展的,阿里巴巴的偿债能力提高了,在一定程度上可能会限制企业的发展规模。资产负债率得以降低,有利于风险和收益的平衡。环球资源、慧聪国际、网盛基本保持保守的财务政策,在一定程序上可能会限制企业的发展规模。

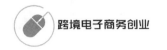

5. 产权比率比较

阿里巴巴产权比率较高,是高风险、高报酬的财务结构,而其他三家均保持较低、较稳定的产权比率。这也说明阿里巴巴经过一番高风险尝试并取得高报酬后也转型为较稳定的资产结构。

6. 偿债保障比率比较

阿里巴巴与环球资源偿债保障比率基本持平。

环球资源总资产周转率最高,能很好地利用企业全部资产进行经营,有较强的销售能力。阿里巴巴还不够稳定,而网盛看起来总资产周转率长期处于较低的状态,最好采取措施提高销售收入或处置资产,以提高总资产利用率。

在流动资产的管理效率上,慧聪国际管理效率较高,这样会相对节约流动资产,在某种程度上增强了企业的盈利能力。网盛在这方面处于下滑趋势,值得注意。

7. 固定资产周转率比较

阿里巴巴与环球资源固定资产周转率都较高,表明它们对企业的固定资产相对来说投资得当,结构分布合理,营运能力较强。而慧聪国际和网盛可能存在固定资产数量过多或没有充分利用的情况,导致设备闲置。

8. 销售毛利率比较

阿里巴巴、环球资源与网盛在 2013 年都达到了 87% 以上的毛利率水平,而唯有慧聪国际毛利率处于负值,意味着慧聪国际在盈利上存在着很大的问题,若长此以往将会影响其竞争地位,必须赶紧采取措施。

9. 销售净利润比较

销售净利率进一步说明慧聪国际在盈利能力上存在问题,应注意改进经营管理,以便提高盈利水平。阿里巴巴处于上升趋势,这是盈利能力提高的一个表现。

10. 净资产收益率比较

该指标关系到投资者对公司现状和前景的判断。可知阿里巴巴的净资产收益率最高,这也是阿里巴巴成功吸引巨额外资投资的关键要素。而慧聪国际净利润为负的经营状况,会影响该企业的筹资方式、筹资规模,进而影响企业的未来发展战略。

11. 总资产收益率比较

阿里巴巴、环球资源和网盛在资产管理水平上都较好,资产运用得当,费用控制严格,利润水平因此也较高。而慧聪国际恰恰要注意这点,可以通过考察各部门、各运营环节的工作效率和质量来分清内部各部门责任,从而调动各方面生产经营积极性,提高经济效益。

12. 销售增长率比较

阿里巴巴的销售收入增长最快,只是由于边际递减效应会使增长率呈下降趋势,不过从销售收入的增加额来看,每年增加的数量都在递增。销售收入的大大增加将会更快地提高阿里巴巴的生存和发展能力,使阿里巴巴增长后劲十足。而慧聪国际的销售收入额每年呈下降趋势,销售情况每况愈下,盈利增长后劲不足。

13. 净利润增长率比较

阿里巴巴净利润增长率接近直线上升的趋势,可以明显看出阿里巴巴净利润增长能力比较稳定,具有良好的增长趋势。而其他三个竞争者净利润增长率波动较大。

综上所述,阿里巴巴经过这些年的飞速发展,已经具备了较强的偿债能力,在资产运用上效率也较高,在盈利能力上更是具有良好的增长势头,是一个后劲十足的成长型企业。纵观其他三个竞争者,都各自存在着缺陷,特别是慧聪国际正处于艰难摸索转型的道路之中,可能存在严重的内部管理问题,再继续这样下去可能将失去其竞争能力。环球资源是它们之间成立最久的一家企业,在各方面都表现得较稳定,能有效地运用企业资产,也具有良好的盈利情况,是一个较有实力的竞争对手。虽然网盛没有阿里巴巴的规模大,但其在 B2B 的垂直细分行业领域有较强的竞争优势,有阿里巴巴值得学习的地方。

本章小结

企业经营管理是对企业整个生产经营活动进行组织、计划、控制、协调、决策,并对企业成员进行激励,以实现其任务和目标的一系列工作的总称,创业企业的经营管理则更有其特殊性。本章从创业企业的组织设计、团队文化与团队管理、营销策略、财务分析及风险管理等方面进行阐述分析,以期能够帮助跨境电子商务创业者确立适合的经营管理策略使企业尽快立足并能够长远发展。

思考与实训

1. 简述创业团队文化实践的重要性。
2. 创业企业人力资源规划内容主要有哪些?
3. 创业初期营销方式有哪些?
4. 简述企业的风险分类。